Fertig !

David Sprake

Head of Modern Languages
Wheatley Park School

CW00958320

Oxford University Press

Oxford University Press, Walton Street, Oxford OX2 6DP

Oxford   New York   Toronto
Delhi   Bombay   Calcutta   Madras   Karachi
Petaling Jaya   Singapore   Hong Kong   Tokyo
Nairobi   Dar es Salaam   Cape Town
Melbourne   Auckland

and associated companies in
Berlin   Ibadan

Oxford is a trade mark of Oxford University Press

© Oxford University Press 1984
First published 1984
Reprinted 1984, 1986, 1989
ISBN 0 19 912052 8

Acknowledgements

The publishers would like to thank the following people for permission to
reproduce photographs:

J. Allan Cash, p. 48 (bottom); Austrian National Tourist Office, p. 196
(centre), Bavaria Verlag, pp. 127, 195; Fiona Corbridge, pp. 11 (left), 12
(top), 15 (left), 25 (bottom), 48 (centre), 59 (top and centre), 107, 112
(second), 151 (second), 170 (second and third), 171, 179, 188 (top and
bottom); Fotohaus Sessner, p. 175 (centre and bottom); Foto Studio Hillis,
Hamburg, pp. 15 (centre and right), 20 (top and bottom), 25 (right and left),
35 (top and bottom), 48 (top), 59 (bottom), 69, 76, 86, 90 (centre and
bottom), 96, 103, 112 (fourth and sixth), 116 (top and centre), 120, 130,
132, 134, 139, 143, 144, 151 (top, third and fourth), 152, 157, 159, 170
(top), 188 (centre), 193; Ian Fraser, pp. 35 (centre), 55, 57, 60, 112 (top and
third), 161, 175; German National Tourist Office, p. 12 (bottom); German
Airlines Lufthansa, p. 196 (top); Alison Noble, p. 90 (top); Bill Rowlinson,
pp. 11 (right), 136, 152 (right), 202; Jeff Tabberner, pp. 20 (centre), 112
(fifth), 170 (fourth); Swiss National Tourist Office, p. 196 (bottom), U-Bahn-
Referat, Munich, p. 116 (bottom).

The illustrations are by Lorraine Calaora, Gunvor Edwards, Peter Edwards,
Marie-Hélène Jeeves, and Ursula Sieger.

Cover photo: Leo Mason.

Phototypeset by Tradespools Limited, Frome, Somerset
Printed in Great Britain by
Scotprint Ltd., Musselburgh

Preface

Fertig! has been written primarily for pupils who, after a year (or possibly two years) of German, have opted to continue with the language, but who are not obvious high-grade GCSE candidates. Its aim is to revise the grammar and vocabulary which they will already have met, and to cover systematically and thoroughly the fundamentals of the new GCSE examination syllabuses. If used in conjunction with more specifically examination-oriented material in the later stages, it could also fruitfully be used with pupils aiming at higher grades. Apart from examination considerations, the course aims to enable the pupils to communicate with German teenagers about things they find mutually interesting, to get about in German-speaking countries as tourists and deal with the various situations and problems they are likely to meet there, and also to deal with encounters with German-speaking people in their future employment. The language is, I trust, up-to-date and colloquial. As well as the spoken word the pupils are introduced to a certain amount of the kind of written German they would need to understand in a German-speaking country:
brochures, signs, newspapers, instructions, and so on.

The book is divided into fifteen units, each of which deals in depth with a particular topic area (school, money matters, holidays, etc.). Each unit contains a number of situational dialogues or texts which are recorded on the accompanying cassette. These are marked with the symbol ⊙.The first step is thus aural comprehension; the pupils are encouraged to listen to the taped material and to understand the gist of what is being said, rather than every word. A series of questions in English tests this initial understanding. (Sometimes questions in German, or multiple-choice questions, are given as well.) This initial work can be carried out orally or in writing, or both, and the teacher may also wish to ask a series of questions of his/her own in German to determine the degree of comprehension.

The next step is a more detailed analysis of the conversations. The pupils are encouraged, by means of 'Find the German for . . .' exercises, to read the dialogues and single out a number of useful words and phrases.

There then follows a series of exercises and activities, many of which are based on illustrations or realia, which are designed to practise certain grammatical points, to increase the pupils' confidence to express themselves orally and in writing, and to build up their vocabulary.

I have tried to design the exercises in such a way that the pupils can see the usefulness of what they are doing.

The main part of each unit ends with a 'How much can you remember?' exercise. This brings together all the work covered in the unit, and provides valuable practice for the role-play element of the GCSE examination.

At the end of each unit are:

1   A 'background reading' passage with questions in English, designed for practice in reading comprehension, and to provide factual information about some aspect of Germany and other German-speaking countries and the way of life there.

2   A 'Konversationsübung' section, with personal and general questions related to the theme of the unit and to a picture-vocabulary.

3   A grammar survey explaining the main grammatical points which have arisen in the unit.

4   A list of the most useful structures which have occurred in the unit – these are particularly valuable for preparation for the role-play test.

At the end of the book there are tables of irregular verbs, noun declensions and adjectival endings, complete lists of some useful, everyday vocabulary, a German–English vocabulary listing all but the most common items which occur in the book, and a grammar index.

As a practising teacher, one of my main considerations in planning this book was to lighten the teacher's task by including a wide variety of exercises and activities, in order to provide ample classroom work, plus realistic homework assignments, thus making the course as independent as possible of the need for supplementary materials. I also hoped to furnish the pupil with a book which lends itself to meaningful individual revision. The work ranges from the very simple to the more demanding, and by means of judicious selection the teacher should be able to adapt the material to the needs of GCSE pupils of all abilities.

The companion volume to this book, **Los!**, is specifically designed for examination preparation. It contains practice in skills required to the highest level of the GCSE examination.

My thanks must go to Helga Schwalm, whose help and advice in the writing of the reading comprehension passages were invaluable; also to Ingeborg Shackleton, and to my German friend and colleague Klaus Waltenberger, who read the original draft and offered a wealth of helpful comments and suggestions.

4

Contents

1 Meine Familie und ich

Darf ich mich vorstellen...?

Ich heiße Heinz. Mein Nachname ist Brandenburger. Ich bin Deutscher. Ich bin siebzehn Jahre alt. Ich habe am fünfzehnten August Geburtstag. Ich habe keine Geschwister. Meine Eltern und ich leben in Waldbröl in Norddeutschland. Waldbröl ist eine Kleinstadt und liegt ungefähr sechzig Kilometer von Köln entfernt. Mein Vater ist Ingenieur; meine Mutter ist Verkäuferin. Wir wohnen in der Stadtmitte. Wir haben eine schöne, moderne Wohnung. Ich habe einen britischen Brieffreund. Er heißt Alistair und lebt in Schottland.

a Answer the following questions:

1 How old is Heinz?
2 When is his birthday?
3 How many brothers and sisters has he got?
4 What is the name of the town he lives in?
5 How far from Cologne does he live?
6 Which part of town does he live in?
7 What does he say about his family's flat?
8 What does he say about his pen-friend?

b Find the German for:

surname
brothers and sisters
my parents
to live (*two words*)
a small town
approximately
is ... kilometres away from ...
a flat
a pen-friend (*male*)

c Jetzt beantworten Sie diese Fragen auf deutsch!

1 Spricht ein Junge oder ein Mädchen?
2 Wie heißt er mit Vornamen?
3 Ist er jünger oder älter als Sie?
4 Hat er im Winter oder im Sommer Geburtstag?
5 Was ist sein Vater von Beruf?
6 Lebt er auf dem Lande?

d The following statements about the passage are incorrect. Say so, and correct them:

e.g. Der Junge heißt Udo.
     Das stimmt nicht! Er heißt Heinz.

1 Der Junge ist Engländer.
2 Sein Bruder heißt Gerhardt.
3 Er hat im Juli Geburtstag.
4 Seine Mutter ist Hausfrau.
5 Sein Vater ist arbeitslos.
6 Die Brandenburgers leben in Süddeutschland.
7 Sie wohnen in einer Großstadt.
8 Sie besitzen ein schönes, großes Haus.

🎡 Birgit

Ich heiße Hofmann. Mein Vorname ist Birgit. Ich bin
Deutsche. Ich bin dreizehn. Ich habe am ersten Oktober
Geburtstag. Ich habe einen Bruder und zwei Schwestern.
Mein Bruder ist älter als ich; meine Schwestern sind aber
jünger. Meine Familie lebt in Süddeutschland in
Oberfranken. Wir wohnen auf dem Lande. Meine Eltern
sind Bauern. Wir haben einen kleinen Hof. Die nächste
Stadt heißt Hollfeld. Dort ist meine Schule. Es ist eine
große, moderne Gesamtschule. Ich habe eine
Brieffreundin. Sie heißt Claire und lebt in Los Angeles.
Sie ist Amerikanerin.

a Answer the following questions:

1 What is the girl's surname?
2 How old is she?
3 When is her birthday?
4 Which part of Germany do the Hofmanns
 live in?
5 What job do the Hofmanns do?
6 What sort of school does Birgit go to?

b Jetzt beantworten Sie diese Fragen auf
deutsch!

1 Spricht ein Junge oder ein Mädchen?
2 Ist sie so alt wie Sie?
3 Hat Sie im Frühling oder im Herbst
 Geburtstag?
4 Wieviele Geschwister hat sie?
5 Welchen Beruf haben Birgits Eltern?
6 Wie ist ihr Hof?
7 Wer ist Claire?
8 Ist sie Deutsche?

c Find the German for:

Christian name   nearest, next
older than   comprehensive school
younger than   pen-friend (*female*)
in the country

d The following statements about the
passage are all wrong. Correct them using
Doch! and a correct statement. Give as
much information as you can to support
your statement:

e.g. Birgit hat nicht im Oktober Geburtstag.
 Doch! Sie hat im Oktober Geburtstag
 . . . am ersten Oktober.

1 Sie geht nicht mehr in die Schule.
2 Ihre Eltern sind keine Bauern.
3 Sie hat keinen Bruder.
4 Sie hat keine Schwester.
5 Sie hat keine Brieffreundin.
6 Ihre Schule ist nicht in der Stadt.

Ein englischer Junge spricht über seine Familie

Karl Hamm und seine Familie sitzen beim Abendessen.
Sie sprechen mit John, Karls Austauschpartner . . .

— Wie sieht dein Bruder aus, John?
— Er ist ungefähr 1 Meter 60 groß . . . ein bißchen größer
  als ich also. Er hat blaue Augen, und kurze, braune
  Haare, wie ich. Er trägt aber eine Brille.
— Hast du ein Foto von ihm mit?
— Ja, ich habe drei Fotos von der Familie mitgebracht. Eins
  von meinem Bruder . . . eins von meiner Schwester . . .
  und eins von meinen Eltern.
— Darf ich mal sehen? . . . Das ist wohl euer Haus, oder?
— Ja, das stimmt. Mutter und Vater stehen im Garten vor
  dem Haus.
— Wie alt sind deine Eltern?
— Ich weiß es nicht genau. Mutter ist, glaube ich, acht-
  unddreißig . . . Vater ist etwa vierzig Jahre alt.
— Ein bißchen älter als wir, also.
— Sind dein Bruder und deine Schwester nett?
— Mein Bruder ist sehr faul und meine Schwester ist ein
  bißchen frech . . . aber sie sind sehr nett.

a Answer the following questions:

1 When and where does the scene take
  place?
2 What does John tell the family about his
  brother?
3 What does he say about his sister?
4 What do the German family learn about his
  parents?

b Jetzt beantworten Sie diese Fragen auf
  deutsch!

1 Ist John größer als sein Bruder?
2 Wer trägt eine Brille?
3 Hat John viele Fotos mit?
4 Ist Johns Mutter wohl älter oder jünger als
  ihr Mann?
5 Sind Herr und Frau Hamm jünger oder älter
  als Johns Eltern?

c Find the German for:

exchange partner
what does . . . look like?
roughly, approximately
a bit taller than . . .
blue eyes
short hair
like me, like I have
to wear glasses
I have brought . . . with me
I suppose this is . . .
may I . . . ?
your (i.e. the family's) house
that's right, correct
how old is/are . . . ?
I don't know exactly
lazy
cheeky, saucy

13

CHOSE THE CORRECT DEFINITION

d Wählen Sie die richtige Definition!

1 „Nett" bedeutet — *NICE* — *TO MEAN*
  a „krank".
  b „freundlich". ✳
  c „intelligent".

2 „Sie ist frech" bedeutet *SHE IS CHEEKY*
  a „Sie ist ein bißchen unhöflich." ✳
  b „Sie ist sehr schön."
  c „Sie ist immer müde."

3 „Er ist faul" bedeutet *LAZY*
  a „Er arbeitet selten." — *SELDOM*
  b „Er arbeitet fleißig."
  c „Er arbeitet viel."

4 „Das stimmt" bedeutet
  a „Das ist dumm."
  b „Das ist falsch."
  c „Das ist richtig." ✳

5 „Ich weiß es nicht genau" bedeutet
  a „Das kann ich genau sagen."
  b „Ich bin nicht sicher."
  c „Das will ich nicht sagen."

6 Man trägt eine Brille ... *GLASSES* *WEARS*
  a wenn man nicht gut sprechen kann.
  b wenn man nicht gut hören kann.
  c wenn man nicht gut sehen kann. ✳

Ich habe ...

Here are some people and things you might have or own:

der Bruder (¨) der Freund (-e)	die Schwester (-n) die Freundin (-nen)	das Haus (¨er)	die Wohnung (-en)
der Wagen (-) das Auto (-s)	der Garten (¨)	der Brieffreund (-e) die Brieffreundin (-nen)	das Rad (¨er)
der Hund (-e)	die Katze (-n)	das Kaninchen (-)	der Hamster (-)

a Say that you have each of the above, using:

Ich habe | einen ......
Wir haben | eine ......
| ein ......

b Say that you haven't got any of them, using:

Ich habe | keinen ......
Wir haben | keine ......
| kein ......

14

c Add an adjective to each of your examples, making sure that you use the correct endings:

Ich habe | (k)einen ____en ......
Wir haben | (k)eine ____e ......
| (k)ein ____es ......

Here are some useful adjectives:

groß, klein, schön, modern, neu, jung (jünger), alt (älter), nett

e.g. Ich habe | einen jungen/jüngeren Bruder.
| eine nette Schwester.

Wir haben ein schönes Haus.

Verwandte und Freunde

The following vocabulary will be useful for the next few exercises, and supplements vocabulary which has arisen in the preceding texts and exercises:

der Onkel
die Tante
der Großvater/Opa
die Großmutter/Oma
der Cousin/Vetter
die Kusine

der Neffe
die Nichte
der Schwager
die Schwägerin
der Nachbar
die Nachbarin

The following expressions will help you describe and ask about pictures, photos, slides, etc.

Das ist | mein (unser, etc.) ......
| meine ......
| mein ......
Das sind meine ......(pl)

Hier | siehst du | meinen
| seht ihr | (unseren, etc.) ......
| sehen Sie | meine ......
| sieht man | mein ......
| | meine ......(pl)

Hier ist | ein Foto | von | meinem
| ein Bild | | (unserem,
| ein Dia | | etc.) ......
| | | meiner ... ..
| | | meinem ......
| | | meinen ......-n (pl)

Er/Sie | ist | in | dem
| steht | auf | (einem, etc.) ......
| sitzt | vor | der ......
| liegt | mit | dem ......
Sie | sind | neben
| stehen
| sitzen
| liegen

a Using the above expressions, describe the following pictures as if the people in them were members of your family, neighbours, friends, etc.

b Use them to describe actual photos of your family and friends to your teacher and classmates.

Das bin ich!

Talk about yourself by filling in the gaps or choosing the correct alternative in the following sentences:

Ich bin ...... Jahre alt.
Ich habe am ____(s)ten ...... Geburtstag.
Ich habe ____e Augen.
Ich trage eine/keine Brille.
Ich habe | ·____es Haar.
          | ____e Haare.
Ich bin ...... Meter ...... groß.

The following vocabulary will be useful:

blond, braun, schwarz, rot, grün, grau, lang, kurz, lockig

Compare them!

Here is a group of German schoolchildren and students. Using the following expressions, compare them in groups of two:

X	ist	(ein bißchen)	kleiner	als	Y.
Er/Sie		(viel)	größer		er/sie.
			jünger		
			älter		

Make two statements about each pair, joining them with **und**, or, if there are any surprises, **aber.**

16

Was ist er/sie von Beruf?

To give someone's job in German, you say:
Er ist Briefträger.
Sie ist Ärztin.
(Note that **ein(e)** is not needed.)

Imagine that the following people are relatives, friends or neighbours of yours. Say what they do for a living:

e.g. Mein(e) ...... ist ......

The following vocabulary will help you:

(der) Ingenieur	(der) Metzger	(die) Hausfrau
(der) Musiker	(der) Dekorateur/Innenarchitekt	(die) Frisöse
(der) Maurer	(die) Ärztin	(die) Verkäuferin
(der) Kellner	(die) Sekretärin	(die) Taxifahrerin

Wo kommt er/sie her?

Complete the following sentences with the correct nationality chosen from the list below:

der/die | Engländer/Engländerin
Schotte/Schottin
Waliser/Waliserin
Ire/Irin
Franzose/Französin
Deutsche/Deutsche
Holländer/Holländerin
Spanier/Spanierin
Italiener/Italienerin
Belgier/Belgierin
Schweizer/Schweizerin
Österreicher/Österreicherin
Däne/Dänin
Amerikaner/Amerikanerin

e.g. Er kommt aus Manchester; er ist also Engländer.
(Note that **ein(e)** is not needed.)

1 Er kommt aus New York . . .
2 Sie kommt aus Cardiff . . .
3 Er wohnt in Wien . . .
4 Sie wohnt in Amsterdam . . .
5 Er lebt in Dublin . . .
6 Sie lebt in Rom . . .
7 Er ist Pariser . . .
8 Sie ist Londonerin . . .
9 Er ist in Köln geboren . . .
10 Sie ist in Basel geboren . . .
11 Er kommt aus Brüssel . . .
12 Sie kommt aus Kopenhagen . . .
13 Er ist aus Madrid . . .
14 Sie ist aus München . . .

Ein Brief

Schreiben Sie einen Brief an einen Brieffreund/eine Brieffreundin!

— Schreiben Sie den Namen Ihres Wohnortes und das Datum,
z.B. London†, den 7. Mai.

— Beginnen Sie mit den Worten:
Lieber . . . . . . ! oder Liebe . . . . . . !

— Sagen Sie ihm/ihr dann:
. . . wie Sie heißen.
. . . wie alt Sie sind und wann Sie Geburtstag haben.
. . . wo und wie weit Sie von der Schule wohnen.
. . . wie Ihre Schule heißt und wieviele Schülerinnen und Schüler sie hat.
. . . welche Haustiere Sie haben.

— Schreiben Sie ein paar Einzelheiten über Ihre Familie.

— Stellen Sie mindestens fünf Fragen über seine/ihre Familie*.

— Beenden Sie Ihren Brief mit den Worten:
Viele Grüße,

| Dein | englischer
schottischer (etc.) | Brieffreund, |
| Deine | englische
schottische (etc.) | Brieffreundin, |

— Dann unterschreiben Sie den Brief.

† It is customary in Germany to give your own name and address on the front of the envelope in the top left-hand corner. Some Germans have address stickers printed for this purpose.

* When referring to your correspondent, use **Du/Dein(e)**.
When referring to the whole family, use **Ihr/Euer(e)**.

18

What are they saying?

Supply the words you think these characters might be saying:

How much can you remember?

How would you deal with the following?

1 Tell someone what your school is called.
2 Tell someone you are English, not German.
3 Say you have a younger brother and an older sister.
4 Say your brother is roughly as tall as you.
5 Say your sister is smaller than you.
6 Tell someone that your friend is American.
7 Tell someone that your mother is Welsh.
8 Tell someone what your parents do for a living.
9 Say that your family has a cat but no dog.
10 Say that your family has a French car.
11 Ask a boy whether he is German.
12 Ask whether he has any brothers and sisters.
13 Ask your correspondent whether the people in the photo are his/her parents.
14 Ask him/her how far from the school he/she lives.
15 Ask a girl whether she has an English pen-friend.
16 Ask her whether her school is a comprehensive.
17 Ask her whether her family has a house or a flat.

19

Background reading

Das Familienleben in der Bundesrepublik Deutschland

Das deutsche Familienleben ist nicht wesentlich anders als in England. Großfamilien gibt es nur noch selten. Man findet sie auf Bauernhöfen, wo oft noch drei Generationen zusammen leben. Meistens jedoch wohnen die Großeltern in einer eigenen Wohnung oder, wenn sie Pflege brauchen, in einem Altersheim.

In der jüngeren Generation arbeiten oft beide Eheleute – viele Kinder gehen deshalb in den Kindergarten, wenn sie noch nicht zur Schule müssen. Dennoch müssen sich Ehefrauen beklagen, daß die Frau immer noch die meiste Hausarbeit macht und daß der Mann abends öfter mit Freunden ausgehen kann als sie. Außerdem leben immer mehr Ehepaare getrennt.

Eine Großfamilie . . .

Die Kinder wohnen gewöhnlich bis zum Ende ihrer Schulzeit bei ihren Eltern; danach wollen aber immer mehr Jugendliche selbständig leben. Entweder nehmen sie sich dann alleine ein Zimmer, oder sie ziehen mit ihrem Freund bezw. ihrer Freundin zusammen. Die Moral ist nicht mehr so streng, so daß viele erst später oder gar nicht heiraten.

In den letzten Jahren sind Wohngemeinschaften bei jungen Leuten, vor allem aber Studenten, sehr beliebt geworden. Einige Freunde mieten sich eine große Wohnung oder sogar ein Haus, um dort zusammen zu wohnen. Sogar junge Paare möchten manchmal in einer Wohngemeinschaft wohnen. Dort haben sie und auch ihre Kinder mehr Gesellschaft. Aber diese Lebensform ist noch eine Ausnahme. Wenn auch viele Studenten nicht mehr zu Hause wohnen können, so können Lehrlinge es sich oft nicht leisten, die Miete für ein Zimmer oder eine eigene Wohnung zu zahlen. Außerdem müssen sie oft noch ihre Eltern um Erlaubnis bitten, da sie meistens noch nicht mündig (also 18 Jahre) sind.

. . . und eine Kleinfamilie.

So kann man sagen, daß die Kleinfamilie immer noch die Regel ist, wenn auch in den letzten Jahren die Leute andere Lebensformen ausprobiert haben.

Eine Wohngemeinschaft.

1 How different is family life in Germany said to be from that in England?
2 What is said about large families?
3 What details are given about old people?
4 What is mentioned about young couples and their children?
5 What do wives complain about?
6 What is said about young people who want to be independent of their parents?
7 What does a 'Wohngemeinschaft' involve?
8 How common are 'Wohngemeinschaften'?
9 What two main reasons are given why some young people can't have as much freedom as others?

Konversationsübung

Das Haus

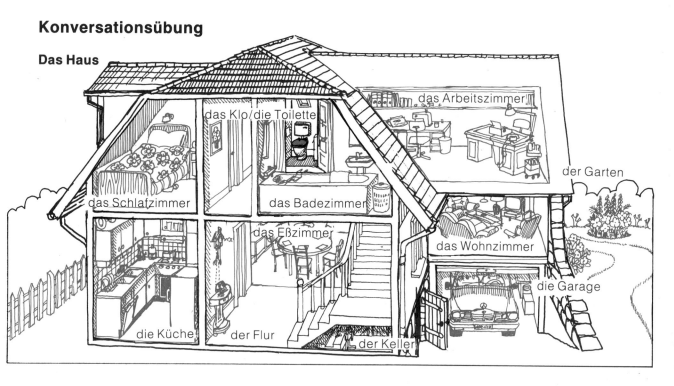

1 Wie heißen Sie?
2 Wie schreibt man Ihren Nachnamen?
3 Wie alt sind Sie?
4 Was ist Ihr Geburtsdatum?
5 Wieviele Geschwister haben Sie?
6 Gehen sie noch in die Schule?
7 Welche Schule besuchen Sie?
8 Was für eine Schule besuchen Sie?
9 Wie sehen Sie aus? Beschreiben Sie sich!
10 Wie sehen Ihre Eltern aus?
11 Was machen Ihre Eltern beruflich?

12 Wie heißen Ihre beste Freundin und Ihr bester Freund?
13 Wie ist Ihre Wohnung/Ihr Haus?
14 Was für einen Garten haben Sie?
15 Welche Zimmer sind im Erdgeschoß?
16 Welche Zimmer sind im ersten Stock?
17 Wie groß ist Ihr Schlafzimmer?
18 In welchem Zimmer sehen Sie und Ihre Familie fern?
19 Wo wäscht man sich?
20 Wo bereitet man das Essen zu?

Grammar survey

1 Verbs

In vocabularies and dictionaries verbs are listed in their *infinitive* form, e.g. **spielen**, to play. The different *persons* (e.g. I, you) and *tenses* (e.g. present, future) are shown by different endings.

2 Present tense

In English there are three ways of expressing the present tense:

I play (every day, often, etc.)
I am playing (now, this morning, etc.)
I do play/do you play?

In German there is only one equivalent for these three forms: **ich spiele**.

Regular verbs have the following pattern:

ich spiel**e**	wir spiel**en**
du spiel**st**	ihr spiel**t**
er, sie, es, man spiel**t**	Sie spiel**en**
	sie spiel**en**

When an infinitive ends in **-ten** or **-den**, an extra **e** is added to the second and third person singular endings to make them easier to say:

e.g. arbeiten → du arbeit**est**, er arbeit**et**
         reden   → du red**est**, er red**et**
Note also: regnen → es regn**et**.

Some verbs change or modify the root vowel in the **du** and **er/sie/es/man** forms:

a becomes **ä**, e.g. halten → du h**ä**ltst, er h**ä**lt
au becomes **äu**, e.g. laufen → du l**äu**ft, er l**äu**ft
e becomes **ie**, e.g. sehen → du s**ie**hst, er
                                              s**ie**ht
         or **i**, e.g. nehmen → du n**i**mmst, er
                                              n**i**mmt

The most common of these verbs are given in the verb list on pp.207–8.

Certain common verbs are irregular and must be learnt individually. These are also given in the verb list. Two very important irregular verbs are **haben**, to have, and **sein**, to be:

haben	**sein**
ich habe	ich bin
du hast	du bist
er hat	er ist
wir haben	wir sind
ihr habt	ihr seid
Sie haben	Sie sind
sie haben	sie sind

3 Questions

Questions are formed in German by inverting the subject and verb, as in English:

Er ist . . .   → Ist er . . . ?
Karl hat . . . → Hat Karl . . . ?

4 Articles

All nouns are divided into three groups or genders: *masculine (m), feminine (f)*, and *neuter (n)*. Corresponding to these are the indefinite articles:

m	**f**	**n**	
ein	eine	ein	(*a, an*)

and the definite articles:

der	die	das	(*the*)

These forms are used when the noun is the subject of the sentence; they are in the *nominative* case.

It is wise to learn each noun with its **der, die, das** label.

5 Plural of nouns

The plural of **der, die, das** is in each case **die**. Unfortunately one cannot simply add an **-s** to make a noun plural, as one can in most cases in English. There are various plural forms in German. In dictionaries a dash is normally used to represent the singular noun, and changes, if any, are indicated thus:

der Wagen (-) i.e. plural **die Wagen**
der Bruder (˙) i.e. plural **die Brüder**
die Schwester (-n) i.e. plural **die Schwestern**

The plural form should be learnt whenever you meet a new noun.

6 Negatives

The negative (*not*) is usually expressed by **nicht**:
e.g. Er ist **nicht** alt.
        Ich sehe Karl **nicht**.
        Ich habe **nicht** im September Geburtstag.

When a noun is being made negative (*not a . . . , no . . . , not any . . .*) then **kein(e)** is used. **Kein(e)** follows the pattern of **ein(e)**. Its plural form is **keine**.
e.g. Das ist **kein** Problem.
        Ich habe **keine** Geschwister.

A useful tip is to avoid the combination **nicht** + **ein(e)**. Use **kein(e)**!

7 Comparative of adjectives

Regular adjectives form the comparative, as in English, by adding **-er**. In German an Umlaut (¨) is also added wherever possible:

e.g. klein → klein**er**
  groß → gr**öß**er

Note these irregular comparatives:

  gut → besser
  viel → mehr
  hoch → höher

The comparison is made with **als**:

e.g. Ich bin kleiner **als** er.
  Er ist größer **als** mein Bruder.

Note that both people or things being compared are in the same case (i.e. the nominative).

8 Possessive adjectives

Possessive adjectives (*my, your*, etc.) follow the pattern of **ein, eine, ein**. They are as follows:

m	f	n	pl	
mein	meine	mein	meine	*my*
dein	deine	dein	deine	*your*
sein	seine	sein	seine	*his*
ihr	ihre	ihr	ihre	*her*
unser	unsere	unser	unsere	*our*
eu(e)r	eu(e)re	eu(e)r	eu(e)re	*your*
Ihr	Ihre	Ihr	Ihre	*your*
ihr	ihre	ihr	ihre	*their*

9 Direct object

When a noun is the direct object of the verb, the masculine singular of its indefinite article (**ein**) and its definite article (**der**) become **einen** and **den** respectively:

e.g. Hier ist **der** Lehrer, *but*: Ich sehe **den** Lehrer.
  Ein Bruder heißt Ian, *but*: Ich habe **einen** Bruder.

Kein and the possessive adjectives follow the same pattern:
Mein Wagen ist blau, *but*: Siehst du **meinen** Wagen?
Kein Bruder lernt Deutsch, *but*: Ich habe **keinen** Bruder.

The direct object case is known as the *accusative*.

10 Adjectival endings

When an adjective and the noun it describes are separated by a verb, the adjective does not change:
Karl ist **groß**.
Die Kinder werden **groß**.

However, when an adjective stands next to a noun, the adjective has certain endings which must be carefully learnt. With the indefinite article the nominative and accusative endings are:

		m		**f**	
nom.	ein ____**er** Mann		eine ____**e** Frau		
acc.	einen ____**en** Mann		eine ____**e** Frau		

		n	
nom.	ein ____**es** Haus		
acc.	ein ____**es** Haus		

These endings are also used after the possessives **mein, dein,** etc. and after **kein**:
e.g. mein jung**er** Bruder
  deine klein**e** Schwester
  kein schön**es** Haus

11 Jobs and nationalities

When speaking about people's jobs and nationalities it is usual to omit **ein(e)**:
e.g. Mein Vater ist Briefträger.
  Ich bin Engländer(in).
  Sie sind Deutsche, etc.
However, **ein(e)** is included when there is an adjective with the noun:
e.g. Er ist ein guter Lehrer.
  Sie ist keine gute Lehrerin.

12 Use of ß

Most examination boards make the use of **ß** optional. However, for reference, the following rules apply.

ß is used:
— at the end of a word, e.g. **Fuß, muß.**
— before the letter t, e.g. **heißt, ißt.**
— after a long vowel, e.g. **heiße, große.**

In all other cases **ss** is used.

Structures

Das Ist ......   This | is ......
                    That |

Das sind ......   These | are ......
                   Those |

Ist das ......?   Is | this | ......?
                        | that |

Sind das ......?   Are | these | ......?
                        | those |

Das ist nicht mein(e) ......   That's not my ......
Das sind nicht meine ......   Those aren't my ......
Das ist kein(e) ......   That isn't a ......
Das sind keine ......   Those aren't ......
Ich habe | einen/eine/ein | ......   I've got | a ......
        | ...... (*pl*) | (some) ......
Ich habe | keinen/keine/kein ......   I haven't got | a ......
        | keine ...... (*pl*) | any ...... (*pl*)
Darf ich Ihnen/euch/dir meinen/meine ...... vorstellen?   May I introduce my ......?

2 Entschuldigen Sie, bitte!

Parken ... aber wo?

— Entschuldigen Sie! Können Sie mir bitte helfen? Wo kann ich in der Nähe parken?

— In dieser Straße darf man nicht parken. Es gibt einen kleinen Parkplatz um die Ecke, aber er ist meistens voll. In der Stadtmitte gibt es ein großes Parkhaus – dort sind bestimmt viele Plätze frei.

— Wie kommen wir am besten dorthin?

— Fahren Sie hier geradeaus bis zum Marktplatz.

— Darf man dort vielleicht parken?

— Nein, dort ist auch Parkverbot ... Am Marktplatz müssen Sie links abbiegen. Das Parkhaus ist rechts in einer Seitenstraße. Es ist, glaube ich, die zweite oder die dritte Straße rechts. Es ist deutlich beschildert.

— Vielen Dank für Ihre Hilfe.

— Bitte ... Nichts zu danken.

a Answer the following questions:

1 What is the motorist hoping to do?
2 What two possibilities are ruled out and why?
3 Where does the passer-by suggest the driver goes?
4 Where will he have to drive to first?
5 Summarize the instructions from that point.
6 Why should the place be easy to find?

b The following statements about the dialogue may be true or false. Comment on them using **Das stimmt!**, **Das stimmt nicht!** or **Doch!** as appropriate. Then add an explanatory sentence to support this:

e.g. Der Autofahrer kennt die Stadt gut.
Das stimmt nicht! Er kennt sie gar nicht.

1 Der kleine Parkplatz ist sehr weit entfernt. distant
2 Auf dem kleinen Parkplatz sind normalerweise viele Plätze frei.
3 Es gibt kein Parkhaus in dieser Stadt.
4 Im Parkhaus sind wohl keine Plätze mehr frei.
5 Der Autofahrer muß zuerst zum Marktplatz fahren.
6 Auf dem Marktplatz ist das Parken nicht verboten.
7 Das Parkhaus ist nicht beschildert.
8 Das Parkhaus steht in der Hauptstraße.

c Find the German for:

excuse me
can you help me?
where can I . . . ?
just around the corner
certainly, for sure   BESTIMMT
mostly
full up
what's the best way to get there?
straight ahead
is one allowed to . . . ?
to turn off
to the left
on the right(hand side)
I believe, think
clearly signposted
don't mention it!

Ich bin fremd hier

— Entschuldigen Sie, bitte. Wissen Sie, wo die Post ist? Leider kenne ich mich in der Stadt gar nicht aus.
— Ich auch nicht. Ich bin auch fremd hier. Moment mal! Mein Auto steht dort drüben. Dort habe ich einen Stadtplan. Ich hole ihn schnell . . .
— Danke.
— Hier ist er . . . Das ist ein sehr guter Stadtplan, sehen Sie . . . Er zeigt nicht nur die Straßen, sondern auch Denkmäler und wichtige Gebäude wie Krankenhäuser, Banken, Apotheken, und so weiter.
— Das ist sehr praktisch . . . Wo sind wir eigentlich? ACTUAL
— In der Lindenstraße.
— Hier ist die Lindenstraße auf dem Plan . . . Und hier ist das nächste Postamt.
— Mmm . . . das ist aber ziemlich weit von hier . . . einen Kilometer oder so. Ich fahre Sie dorthin, wenn Sie wollen.
— Nein, nein . . . das ist nicht nötig. Ich gehe ruhig zu Fuß dorthin.
— Doch, doch . . . Das macht mir gar nichts aus. Ich fahre sowieso in dieser Richtung. Steigen Sie ein!
— Na gut! Danke schön. Das ist sehr nett von Ihnen.

a Answer the following questions:

1 What is the first lady looking for?
2 Why can't the second lady help at first?
3 What does she remember which she thinks might help?
4 Where is it?
5 What features has it got which make it particularly helpful?
6 How far away does the place in question turn out to be?
7 What does the second lady suggest to make things easier?
8 Why is it no trouble for her?

b Find the German for:

do you know (where . . . , *etc.*)   WISSEN SIE
unfortunately   LEIDER
I don't know (the town, *etc.*)
neither do I
I'm a stranger here   ICH BIN HIER FREMD
just a minute   MOMENT MAL
I'll fetch . . .   ICH HOLE
not only . . . but also . . .
and so on
to drive
to walk, go on foot
handy, useful
but yes (i.e. I insist)
in any case, anyway
very well then (i.e. I agree)

Du? . . . Sie?

In the above dialogues people have been speaking to strangers, addressing them as **Sie**. Rephrase the following sentences as if they were being spoken to a friend, using **du**. Then say what your sentences mean:

e.g. Kommen Sie mit?
    Kommst du mit?

1 Wissen Sie, wo die Post ist?
2 Haben Sie einen Stadtplan?
3 Gehen Sie zu Fuß oder fahren Sie dorthin?
4 Kennen Sie die Stadt gut?
5 Sind Sie sicher, es gibt eine Bank im Dorf?
6 Können Sie mir helfen?
7 Sie dürfen nicht hier parken!
8 Sie müssen in die Stadtmitte, wenn Sie Andenken kaufen wollen.

c Wählen Sie die richtige Definition!

1 „Das ist praktisch" bedeutet
    a „Das hilft sehr."
    b „Das ist nutzlos."
    c „Das hilft nicht."

2 „Moment, bitte!" bedeutet
    a „Entschuldigung, bitte!"
    b „Platz, bitte!"
    c „Augenblick, bitte!"

3 „Dort drüben" bedeutet
    a „Um die Ecke".
    b „Auf der anderen Seite".
    c „Sehr weit von hier".

4 „Das macht mir gar nichts aus" bedeutet
    a „Das ist ein großes Problem für mich."
    b „Das ist nicht der Mühe wert."
    c „Das mache ich gerne für Sie."

5 „Leider nicht" bedeutet
    a „Na, gut!"
    b „Zum Glück!"
    c „Es tut mir leid!"

Bitte schön

The following expressions are useful for asking whether you are allowed to do certain things:

Darf ich...
Darf man... | + *infinitive*?
Dürfen wir...

Match up the following situations with the correct speech balloons.

e.g. Auf Bild Nummer eins fragt der Mann, ,,......?''.

> Darf ich mal helfen?

> Dürfen wir unser Gepäck hier lassen?

> Darf ich mal sehen?

> Darf ich mir bitte die Hände waschen?

> Darf man hier rauchen?

> Darf ich bitte diesen Stuhl nehmen?

> Darf man hier parken?

> Darf ich bitte die Zeitung lesen?

Entschuldigen Sie, bitte...

Rather than simply ask a direct question (e.g. Wo ist...?), it sounds much more polite to use one of the following:

Entschuldigen Sie!
Können Sie mir sagen, wo...?
Wissen Sie, wie...(*etc.*)?

Note, however, that *the verb then comes at the end of the sentence:*

e.g. Wo ist die Post?
Können Sie mir sagen, wo die Post **ist**?

The word for *if, whether* in questions like this is **ob**:
Fährt dieser Bus über Denklingen?
Wissen Sie, **ob** dieser Bus über Denklingen **fährt**?

Rephrase the following questions in this way. Use **Können Sie mir sagen...?** and **Wissen Sie...?** with each of the questions. (The verbs which will go to the end are underlined.) Then say what your sentences mean:

1 Wie <u>kommt</u> man zum Rathaus?

2 Wo <u>ist</u> die nächste Straßenbahnhaltestelle?
3 Was für ein Denkmal <u>ist</u> das?
4 Was <u>bedeutet</u> dieses Schild?
5 <u>Darf</u> man hier parken?
6 Wann <u>fährt</u> der nächste Bus nach Wiehl?
7 Warum <u>ist</u> die Straße gesperrt?
8 <u>Muß</u> man zahlen, wenn man hier parkt?

Gibt es hier in der Nähe...?

The following people are looking for places in town. Suggest what they might ask a passer-by, using **Gibt es hier in der Nähe...?**
e.g.

Ich habe Durst.

Gibt es hier in der Nähe **ein Café**?

Ich habe Kopfschmerzen.

Wir brauchen Benzin.

Ich muß Geld umwechseln.

Ich kaufe mir eine Zeitung.

Wir müssen ein Zimmer finden.

Ich möchte einen Brief einwerfen.

Ich muß meine Freundin anrufen.

Mutti...ich muß mal schnell...!

The following vocabulary will be useful for this exercise:

das Hotel	das Verkehrsamt	der Supermarkt
die Pension	das Zeitungsgeschäft	das Lebensmittelgeschäft
der Briefkasten	der Zeitschriftenladen	die Bank
das Postamt	der Zeitungskiosk	die Sparkasse
die Post	die Drogerie	das Wechselbüro
die Telefonzelle	die Apotheke	(die) Toiletten

How do I get to . . . ?

Using the pictures as a guide, suggest what the
following people might be asking a passer-by, using:
Wie komme ich (am besten) zum/zur/zum . . . ?

The following vocabulary will be helpful:

das Schwimmbad   das Sportzentrum   das Gymnasium
das Hallenbad   die Sporthalle   die Schule (Gesamtschule, Realschule, etc.)
das Freibad   der Campingplatz   die Universität
das Krankenhaus der Flughafen   der Marktplatz
die Klinik   die Busstation   der Bahnhof

Kann ich Ihnen behilflich sein?

The following expressions will be useful for telling
people how to get to places:

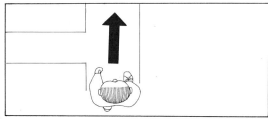

Fahren Sie | geradeaus.
Gehen Sie |

Fahren Sie einen Kilometer | weiter.
Gehen Sie 200 Meter |

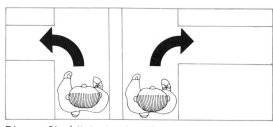

Biegen Sie | links/rechts ab.
Fahren Sie | links/rechts.
Gehen Sie |

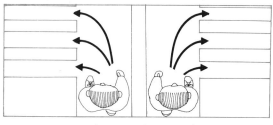

Nehmen Sie die | erste | Straße | links.
           | zweite | | rechts.
           | dritte |

Auf der rechten Seite.
Rechts.

Gehen Sie │ zurück.
Fahren Sie │

Halten Sie sich │ links.
│ rechts.

Auf der linken Seite.
Links.

Biegen Sie in die Ludwigstraße ein.

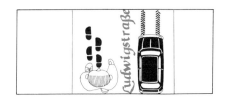

Fahren Sie │ die Ludwigstraße │ entlang.
Gehen Sie │ │ hinauf.
│ │ hinunter.

Using the pictures below as a guide, tell someone
where he/she has to walk or drive to, and which way he/
she must turn off, using:

a Fahren Sie │ bis zum/zur/zum ...
Gehen Sie │

Biegen Sie dann links/rechts ab.
Fahren Sie │ dann links/rechts.
Gehen Sie │

die Kreuzung	die Telefonzelle
die Brücke	der Bahnübergang
die Litfaßsäule	das Rathaus
die Ampel	die Kirche

b Am ...... │ biegen Sie links/rechts ab.
An der ...... │ fahren Sie rechts.
Am ...... │ gehen Sie rechts.

Gehen Sie │ am ...... │ vorbei.
Fahren Sie │ an der ...... │
│ am ...... │

Dann biegen Sie links/rechts ab.
Dann │ fahren Sie │ links/rechts.
│ gehen Sie │

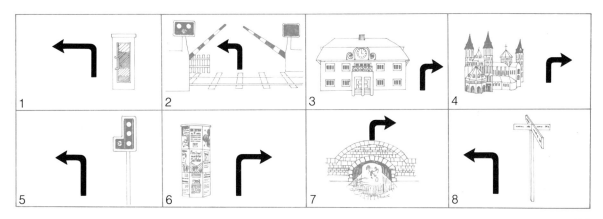

In der Stadt

Look at the following plan of the centre of Dinkelstadt
and answer the questions below:

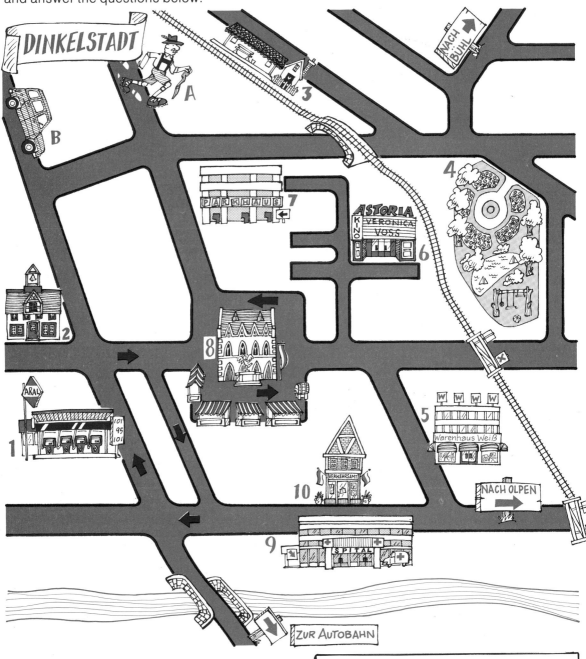

Zeichenerklärung

1 Tankstelle
2 Volksschule
3 Bahnhof
4 Park/Kinderspielplatz
5 Warenhaus Weiß

6 Astoria-Kino
7 Parkhaus
8 Rathaus/Marktplatz
9 Bonifazius-Spital
10 Verkehrsamt

Bahnübergang
Einbahnstraße
Brücke
Fluß
Eisenbahn

a Basing your answers on the plan above, help the following people to find their way. They are all pedestrians and are at point A:

1 Entschuldigen Sie! ... Ich suche die Volksschule.
2 Wie komme ich am besten zum Astoria-Kino?
3 Wissen Sie, wo der Kinderspielplatz ist?
4 Können Sie mir helfen? Ich muß zum Bonifazius-Spital.
5 Wo ist der Marktplatz, bitte?

b Help these drivers who are at point B:

1 Wie komme ich zum Bahnhof?
2 Kann ich irgendwo in der Nähe tanken?
3 Wo kann man hier in der Nähe parken?
4 Gibt's hier in der Nähe ein Verkehrsamt?
5 Können Sie mir sagen, wo das Warenhaus Weiß ist?

c Where are these drivers, who are all at point B, getting directions to?

1 Nehmen Sie die nächste Straße links ... Fahren Sie dann geradeaus ... über die Kreuzung ... unter die Eisenbahnbrücke durch ... Nach der Brücke nehmen Sie dann die zweite Straße links ...

2 Nehmen Sie die zweite Straße links. Das ist eine Einbahnstraße. Kurz vor dem Marktplatz fahren Sie dann rechts und nochmals rechts. Dann müssen Sie links abbiegen und über die Brücke fahren ...

3 Nehmen Sie die zweite Straße links ... Fahren Sie zum Marktplatz ... am Rathaus vorbei. Sie nehmen die erste Straße rechts ... und dann fahren Sie links und über den Bahnübergang ...

What's missing?

Complete the following sentences with suitable modal verbs (i.e. **können, wollen, müssen, sollen, mögen, dürfen**) and then say what your sentences mean:

1 Sie ...... kurz nach der Telefonzelle rechts abbiegen.
2 Ich ...... gern schwimmen; ...... du es auch?
3 ...... wir hier in der Hauptstraße parken?
4 Hier ist Parkverbot; wir ...... ein bißchen weiterfahren.
5 ...... du mitkommen oder ...... du arbeiten?
6 Ich ...... zu Hause bleiben und meine Hausaufgaben machen.
7 ...... Sie mir helfen?—Ich ...... Ihnen leider nicht helfen; ich bin fremd hier.
8 Hier sind keine guten Geschäfte; man ...... in die Stadtmitte fahren.
9 ...... man hier rauchen?
10 Ich habe kein Geld; was ...... ich denn tun?

Accusative or dative?

In the following sentences you must choose between the accusative and dative of the nouns concerned. Make contractions wherever possible. Then say what the sentences mean:

1 Fahren Sie durch **die/der** Altstadt und an **den/dem** Bahnhof vorbei. Nach etwa **einen/einem** Kilometer sehen Sie eine große Fabrik. Biegen Sie dort links ab; ich wohne gerade um **die/der** Ecke gegenüber **die/der** Bushaltestelle.
2 Gehen Sie bis an **die/der** Ampel. An **die/der** Ampel müssen Sie sich dann rechts halten.
3 Ich fahre mit **meine/meiner** Schwester in die Stadt. Wir fahren aber ohne **meinen/meinem** Bruder dorthin, denn er ist krank.
4 Mutter ist bei **den/dem** Metzger; Vater kommt gerade aus **den/dem** Supermarkt; ich komme gerade von **die/der** Schule.

What are they saying?

Supply the words you think these characters might be saying:

How much can you remember?

How would you deal with the following?

1 Say that you are a stranger here and that
   a you don't know the school.
   b you don't know where the school is.
2 Say you think the car park is full.
3 Say there is one place free.
4 Say there is a chemist's shop in the high street.
5 Thank someone for his/her help.
6 Say that the campsite is about one kilometre away.
7 Say a certain shop is about 100 metres away on the right-hand side.
8 Say you have a plan of the town and that you'll fetch it.
9 Say that there is a bank just around the corner.
10 Tell someone he/she is not allowed to park here.
11 Tell someone you're looking for the park.
12 Ask someone if he/she can help you.
13 Ask whether you are disturbing someone.
14 Ask someone the way to Munich.
15 Ask someone the best way to get to the swimming pool.
16 Ask whether there are any toilets nearby.
17 Ask where the nearest postbox is.
18 Ask whether this bus goes to Dinkelstadt.
19 Ask whether you can get petrol nearby.
20 Ask how far the market place is from here.

Background reading

Wie man Auskunft bekommt

Ein Tourist kann an verschiedenen Orten Informationen über Fahrpläne, Hotels, Veranstaltungen wie Konzerte und Theateraufführungen, usw. erhalten. Stadt- und Fahrpläne kann man im städtischen Reisebüro oder in einem Verkehrsamt oder „Touristen-Information" bekommen. Dort kann man auch Auskunft über Hotels und Pensionen erhalten.

In diesen Touristenbüros kann der Tourist erfahren, wo und wann verschiedene Veranstaltungen stattfinden. Außerdem bieten sie häufig Ausflüge und besondere Fahrten an. So kann man vielleicht aus der Großstadt, die man besucht, aufs Land fahren, um die Landschaft oder sogar ein Schloß oder eine Burg zu sehen. Sehr beliebt sind Stadtrundfahrten, bei denen man die wichtigsten Sehenswürdigkeiten kennenlernen kann. Hafenstädte bieten auch Hafenrundfahrten an. Solche Fahrten sind ziemlich teuer und gefallen nicht jedem. In der Touristen-Information kann man für alle solche Veranstaltungen die Eintrittskarten vorbestellen oder sofort kaufen. Die Angestellten dort können auch ausländischen Touristen mit guten Informationen in schwierigen Situationen helfen.

Meistens kann man diese hilfreichen Informationsstellen leicht finden. In größeren Städten gibt es sie am Bahnhof oder vielleicht sogar am Flugplatz. Am besten ist es aber, wenn man die Suche in der Fußgängerzone der Stadt, also im Stadtzentrum, beginnt. Fast jede Stadt besitzt so eine autofreie Straße im Geschäftszentrum, wo man auch die Informations- oder Reisebüros findet. Ob man mit dem Auto oder mit dem Zug kommt, zeigen fast immer Wegweiser die Richtung zum Stadtzentrum mit dem Wort „Stadtzentrum", „Stadtmitte" oder „Innenstadt" an. Wenn man die Touristen-Information nicht sogleich findet, kann man zunächst in ein normales Reisebüro oder zur Information für die Hotelvermittlung am Bahnhof gehen, um nach dem Weg zu fragen.

Das Verkehrsamt in Hamburg.

Zur Stadtmitte.

1 What kinds of information are mentioned in the first paragraph?
2 Apart from getting information, what can one also do in tourist information offices?
3 Apart from large and small towns, what other kind of town is mentioned?
4 What special attraction does this kind of town offer and what is said about it?
5 In what connection are foreign visitors mentioned?
6 Where, according to the text, are tourist information offices most likely to be found?
7 Which signposts show the way to the town centre?
8 Where can you get help if you cannot find the tourist information office?

Konversationsübung

In der Stadt

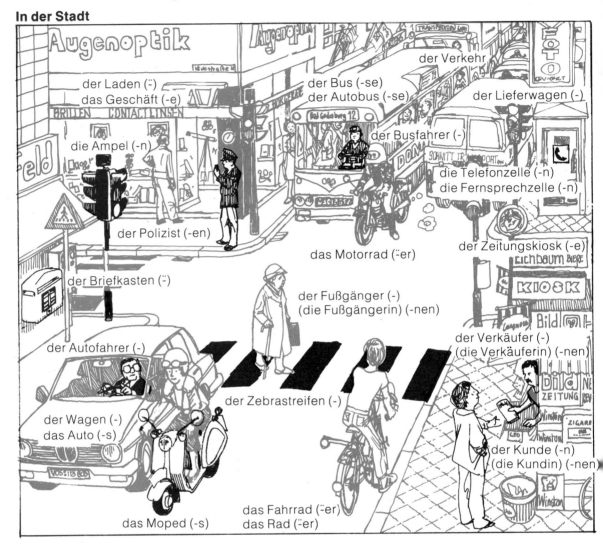

der Laden (-)
das Geschäft (-e)
der Verkehr
der Bus (-se)
der Autobus (-se)
der Lieferwagen (-)
die Ampel (-n)
der Busfahrer (-)
die Telefonzelle (-n)
die Fernsprechzelle (-n)
der Polizist (-en)
das Motorrad (-er)
der Zeitungskiosk (-e)
der Briefkasten (-)
der Fußgänger (-)
(die Fußgängerin) (-nen)
der Autofahrer (-)
der Verkäufer (-)
(die Verkäuferin) (-nen)
der Zebrastreifen (-)
der Wagen (-)
das Auto (-s)
der Kunde (-n)
(die Kundin) (-nen)
das Moped (-s)
das Fahrrad (-er)
das Rad (-er)

1 Wohnen Sie in der Stadt, in einem Vorort oder auf dem Lande?

2 Wie heißt die Straße, in der Sie wohnen?

3 Beschreiben Sie die Straße!

4 Was ist vor Ihrem Haus/Ihrem Haus gegenüber?

5 Was ist hinter Ihrem Haus?

6 Wie weit ist Ihr Haus vom nächsten Bahnhof?

7 Haben Sie zu Hause Telefon?

8 Wie ist Ihre Telefonnummer?

9 Was sucht man, wenn man von unterwegs telefonieren will?

10 Wer in Ihrer Familie besitzt ein Rad/ein Moped/ein Motorrad/einen Wagen?

11 Wen fragt man normalerweise nach dem Weg?

12 Was sucht man, wenn man einen Brief einwerfen will?

13 Was kann man noch in einen Briefkasten einwerfen?

14 Wo müssen Autofahrer halten?

15 Was bedeutet der Ausdruck „Heute ist viel Verkehr auf den Straßen"?

16 Was kann man außer Zeitungen an einem Zeitungskiosk kaufen?

17 Ein Mann, der etwas verkauft, heißt der Verkäufer – Wie heißt ein Mann, der etwas kauft?

18 Und eine Frau, die etwas kauft?

19 Wie nennt man jemanden, der zu Fuß geht?

Grammar survey

1 Modal verbs

One group of irregular verbs is known as *modal verbs*. The singular forms are irregular and must be learnt; the plural forms are regular.

können
(*to be able, can*)
ich kann
du kannst
er kann
wir können, etc.

wollen
(*to want*)
ich will
du willst
er will
wir wollen, etc.

müssen
(*to have to, must*)
ich muß
du mußt
er muß
wir müssen, etc.

sollen
(*to be supposed to, to be to*)
ich soll
du sollst
er soll
wir sollen, etc.

mögen
(*to like*)
ich mag
du magst
er mag
wir mögen, etc.

dürfen
(*to be allowed to*)
ich darf
du darfst
er darf
wir dürfen, etc.

Modal verbs are usually used in conjunction with an infinitive which stands at the end of the sentence:

Ich kann die Musik nicht gut **hören.**
Ich will diesen Artikel nicht **kaufen.**

2 Du/Sie/ihr

Du, **Sie** and **ihr** all mean *you* but are used in different situations.

Du is the familiar form and is used for addressing a friend, a member of the family (including a pet!), and when a grown-up speaks to a youngster. Young people use it to speak to one another even when they are meeting for the first time.

Ihr is the plural form of **du** and is used for addressing two or more of the above.

Sie is formal and is used for addressing one or more strangers, among grown-ups in a formal situation, and when youngsters speak to grown-ups other than close family.

3 Prepositions with the accusative

Apart from indicating the direct object of the verb, the accusative (**den**, **die**, **das**, etc.) is used after certain prepositions. The most common are:

für	for
durch	through
ohne	without
um	around
gegen	against
bis an	up to
entlang*	along

e.g. für meinen Bruder
       durch den Wald
       um die Ecke

4 Prepositions with the dative

Certain other prepositions require another case, the dative, the singular endings of which are:

m	f	n
dem	der	dem
einem	einer	einem

The possessives (**mein**, **dein**, etc.) and **kein** follow the same pattern.

The most common prepositions which always take the dative are:

aus	out of, from
bei	at _____'s house, shop
mit	with
nach	after, to
seit	since
von	from
zu	to
gegenüber*	opposite

e.g. aus dem Haus
       mit meiner Freundin
       nach der Schule

Some other prepositions have two meanings depending on whether they are followed by the dative or the accusative. (This is explained on p. 61.) The meanings of the following when followed by the dative should be noted at this stage:

in	in
auf	on
an	at

e.g. auf dem Bahnhof
       in der Stadtmitte
       an der Ampel

---

* **Entlang** and **gegenüber** usually follow the noun, e.g. die Straße entlang/dem Bahnhof gegenüber.

The following contractions are usually made:

in dem   → **im**
an dem   → **am**
zu dem   → **zum**
zu der   → **zur**
bei dem → **beim**
von dem→ **vom**

Notice also the expression **an** + *dative* **vorbei**
which means 'past':
e.g. am Bahnhof vorbei

Structures

Es gibt......   There is, are......
Es gibt keinen/keine/kein/keine......   There isn't/aren't any......
Gibt es │ in der Nähe......?   Is there...... nearby?
Gibt's │
Wo │ ist │......? Where is/are......?
   │ sind │
Wo ist der/die/das nächste......?   Where is the next/nearest......?
Man darf (nicht) (+ *infinitive*)   One is(n't) allowed to......
Darf man (+ *infinitive*)?   Is one allowed to......?

Kann │ ich │ (+ infinitive)? Can │ I   │......?
    │ man │   │ one │

Vielen Dank für (+ *accusative*)   Thanks for......
Wissen Sie, wo (*etc.*)......?   Do you know where (*etc.*)......?
Können Sie mir sagen, wo (*etc.*)......?   Can you tell me where (*etc.*)......?

3 Andere Leute kennenlernen —————

Aufenthalt in Deutschland (1)

*Mr und Mrs Green machen Ferien in Deutschland.
Eines Tages sitzen sie auf einer Bank im Park. Ein
Deutscher redet sie an ...*

— Sie sind Engländer, gelt?
— Ja, wir sind Engländer.
— Darf ich fragen, wo Sie herkommen?
— Wir sind aus Manchester.
— Sind Sie auf Urlaub hier in München?
— Ja, das stimmt.
— Sie haben Glück mit dem Wetter, gelt?
— Ja, es ist wirklich herrlich.
— Wie lange bleiben Sie bei uns?
— Wir sind schon eine Woche hier und bleiben noch zwei
  Wochen.
— Sie sind nicht zum erstenmal in Deutschland, glaube ich,
  oder?
— Nein, wir kommen jedes Jahr hierher. Wir sind beide
  Deutschlehrer. Diesmal wohnen wir im Haus eines
  deutschen Freundes; er wohnt in unserem Haus in
  England.
— Ach so! Ein Hausaustausch, also. Sie sprechen beide
  sehr gut Deutsch. Ich gratuliere ... „Deutsche Sprache
  schwere Sprache", wie man sagt!
— Danke fürs Kompliment!
— Ich selbst spreche sehr wenig Englisch. Meine Frau
  dagegen kann es fließend ... Was halten Sie von
  München?
— München finden wir sehr schön. Es freut uns, wieder
  hier zu sein ...

a Answer the following questions:

1 Why are the Greens in Germany?
2 Where exactly are they when the German
  speaks to them?
3 How long have they been in Germany this
  time?
4 How much longer will they be staying?
5 How often do they come to Germany?
6 Give two reasons which explain why they
  are in Munich so often.
7 What does the German say about his
  knowledge of English?
8 And his wife's?

b Choose the most appropriate ending for
each of the following sentences, according
to what you have heard in the above
dialogue. Then say what your sentences
mean:

1 Insgesamt bleiben die Greens ...
   a vierzehn Tage in Deutschland.
   b drei Wochen in Deutschland.
   c eine Woche in Deutschland.

2 Das Wetter ist wohl ...
   a regnerisch.
   b sonnig.
   c stürmisch.

3 Die Greens kommen ...
   a ab und zu nach Deutschland.
   b selten nach Deutschland.
   c regelmäßig nach Deutschland.

4 Die Greens haben ...
   a Bekannte in München.
   b Kollegen in München.
   c Verwandte in München.

5 Die Greens sind ...
   a enttäuscht, wieder in München zu sein.
   b froh, wieder in München zu sein.
   c traurig, wieder in München zu sein.

6 Der Deutsche spricht ...
   a ein bißchen Englisch.
   b ziemlich gut Englisch.
   c ausgezeichnet Englisch.

c Find the German for:

on holiday (*two expressions*)
may I ask, enquire ... ?
to be, come from (*a town, etc.*)
to be lucky, in luck
(for) how long ... ?
for the first time
of a German friend
oh, I see!
house swop
on the other hand
to speak ... fluently
what do you think of ... ?
we're pleased, glad

Aufenthalt in Deutschland (2)

Zehn Minuten später sprechen die Greens immer noch mit dem Deutschen ...

— Wissen Sie was? Ich habe eine gute Idee. Haben Sie heute nachmittag schon etwas vor?
— Ich glaube nicht.
— Dann möchte ich Sie zu uns einladen. Warum kommen Sie nicht heute nachmittag? Wir wohnen ganz in der Nähe. Sie können dann den Abend bei uns verbringen und meine Frau kennenlernen.
— Das wäre sehr nett. Was meinst du, Liebling?
— Ja, wir kommen gern zu Ihnen.

— Moment mal! Ich gebe Ihnen unsere Adresse. Haben Sie Papier?
— Schreiben Sie sie auf diesen Umschlag!
— Wir wohnen Beethovenstraße 25 . . . das ist ein Wohnblock. Wir wohnen im vierten Stock . . . Wohnung Nummer 21. Ich schreibe meine Telefonnummer dazu, falls Sie Schwierigkeiten haben . . . 23–62–04.
— Und Ihren Namen auch!
— Ach, ja! Wie dumm von mir! . . . Mein Name ist Müller . . . Heinrich Müller . . . Meine Frau heißt Gaby.
— Wir heißen Green . . . Peter und Margaret Green. Um wieviel Uhr sollen wir zu Ihnen kommen?
— Sagen wir vier Uhr! Ist Ihnen das zu früh?
— Nein, das geht.
— Ich muß jetzt nach Hause . . . Bis später also! Auf Wiedersehen!
— Auf Wiedersehen! Bis heute nachmittag!

a Answer the following questions:

1 What had Mr and Mrs Green planned for this particular afternoon?
2 Where does the German say he lives?
3 What does he suggest they should do that afternoon?
4 What is their reaction?
5 What details does he give them?
6 What does he write on?
7 What have the Greens and the German both forgotten to do?
8 What time is agreed for the meeting later in the day?

b In the following extracts from the dialogues, change the parts underlined from the **Sie**-form to the **du**-form, i.e. to how they would be said to a friend rather than to a stranger. Then say what each remark means:

1 <u>Wissen</u> Sie was?
2 <u>Haben Sie</u> heute nachmittag schon etwas vor?
3 Warum <u>kommen Sie</u> nicht heute nachmittag?
4 <u>Sie können</u> dann den Abend bei uns verbringen.
5 Ich gebe <u>Ihnen</u> unsere Adresse.
6 <u>Haben Sie</u> Papier?
7 <u>Schreiben Sie</u> sie auf diesen Umschlag!
8 Ist <u>Ihnen</u> das zu früh?

c Find the German for:

I've got a good idea!
to have something on, planned
I don't think so
I'd like to
to invite
to us, our house
that would be nice
what do you think?
on the fourth floor
how stupid of me!
at what time . . . ?
(too) early
let's say . . . !
see you later!
see you this afternoon!

Haben Sie, bitte . . . ?

The following phrases are useful for asking people for things:

Hast du/Haben Sie, bitte . . . . . . ? Darf ich, bitte . . . . . . | benutzen | ?
Darf ich (mir), bitte . . . . . . | borgen | ? | nehmen |
                                  | leihen |

Here are some household items you might need to ask for:

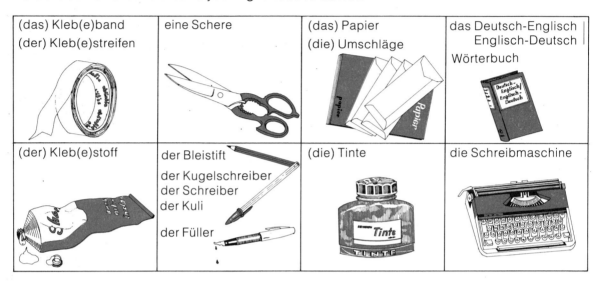

| (das) Kleb(e)band (der) Kleb(e)streifen | eine Schere | (das) Papier (die) Umschläge | das Deutsch-Englisch Englisch-Deutsch Wörterbuch |
| (der) Kleb(e)stoff | der Bleistift der Kugelschreiber der Schreiber der Kuli der Füller | (die) Tinte | die Schreibmaschine |

a Imagine that you are asking someone in a German family for the above items. Choose suitable structures from the ones given above.

b Ask for a further eight household items of your choice.

Zu Gast bei den Müllers

Kurz nach vier Uhr warten die Müllers auf ihre Gäste . . .

— Es klingelt . . . Heinrich, mach mal auf!
— Herr und Frau Green . . . Kommen Sie herein! . . . Gaby, Herr und Frau Green sind da!
— Ich bin gleich da.
— Darf ich vorstellen? . . . Das ist meine Frau, Gaby.
— Guten Abend. Es freut mich sehr, Sie kennenzulernen.
— Guten Abend . . . Hier sind Blumen für Sie!

42

— Oh, wie nett! ... Bitte, kommen Sie ins Wohnzimmer! ... Nehmen Sie Platz!
— Das Zimmer ist aber schön!
— Danke ... Die Wohnung ist ein bißchen eng. Wir haben aber keine Kinder; sie ist also groß genug für uns. Hier sind Kuchen und Torten. Bitte, bedienen Sie sich. Hier ist Schlagsahne.
— Greifen Sie zu!
— Ich bringe Ihnen gleich den Kaffee.
— Darf ich Ihnen helfen?
— Nein, nein ... bleiben Sie ruhig sitzen, Mrs Green. Alles steht schon bereit in der Küche.
— ... So. Möchten Sie beide Kaffee?
— Ja, bitte. Der Kaffee riecht herrlich.
— Nehmen Sie Zucker, Mrs Green?
— Ja, bitte.
— Und Sie, Mr Green?
— Ich nicht, danke.

a Answer the following questions:

1 When do the Greens arrive?
2 What do they bring with them for the Müllers?
3 What does Frau Müller say about their flat?
4 What does she offer her guests to eat?
5 What does she go into the kitchen to fetch?
6 Why does she turn down Mrs Green's help?
7 What does Mrs Green say about the coffee?
8 Does Mr Green take sugar in his coffee?

b Jetzt beantworten Sie diese Fragen auf deutsch!

1 Um wieviel Uhr kommen die Greens bei ihren Gastgebern an?
2 Woher wissen die Müllers, daß die Greens da sind?
3 Was bringen die Gäste für ihre Gastgeber mit?
4 Was hält Mrs Green von Herrn und Frau Müllers Wohnzimmer?
5 Warum macht es die Müllers nichts aus, daß ihre Wohnung ein bißchen eng ist?
6 Was bietet Frau Müller ihren Gästen zu essen an?
7 Muß Frau Müller noch den Kaffee machen?
8 Nehmen Mr and Mrs Green beide Zucker?

c Find the German for:

to wait for ...	help, serve yourself! (*two expressions*)
I'll be with you in a second	I'll bring you ...
I'm pleased to meet you	don't get up!
how nice!	everything's ready
take a seat!	I have forgotten ...
big enough	do you take sugar?
	I don't, not me

Fragen und Antworten

Here are some answers; try to find appropriate questions for them! Then say what both mean:

1 ....?
Ja, ich bin Engländer.
2 ....?
Ich komme aus Manchester.
3 ....?
Doch, ich spreche Deutsch!
4 ....?
Kommen Sie um acht zu uns!
5 ....?
Der Karl und die Karin (kommen auch mit).
6 ....?
Ich bleibe noch drei Tage in Deutschland.
7 ....?
Ich bin schon vier Tage hier.
8 ....?
Ich finde die Stadt sehr schön.

Bitte!

Imagine that you have a German guest or guests. If you wish to offer him/her/them something, you can say:

Hier | ist | ...... für | dich.
     | sind | | Sie.
     | | | euch.

Use this structure to offer your guest(s) the following:

1 der Stuhl (¨e)	2 (der) Tee (der) Kaffee	3 der Kuchen (-) die Torte (-n) der Keks (-e)	4 der Teller (-)
5 die Zigarette (-n)	6 der Aschenbecher (-)	7 (der) Wein	8 das Papiertaschentuch (¨er)
9 die Serviette (-n)	10 die Gabel (-n) der Löffel (-) das Messer (-)	11 das Glas (¨er)	12 die Aspirintablette (-n) (das) Wasser

Sie? Du?

Change these orders so that they address a friend (i.e. from the **Sie**- to the **du**-form). Then say what your sentences mean:

e.g. Hören Sie mal zu!
      Hör mal zu!

1 Kommen Sie herein!
2 Schreiben Sie die Telefonnummer!
3 Geben Sie mir Ihren Mantel!
4 Kommen Sie ins Wohnzimmer!
5 Nehmen Sie mal Platz!
6 Setzen Sie sich hin!
7 Sehen Sie mal her!
8 Helfen Sie mir!

Wie oft?

The following expressions will help you to say how often something happens:

jeden Montag/jede Woche/jedes Wochenende/jeden Monat/jedes Jahr

einmal | in der Woche/pro Woche
zweimal | im Monat/pro Monat
         | im Jahr/pro Jahr

You will be able to use these expressions in the **Konversationsübung** section.

Photo-show

Imagine someone is showing a guest some photographs. Complete the sentences, using the genitive, to show that the people own the things mentioned:

e.g.

Das ist meine Tante . . . und das ist das Haus **meiner Tante**.

1 Das ist mein Großvater . . . und das ist der Garten . . . . . .

2 Das ist meine Großmutter . . . und das ist die Wohnung . . . . . .

3 Das ist mein Freund . . . und das ist das Moped . . . . . .

4 Das ist meine Freundin . . . und das ist der Hund . . . . . .

5 Das ist mein Onkel . . . und das ist das Boot . . . . . .

6 Das ist meine Kusine . . . und das ist der Wohnwagen . . . . . .

7 Das ist unser Lehrer . . . und das ist das Auto . . . . . .

8 Das ist unser Sohn . . . und das ist das Zimmer . . . . . .

Present time

Practise the use of the dative by saying what present you are going to give to various relatives, using the illustrations as a guide. The pattern of your answers should be:

(*Dative*) | schenke | ich (*accusative*).
        | kaufe |

Ich | schenke | (*dative*) (*accusative*).
   | kaufe |

e.g. Meinem Bruder | schenke | ich einen Füller.
               | kaufe |

or   Ich | schenke | meinem Bruder einen Füller.
        | kaufe |

der Bruder   der Füller

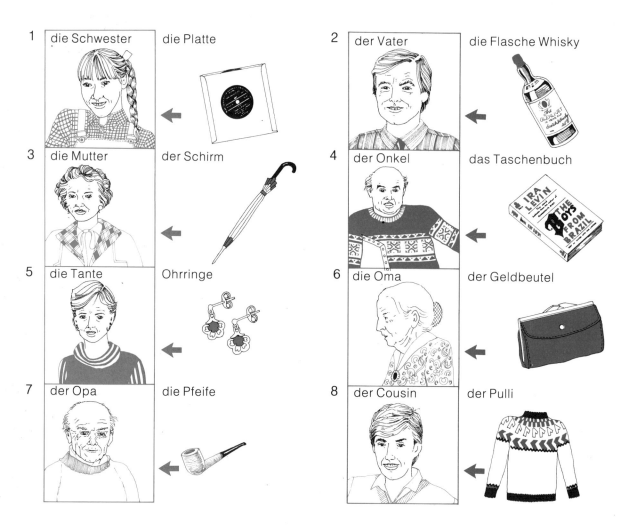

1   die Schwester   die Platte

2   der Vater   die Flasche Whisky

3   die Mutter   der Schirm

4   der Onkel   das Taschenbuch

5   die Tante   Ohrringe

6   die Oma   der Geldbeutel

7   der Opa   die Pfeife

8   der Cousin   der Pulli

What are they saying?

Supply the words you think these characters might be saying:

How much can you remember?

1 Say that you are English.
2 Say that you and your friend are English.
3 Tell a German he/she speaks good English.
4 Say you don't speak German fluently, but you speak it quite well.
5 Say you are on holiday in Germany.
6 Say you're there for the first time.
7 Say you have friends in Hamburg.
8 Say that the weather is really marvellous.
9 Say you have nothing planned for today.
10 Say you have a good idea.
11 Say that 7 o'clock is too early for you and suggest 8 o'clock.
12 Say your room is on the second floor: number 26.
13 Tell someone to serve himself/herself.
14 Tell someone not to get up.
15 Say you're going to fetch some coffee.
16 Ask someone where he/she comes from.
17 Ask whether he/she is German.
18 Ask your correspondent's mother whether she has an envelope/a pair of scissors.
19 Ask your correspondent whether he/she has an ashtray.
20 Ask how long someone will be staying in England.

Background reading

Formen der Höflichkeit

Für verschiedene Situation gibt es natürlich auch verschiedene Formen der Höflichkeit.

Schwierig ist immer die Frage, ob man Leute mit „Du" oder mit „Sie" anreden soll. Im allgemeinen gibt es die Regel, daß Jugendliche über 16 Jahre und Erwachsene gesiezt werden müssen. Dennoch duzen sich jüngere Leute oft, auch wenn sie sich nicht kennen. Ein Beispiel hierfür sind Schüler, Lehrlinge und Studenten. In einer formellen Situation wie beim Einkaufen muß man aber auch eine junge, vielleicht sogar gleichaltrige, Verkäuferin siezen.

Zu einem Freund sagt man „du".

Wenn man die Familie eines deutschen Brieffreundes besucht, muß man die Eltern mit z.B. „Herr und Frau Schmidt" und „Sie" anreden – ein „Du" ist in einer solchen Situation wirklich sehr unhöflich. Mit dem gleichaltrigen Brieffreund kann man sich aber selbstverständlich duzen. Wenn man einmal nicht sicher ist welche Anrede die richtige und höfliche ist, kann man einfach fragen, ob man „Du" oder „Sie" sagen soll.

Zu einem Fremden sagt man aber „Sie".

Zu einem Besuch bringt der höfliche Besucher der „Dame des Hauses" Blumen mit. Manche wählen auch Pralinen als Geschenk. Blumen wickelt man selbst aus dem Papier, bevor man sie der Gastgeberin mit einem „Vielen Dank für die Einladung" überreicht. Nur darf man keine roten Rosen wählen, da diese Blumen ein Symbol für Liebe sind. Viele junge Leute folgen dieser Tradition nicht mehr; man bringt entweder nichts, oder vielleicht etwas zu trinken mit.

Anders als in England bezahlt in einem Restaurant oder in einer Kneipe oft jeder für sich. Man bestellt also keine Runden. Auch jüngere Frauen und Mädchen bezahlen selbst, während in der älteren Generation die Männer die Frauen meist einladen. Auch die Familie wird sicherlich den Austauschschüler einladen. Wenn man aber nicht sicher ist, ist es am einfachsten, wenn man zunächst anbietet, selbst zu bezahlen.

In der Kneipe bezahlt jeder für sich.

1 What tips are given on the use of 'Du' and 'Sie'?

2 What should one do if not sure which one to use?

3 What two verbs are used to express the idea of addressing someone with 'Du' and with 'Sie'?

4 What presents is it customary to bring when one is invited to someone's home?

5 What tips are given about one of these presents?

6 What is said about young people's attitude to this custom?

7 What do we learn about who pays in pubs and restaurants?

8 What is one recommended to do if one is not sure whether one's hosts are going to pay or not?

Konversationsübung

Gäste

die Gastgeberin

die Vase (-n)

die Gäste

der Fernseher
das Fernsehgerät

die Kaffeekanne

das Feuerzeug

der Kaffee

der Zucker

die Milch

der Gastgeber

der Korkenzieher

das Sofa
die Couch

der Tisch (-e)

der Wein

der Sessel (-)
der Lehnstuhl (¨-e)

1 Welche von Ihren Verwandten kommen zu Gast zu Ihnen?
2 Wie oft kommen sie?
3 Wer besucht Sie und Ihre Familie sonst regelmäßig?
4 Zu welchen Verwandten gehen/fahren Sie regelmäßig?
5 Wie oft?
6 Haben Sie ein eigenes Zimmer, oder müssen Sie ein Zimmer mit jemandem teilen? Mit wem?
7 Wenn man Freunde besucht, bringt man oft Blumen mit. Was könnte man sonst als Geschenk mitbringen?
8 Was sagen Sie zu einem Gast, wenn er/sie zuerst ankommt?

9 Wie trinken Sie den Kaffee (d.h. mit Milch, ohne Zucker, stark, usw.)?
10 Und den Tee?
11 Dürfen Sie fernsehen, wenn Gäste bei Ihnen sind?
12 Warum (nicht)?
13 Was bieten Ihre Eltern ihren Gästen zu essen und zu trinken an?
14 Wie nennt man die Leute, die Gäste empfangen?
15 Mögen Sie Blumen?
16 Welche Blumensorten kennen Sie?
17 Wo kann man Blumen bekommen?
18 Worauf bringt man Geschirr, Kaffee, usw. aus der Küche?
19 Womit zündet man eine Zigarette an?
20 Womit macht man eine Flasche Wein auf?

Grammar survey

1 Dative indicating indirect object

The *dative* case (**dem**, **der**, **dem/einem**, **einer**, **einem**, etc.) is used to indicate the indirect object, i.e. the person *to whom* something is given, offered, promised, handed, etc.

e.g. Er gibt **dem Mann** das Geld.
Ich reiche **meinem Bruder** seinen Mantel.
Sie bietet **ihrer Schwester** ein Glas Wein an.

Note that when the direct and indirect objects in a sentence are both nouns, the indirect comes before the direct.

2 Adjectival endings after the dative

The ending for adjectives following the dative singular (see above) is **-en**. This applies both when the dative is indicating the indirect object and when it comes after a preposition:

e.g. Er gibt seinem jung**en** Bruder das Geld.
Sie sitzen im ander**en** Zimmer.
Sie wohnen in einer schön**en**, modern**en** Wohnung.

3 Plural adjectival endings

When an adjective qualifies a plural noun and stands on its own (i.e. without **die**, **keine**, **meine**, etc.), its nominative and accusative endings are both **-e**:

e.g. ander**e** Leute, lang**e** Schulferien, jünger**e** Geschwister, etc.

4 Imperative

There is an order form (*imperative*) to correspond to each of the **du**, **wir**, **ihr** and **Sie** forms of the verb. The **wir**-form imperative has the meaning *let's . . . !*

Regular verbs form their imperatives thus:
du machst → **mach!** (i.e. drop **du** and the **-st** ending)
wir machen → **machen wir!** (i.e. invert subject and verb)
ihr macht → **macht!** (i.e. drop **ihr**)
Sie machen → **machen Sie!** (i.e. invert subject and verb)

The **du**-form imperative of most irregular verbs is formed in the same way as that of regular verbs:
du sprichst → **sprich!**
du nimmst → **nimm!**

Those verbs which add an Umlaut in the second and third person singular drop this in the imperative:
du fährst → **fahr!**
du schläfst → **schlaf!**

Mal is often added to imperatives as an extra 'urging word':
Komm **mal**!
Machen wir **mal** einen Spaziergang!

5 Separable verbs

Some verbs have an infinitive which is made up of a simple verb and a stressed prefix, all written as one word, e.g. **mit**kommen, **heim**gehen.

In the present tense and the imperative the prefix goes to the end of the sentence:
e.g. Ich **gehe** jetzt **heim**.
Komm mal **mit**!

After modal verbs the parts remain together:
e.g. Ich kann nicht **mitkommen**.
Ich will jetzt **heimgehen**.

There are more details about separable verbs on p. 106 under the heading **Perfect tense** and on p. 119 in notes on the use of **zu**.

6 Genitive singular

The *genitive* expresses ownership and corresponds to the English *'s*.

To form the genitive of proper nouns it is usually only necessary to add an **s** (no apostrophe):
e.g. Karl**s** Buch
die Hauptstadt Großbritannien**s**
die Straßen London**s**

In the singular **der**, **die**, **das** and **ein**, **eine**, **ein** change to:

	m	f	n
	des ____(e)s	der ____	des ____(e)s
	eines ____(e)s	einer ____	eines ____(e)s

Note that **-s** or **-es** (depending on ease of pronunciation) is added to the end of masculine and neuter nouns.

e.g. das Auto mein**es** Vater**s**
das Dach **des** Haus**es**
das Heft ein**er** Schülerin, etc.

A group of masculine nouns is an exception to the above. See p. 79 under the heading **Weak masculine nouns**.

7 **Adjectival endings after the genitive**

The ending for adjectives following the genitive singular (**des**, **der**, **des/eines**, **einer**, **eines**, etc.) is **-en**:

e.g. das Rad meines jung**en** Bruders
die Arbeit einer älter**en** Schülerin
der Preis eines modern**en** Hauses

Structures

| Hier | ist | ...... | Here | is...... |
| | sind | | | are |

Hast du	......?	Have you (got) ......?
Habt ihr		
Haben Sie		

Ich könnte	+ *infinitive* (?)	I could	...... (?)
Könntest du		Could you, *etc.*	
Wir könnten, *etc.*			

Sollte ich	+ *infinitive* (?)	I should	......
Du solltest		You should, *etc.*	
Wir sollten, *etc.*			

Ich mag	+ *infinitive* (?)	I like	...... (?)
Magst du		Do you like	
Mögen Sie, *etc.*			

| Ich mag | keinen/keine/kein ...... | I don't like ...... |
| | ...... nicht. | |
...... mag ich nicht.

4 Es geht ums Geld

Auf der Bank

K U R S									
A Sch	3.11×	E Pes	2700.12	GB Pf	25-28	S Kr	287-5		
B Fr	550-9	F Fr	284.52	I Li	6250-3	SF M	3.71-11		
DK Kr	950.0	CH Fr	87-6	N Kr	375-N	YU Dr	266-85		
DDR M	124.0	G.R Dr	24.07-11	P Esc	2900.11	US Dol	1685		

Zwei Engländer verbringen vierzehn Tage in Deutschland. Sie stellen fest, daß sie ihr ganzes deutsches Geld ausgegeben haben. Sie brauchen also etwas mehr. Der erste hat weder sein englisches Scheckbuch noch Reiseschecks nach Deutschland mitgebracht. Er hat aber etwas englisches Geld mitgebracht und geht auf eine Bank, um dreißig Pfund in deutsche Mark umzutauschen. Der andere hat Reiseschecks, und will zwei Schecks zu zwanzig Pfund einlösen.

— Guten Morgen, mein Herr. Was darf es sein?
— Guten Morgen. Ich möchte bitte dreißig Pfund in Deutsche Mark umwechseln.
— Bitte schön . . . Hier ist Ihre Quittung. Sie bekommen Ihr Geld an der Kasse da drüben.
— Wie steht der Kurs heute?
— Der Tageskurs steht dort drüben an der Tafel.
— Danke schön.

— Guten Tag. Ich möchte bitte zwei Reiseschecks zu zwanzig Pfund einlösen.
— Sie haben vergessen, die Schecks zu unterschreiben.
— Ach ja! Das stimmt. Verzeihung!
— Kann ich bitte Ihren Paß haben?
— Meinen Paß! Ich habe ihn aber nicht mit! Er ist im Hotel. Ist das unbedingt nötig?
— Ich muß ihn leider sehen.
— Das Hotel ist gerade um die Ecke. Ich hole ihn schnell. Das ist wirklich ärgerlich!
— Es tut mir leid . . . Ich kann nichts dafür.
— Bitte, behalten Sie die Schecks. Ich bin gleich wieder da!

a Answer the following questions:

1 How long are these English people in Germany for?
2 How is the first one going to get some German money?
3 And the second one?
4 How much money is involved in the first transaction?
5 And in the second one?
6 What is the first man given? Where is he told to go and why?
7 What does he ask the lady behind the counter and where is he told to look for the information?
8 What does the lady behind the counter tell the second man he has forgotten to do?
9 Why can he still not have his money yet?
10 How does he say he will put this right?

b Jetzt beantworten Sie diese Fragen auf deutsch!

1 Welche Summe will der zweite Mann insgesamt umtauschen?
2 Wohin muß der erste Mann gehen, um sein deutsches Geld zu holen?
3 Warum sagt der zweite Mann „Verzeihung!" zum Sparkassenangestellten?
4 Wir weit ist das Hotel von der Sparkasse entfernt?
5 Wohin muß der zweite Mann gehen, um seinen Paß zu holen?

d Find the German for:

to spend (*time*)	you have forgotten....
to spend (*money*)	to sign
German money	excuse me! (i.e.
what can I do	I'm sorry)
for you?	absolutely necessary
to change money	annoying
(*find two words*)	I'm sorry
a receipt	I can't do anything
at the cash desk	about it
exchange rate	to keep
to cash a cheque	I'll be back in a jiffy

c Finden Sie die richtige Definition!

1 „Unterschreiben" bedeutet
  a „seine Anschrift auf etwas schreiben".
  b „seinen Namen auf etwas schreiben".
  c „seine Initialen auf etwas schreiben".

2 „Verzeihung!" bedeutet
  a „Mensch!"
  b „Quatsch!"
  c „Entschuldigung!"

3 „Ärgerlich" bedeutet
  a „unangenehm".
  b „bequem".
  c „praktisch".

4 „Eine Quittung" ist
  a „eine Rechnung, die man bezahlen muß".
  b „ein Beweis, daß man schon bezahlt hat".
  c „eine Art von Reisescheck".

5 „Ich bin gleich wieder da!" bedeutet
  a „ich komme bald zurück".
  b „ich lasse Sie lange warten".
  c „ich komme nie wieder".

Wo? Wohin?

a Choose the correct cases (accusative or dative) to go with the prepositions in these sentences. Then say what they mean.

1 Ich muß heute (auf die/auf der) Bank.
2 Wir müssen (an die/an der) Kasse Schlange stehen.
3 Willst du heute abend (ins/im) Kino mitkommen?
4 Ich muß schnell (ins/im) Hotel zurück!
5 Müssen wir heute (in die/in der) Schule gehen?
6 Ich gehe voran (an die/an der) Kasse und stelle mich an.
7 Ich glaube, ich habe es (ins/im) Hotelzimmer liegen lassen!
8 Ich habe 50 Mark bei mir... Ich war früher (auf die/auf der) Bank.
9 Du kannst dein englisches Geld (auf die/auf der) Bank im Dorf umtauschen.
10 Ich gehe jetzt (auf die/auf der) Post.

b Find the correct nouns to fill the gaps in the following sentences. Then say what the sentences mean:

1 Ich treffe dich in einer ...... unter der ......
2 Wir müssen über die ...... gehen!
3 Sigrid sitzt da drüben in der ......
4 Ich schreibe die Vokabeln ins ......
5 Siehst du? Die Bank ist da drüben zwischen dem ...... und der ......
6 Du kannst deinen Mantel in den ...... hängen.

die Ecke
das Heft
die Apotheke
der Schrank
der Supermarkt
die Bahnhofsuhr
die Straße
die Stunde

⚙ Sparen – das lohnt sich!

— Vati, ich habe gerade gehört, der Karl Meyer möchte sein Moped verkaufen. Er verlangt nur 400 Mark dafür. Es ist wirklich Spitze! Kann ich es haben?

— Aber Gisela, du bekommst schon dreißig Mark Taschengeld in der Woche von deiner Mutti und mir. Du sparst es aber nie... du verschwendest es... gibst es für Kleinigkeiten aus.

— Und überleg mal, Gisela... Du brauchst dir selber keine Kleidung zu kaufen, nicht wahr?... Dein Vater und ich bezahlen das alles.

— Ja, ja, das weiß ich, aber ich brauche ein Moped, Mutti... Der Peter hat schon eins!

— Der Peter ist älter als du!

— Und er spart regelmäßig und hat das Moped selbst bezahlt. Wenn du eins haben willst, mußt du auch dafür sparen.

— Das dauert viel zu lange.

— Die Schulferien beginnen bald... Du solltest einen Ferienjob suchen.

— Ich kriege bestimmt keinen Ferienjob, Mutti!

— Du könntest es mindestens versuchen! Du hast nichts zu verlieren. Frag die Nachbarn, ob sie Hilfe brauchen!

— Sieh mal in der Zeitung nach! Du könntest sogar ein Inserat in der Zeitung aufgeben...,,Arbeitswilliges Mädchen, sechzehn Jahre alt, sucht Ferienjob," und so weiter....

— Ich verspreche dir etwas, Gisela. Wenn du einen Job bekommst und die Hälfte des Geldes verdienst, bekommst du den Rest von mir.

— Klasse! Du bist der beste Vater der Welt! Meinst du das wirklich?... Du schenkst mir das Geld?

— Von Schenken ist keine Rede! Ich leihe es dir. Du kannst es dann später zurückzahlen!

— Ach so!

a Answer the following questions:

1 What news has the girl just heard?
2 What objections do her parents raise to letting her have the money she asks for?
3 Why does she mention her brother?
4 What is her parents' reaction to this?
5 What do they suggest she does to get the money?
6 What offer does her father make?
7 What does she understand him to mean?
8 What 'catch' does his offer have?

Stellengesuche

Arbeitswilliges Mädchen, 16 Jahre alt, sucht Ferienjob, Juli–August. Tel. 320 45 91.

b Jetzt beantworten Sie diese Fragen auf deutsch!

1 Wozu braucht Gisela die 400 Mark?
2 Wen bittet sie darum?
3 Wer ist wohl der Peter?
4 Warum braucht Gisela kein Geld für Kleidung auszugeben?
5 Ist Gisela Ihrer Meinung nach am Ende dieses Gesprächs zufrieden oder enttäuscht?
6 Warum sagen Sie das?
7 Können Sie folgendes ausrechnen?
   — Wieviel ist die Hälfte des Geldes?
   — Wie lange dauert es, bis Gisela das Moped bezahlen kann, wenn sie von nun an ihr ganzes Taschengeld spart?

c Find the German for:

I've just heard . . .
to sell
to ask (a certain price)
to get, receive (*find two words*)
to save (money)
to spend (one's money) on . . .
clothes
to pay for (*find two words*)
at least
nothing to lose
to put an advert in the paper
to earn
to give (as a present)
to lend
to pay back

Gespräche

Listen to the following dialogues, all of which have something to do with money. Try to give the 'gist' of what you have heard in English. If you do not understand at first, check the meaning of the key words given underneath, and then try again:

a — Sag mal, Heinz, hast du Geld bei dir?
— Ja. Warum fragst du?
— Hast du vergessen? Du schuldest mir 20 Mark.
— Hier sind 10 Mark. Mehr habe ich nicht. Den Rest kriegst du morgen zurück.
(*Key words:* schulden/zurückkriegen/morgen)

b — Ich habe meinen Geldbeutel zu Hause gelassen und muß dringend Ansichtskarten kaufen. Kannst du mir Geld leihen?
— Ja, sicher.
(*Key words:* Geldbeutel/Ansichtskarten/leihen)

c — Sind die Banken offen? Ich muß Geld umtauschen.
— Ja. Um diese Zeit sind sie noch offen. Sie machen aber in einer halben Stunde zu. Wir müssen schnell machen.
(*Key words:* offen/umtauschen/zumachen/schnell)

d — Ich habe einen Ferienjob gefunden.
— Was arbeitest du denn?
— Ich pflege den Garten einer alten Frau. Ich arbeite jeden Tag zwei Stunden und bekomme zehn Mark die Stunde.
(*Key words:* pflegen/Stunde/bekommen)

55

Geld verdienen

The following expressions are useful for talking about part-time jobs and pocket money:

in einem Supermarkt	arbeiten
in einer Bäckerei	
an einer Tankstelle	

als Verkäufer(in)	arbeiten
Babysitter	
Kassierer(in)	
Tankwart	

seinen Eltern	bei der Hausarbeit	helfen*
seinen Nachbarn	beim Kochen	
seinem Vater	beim Putzen	
seiner Mutter	beim Waschen	
	des Autos	

Brot/Milch liefern

Zeitungen austragen*†

den Rasen mähen/Unkraut jäten/den Garten umgraben*†

den Garten pflegen

Autos/Fenster putzen

auf Kinder aufpassen†

einen Hund füttern/spazierenführen†

spülen/abwaschen*†/abtrocknen†

Use some of the above in the present tense to complete the sentences below.
(Irregular verbs are marked*; separable verbs are marked†.)

1 Ich......
2 Mein Bruder......
3 Einer meiner Freunde......
4 Eine meiner Freundinnen......
5 Meine Schwestern......
6 Mein Bruder und ich......
7 Um extra Geld zu verdienen,......ich......
8 Um extra Geld zu verdienen,......mein Bruder......
9 Um extra Geld zu verdienen,......meine Schwester und ich......
10 Am Wochenende......ich......
11 Abends......ich......
12 Frühmorgens......ich......
13 In den Ferien......ich......
14 Wenn ich mal Geld brauche,......ich......
15 Bevor ich zur Schule komme,......ich......
16 Wenn ich von der Schule heimkomme, ...ich......

What sort?

Using the illustrations as a guide, and adding the correct adjectives from the list below, complete the following sentences. The adjectives will require correct endings (if unsure, refer to Grammar Survey p. 61). Then say what the sentences mean:

deutsch
englisch
französisch
italienisch
holländisch

der Wein

e.g. Das ist **deutscher Wein**.

der Käse

Mein Vater mag ......

Das ist ......

die Wurst

Das ist ......

das Mineralwasser

Das ist ......

Wir kaufen meistens ......

die Butter

Das ist ......

Das ist ......

der Kaffee

Welche Währung?

Look at the following currencies and match them up with the correct statements. One is done for you as an example:

e.g. **1** ist deutsches Geld.

französisches Geld
deutsches Geld
italienisches Geld
spanisches Geld
holländisches Geld
österreichisches Geld
irisches Geld
schweizerisches Geld

Open an account!

This notice, issued by the Bundespost, is encouraging people to open an account with them. Read it and list the reasons they give for doing so.

Postscheckkonto – das ideale Girokonto...

... weil's ein preiswertes Girokonto ist.
... weil Sie schnell an Bargeld kommen.
... weil Sie bequem von zu Hause aus bezahlen können.
... weil Sie Ihre Aufträge einfach ans Postscheckamt schicken können –
mit dem portofreien Postscheckbrief.
... weil Ihre Kontoauszüge postwendend ins Haus kommen –
ebenfalls portofrei.
... weil Zahlungen ins Ausland auf einfache Weise möglich sind.
... weil Sie sich bei jedem Postamt ein Postscheckkonto einrichten
lassen können.

Post - damit Sie mehr vom Geld haben

What are they saying?

Supply the words you think these characters might be saying:

How much can you remember?

1 Say you need to change some money.
2 Say you'd like to change £30 into DM.
3 Say you've brought travellers' cheques with you.
4 Apologize and say you've forgotten your passport.
5 Offer to pay for something.
6 Say you'll pay half now and the rest tomorrow.
7 Say you have saved £20.
8 Say you'll be back in a minute.
9 Tell someone to go to the cash desk/checkout.
10 Say you babysit in the evening and work in a supermarket at weekends.
11 Say you're saving for a bike.
12 Say you must help your parents this evening.
13 Ask someone whether he/she needs to change any money.
14 Ask when the banks close.
15 Ask whether someone will lend you 20 Marks until tomorrow.
16 Ask someone whether he/she has German money or travellers' cheques.
17 Ask someone whether he/she has found a holiday job.
18 Ask how much you owe someone.
19 Ask someone whether he/she has spent all his/her money.
20 Ask someone how much he/she earns an hour.
21 Ask someone whether he/she gets pocket money from his/her parents.
22 Ask what the exchange rate is.

58

Background reading

Sparen lohnt sich ...

Es gibt Banken und Sparkassen in der Bundesrepublik Deutschland. Für einen privaten Kunden gibt es hauptsächlich zwei verschiedene Konten: das Girokonto und das Sparkonto.

Das Girokonto ist für den alltäglichen Gebrauch von Bargeld. So zum Beispiel überweist der Arbeitgeber das monatliche Gehalt oder den monatlichen Lohn auf das Girokonto des Arbeitnehmers. Man kann also Geld von einem Girokonto auf ein anderes überweisen. Wenn man das richtige Scheckbuch und die richtige Scheckkarte besitzt, kann man auch in einem Geschäft per Scheck bezahlen. Dazu muß man einen Scheck ausschreiben – und auch natürlich unterschreiben – und dann dem Verkäufer seine Scheckkarte zeigen. Ein Girokonto darf man auch überziehen. Das bedeutet, daß man für einige Zeit auch etwas Geld von der Bank abheben kann, wenn das eigene Konto leer ist. Wenn man sich auf diese Weise Geld von der Bank leiht, ist das Konto überzogen, und man muß dafür Zinsen an die Bank zahlen.

Eine Sparkasse.

Die meisten Leute haben auch ein Sparkonto, das auch Sparbuch heißt. Auf dieses Konto zahlen sie regelmäßig etwas Geld ein, um es zu sparen. Dafür zahlt die Bank jedes Jahr Zinsen, weil sie mit dem Geld arbeiten kann. Nur wenn man viel Geld braucht, hebt man deshalb Geld vom Sparkonto statt vom Girokonto ab. Sparen für den jährlichen Urlaub, für einen neuen Fernseher oder für ein neues Auto scheint eine deutsche Tradition zu sein. Selbst in wirtschaftlichen Krisenzeiten, das heißt, wenn die Leute nicht viel Geld verdienen, gibt es nur wenige, die nur ein Girokonto und kein Sparkonto haben.

An Wochentagen sind die Banken normalerweise von acht Uhr vormittags bis Mittag oder halb eins auf. Sie machen dann wieder um zwei Uhr auf und schließen um halb fünf. Viele bleiben donnerstags bis halb sechs offen. Die meisten sind samstags zu; keine ist sonntags auf.

Schecks und eine Scheckkarte.

1 What is a 'Girokonto' and what is it used for?
2 What do customers who have this sort of account carry?
3 What does 'überziehen' mean and what disadvantage does it have?
4 What is the advantage of a 'Sparkonto'?
5 In what circumstances is money usually drawn from a 'Sparkonto'?
6 What, according to the text, seems to be a German tradition?
7 How popular are 'Sparkonten'?
8 What information is given in the text about bank opening and closing times?

Konversationsübung
Das Geld und die Papiere

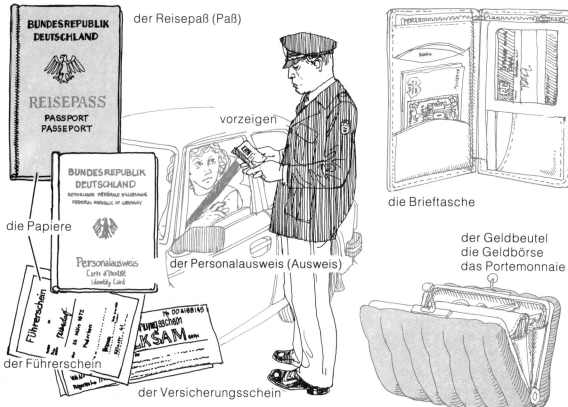

der Reisepaß (Paß)

vorzeigen

die Papiere

der Personalausweis (Ausweis)

der Führerschein

der Versicherungsschein

die Brieftasche

der Geldbeutel
die Geldbörse
das Portemonnaie

Münzen

das Zweipfennigstück

das Zehnpfennigstück

das Einmarkstück

das Fünfmarkstück

das Einpfennigstück (-e)

das Fünfpfennigstück

das Fünfzigpfennigstück

das Zweimarkstück

Papiergeld / Geldscheine

der Zehnmarkschein (-e)/der „Zehner" (-)

der Zwanzigmarkschein/der „Zwanziger"

der Fünfzigmarkschein

der Hundertmarkschein

1 Wieviel Geld haben Sie zur Zeit bei Sich?
2 Was haben Sie sonst in den Taschen?
3 Was verstehen Sie unter dem Wort „Papiere"?
4 Nennen Sie einige Dinge, die man manchmal vorzeigen muß!
5 Worin tragen Leute ihr Geld?
6 Was für englische Münzen gibt es?
7 Und englische Banknoten?
8 Wieviele deutsche Mark ist das englische Pfund wert?
9 Bekommen Sie regelmäßig Taschengeld?
10 Wieviel bekommen Sie und wie oft?
11 Wieviel davon sparen Sie?
12 Wofür sparen Sie?
13 Was kostet es?
14 Wieviel haben Sie schon gespart?
15 Schätzen Sie, wie lange es noch dauert, bevor Sie genug Geld haben, um es sich kaufen zu können!
16 Wem haben Sie einmal Geld geliehen?
17 Wann haben Sie es zurückbekommen (wenn überhaupt!)?
18 Wann machen englische Banken auf und zu?
19 An welchen Tagen sind sie geöffnet?

Grammar survey

1 Word order

Except in questions, the verb in main clauses is always the *second idea*. In the simplest sentences, of course, the first idea will be the subject of the verb:

┌───1───┐┌2┐┌───3───┐┌───4───┐
Mein Bruder hat am ersten Mai Geburtstag.

┌──────1──────┐┌─2─┐┌─3─┐┌───4───┐
Meine Eltern und ich fahren morgen nach London.

If any of the other ideas in the sentence are put first, the subject and verb must be inverted to keep the verb as the second idea:

┌───1───┐┌2┐┌───3───┐┌───4───┐
Am ersten Mai hat mein Bruder Geburtstag.

┌─1─┐┌─2─┐┌──────3──────┐┌───4───┐
Morgen fahren meine Eltern und ich nach London.

Note that **ja, jawohl, doch, nein** and exclamations such as **ach!** are considered as being separate from the rest of the sentence. They do not affect the word order:
e.g. Ja, ich bin sehr müde.
Ach! das tut mir leid.
Compare this with notes on word order in subordinate clauses on p. 141.

2 Time, manner, place

Another feature of German word order is that when a sentence includes more than one adverb or adverbial phrase, they must come in the order **time** (i.e. *when?*) before **manner** (i.e. *how?*) before **place** (i.e. *where? where to?*

where from?):
e.g. Ich muß **jetzt schnell auf die Bank** gehen.

3 Adjectival endings – singular adjectives standing on their own

When singular adjectives stand on their own in front of a noun (i.e. without **der, die, das/ein(e)**, etc.), the following endings are required in the nominative and accusative singular:

	m	f	n
nom.	___er	___e	___es
acc.	___en	___e	___es

e.g. Deutsch**er** Wein ist gut.
Ich kaufe oft deutsch**en** Wein.
Ich kaufe auch deutsch**e** Wurst.
Ich brauche mehr deutsch**es** Geld.

4 Prepositions with the accusative and the dative

Certain prepositions take either the accusative or the dative according to their meaning. With the *dative* they answer the question **wo?** and tell you where something or someone is. With the *accusative* they answer the question **wohin?** and tell you where something or someone is going or moving to.

in	in; into
an	at, on; up to, over to, onto
auf	on; onto
hinter	behind: (going) behind
vor	in front of; (going) in front of
unter	under; (going) under
über	above, over; (going) over, across

zwischen between; (going) between
neben near, next to, beside; (down) beside, next to

There are many cases where German is far more accurate than English in its application of **wohin?**, answered using one of the above prepositions with the accusative. Here are a few examples:

Wohin hängt er seinen Mantel? – In **den** Schrank/in **die** Ecke/hinter **die** Tür.
Wohin schreibt er? – In **ein** Heft/an **die** Tafel.
Wohin setzt er sich? – In **den** Lehnstuhl/auf**s** Sofa/neben **mich**.

Compare these with the following:
Wo hängt sein Mantel? – **Im** Schrank/in **der** Ecke/hinter **der** Tür.
Wo steht die Übung? – **Im** Heft/an **der** Tafel.
Wo sitzt er? – **Im** Lehnstuhl/auf **dem** Sofa/ neben **mir**.

4 Inseparable verbs

Some verbs have an infinitive which is made up of a simple verb and *unstressed* prefix. Unstressed prefixes are inseparable. The most common are **ver-** and **be-**. Others are **emp-, ent-, er-, miß-,** and **zer-**.
e.g. **be**suchen, **be**halten, **be**ginnen **ver**suchen, **ver**stehen, **ver**kaufen

In the present tense and the imperative inseparable verbs behave like simple verbs:
e.g. Ich verkaufe es. Verstehst du das?
Er besucht seine Großeltern.
Behalten Sie es! Beginnen wir, also!
Versuch es nochmals!

There are more details about inseparable verbs on p. 106 under the heading **Perfect tense**.

Structures

Ich möchte bitte | + *noun.* I'd like (to) ...... please.
| + *infinitive.*
Leider muß ich + *infinitive.* I'm afraid I must ....../I'll have to ......
Es tut mir leid, ich kann nicht + *infinitive.* I'm sorry, I can't ......

Willst du | + *noun* | ? Do you want (to) ...... ?
Wollt ihr | + *infinitive* |
Wollen Sie |

5 Die Schule

Vor der Schule

*Heute geht Sarah mit Birgit, ihrer deutschen Austausch-
partnerin, in die Schule, um an Birgits Unterricht
teilzunehmen. Sie haben gerade gefrühstückt und sind
jetzt dabei, Birgits Schulsachen zusammenzusuchen.*

— Was haben wir heute? . . . Donnerstag . . . Wo ist mein
   Stundenplan? . . . Was haben wir heute für
   Unterrichtsstunden? . . . Ach, nein! Donnerstag ist ein
   sehr schlechter Tag für mich . . . der schlechteste der
   Woche!
— Wieso denn?
— Zunächst haben wir eine Doppelstunde Mathe bei
   Herrn Braun . . . Er ist sehr langweilig! Eine
   Doppelstunde bei ihm ist wirklich nicht zum Aushalten!
   Nach der Pause haben wir dann eine Stunde Deutsch bei
   Frau Schröder . . . Sie ist ziemlich nett, aber ich mag das
   Fach nicht. Dann kommt Erdkunde bei Herrn Appel,
   dem Direktor der Schule. Er ist sehr streng und wir
   müssen wie verrückt arbeiten, sonst wird er wütend.
   Wir haben alle Angst vor ihm. Nach der zweiten Pause
   haben wir Geschichte bei Fräulein Mett. Das ist
   schrecklich! Wir schreiben jedesmal viele Seiten, die sie
   diktiert. Anschließend haben wir Physik bei Herrn
   Seipp. Ich bin sehr schwach in Physik und finde es
   schwer und kompliziert. Die letzte Stunde ist Religion
   bei Pfarrer Kühn. Das finde ich recht doof!
— Welchen Tag hast du am liebsten?
— Dienstag, denn am Dienstag haben wir zunächst eine
   Doppelstunde Sport. Dann kommt Englisch . . . wir
   haben eine fantastische Englischlehrerin. Dann haben
   wir Biologie, was ich sehr mag. Dann kommt die
   Lateinstunde. Der Lateinlehrer ist aber seit langem
   krank und das ist also eine Vertretungsstunde, in der wir
   meistens unsere Hausaufgaben machen dürfen. Die
   letzte Stunde ist Musik. Wir nehmen das nicht besonders
   ernst und es gibt oft Krach, weil wir die ganze Zeit
   herumalbern!

a Answer the following questions:

1 What day is it?
2 What does Birgit say about this particular
   school day?
3 What does Herr Braun teach and what
   does Birgit think of him?
4 What do we learn about Frau Schröder?
5 What do we learn about Herr Appel?
6 What are the final three lessons of this day,
   and what does Birgit think of them?
7 Give four reasons why Birgit likes
   Tuesday's timetable, apart from the Latin
   lesson.
8 What is so attractive about the Latin
   lesson?

b Jetzt beantworten Sie diese Fragen auf deutsch!

1 Hat Birgits Klasse einen Mathematiklehrer oder eine Mathematiklehrerin?
2 Welches Fach gibt Frau Schröder?
3 Was lehrt der Direktor der Schule?
4 Was unterrichtet Fräulein Mett?
5 Wie heißt der Physiklehrer?
6 Wer ist Pfarrer Kühn?

c Look for the opposite of the following words; they are all found in the above dialogue:

1 Das Gegenteil von „mild" oder „freundlich" ist . . . . . .
2 Das Gegenteil von „leicht" oder „einfach" ist . . . . . .
3 Das Gegenteil von „wohl" ist . . . . . .
4 Das Gegenteil von „gut" ist . . . . . .
5 Das Gegenteil von „interessant" ist . . . . . .

d Find the German for:

just (i.e. a moment ago)
in the process, middle of . . .
school things
timetable
lesson, period
firstly, first of all
boring
break, playtime
quite nice (person)
subject
headmaster
to work like mad

strict
otherwise, or else
furious
to be afraid of . . .
after that, next
weak (*in a subject*)
difficult
complicated
to do homework
not to take seriously
there's trouble
to fool around
the whole time

Schulfächer

Here is a list of school subjects which will be useful for some of the following exercises. The form in brackets indicates how the word changes when joined to another noun, e.g. **Geschichte** (**Geschichts-**) → **Geschichtslehrer**.

Mathe(matik)
Englisch
Französisch
Deutsch
Spanisch
Latein
Griechisch
Geschichte
   (Geschichts-)
Erdkunde
Physik
Chemie
Biologie
Musik
Religion (Religions-)
Wirtschafts- und
   Rechtslehre

Sozi(alkunde)
Kunst
Zeichnen/Malen
Handarbeit
   (Handarbeits-)
Modellieren
Technisches Werken
(d.h. Holz- und
   Metallarbeit)
Schreibmaschine
Stenographie
Hauswirtschaft
   (Hauswirtschafts-)
Kochen
Sport
Turnen

Stundenplan

Here is the timetable of Dieter, a pupil of about your age
who goes to a comprehensive school in Franken:

	Montag	Dienstag	Mittwoch	Donnerstag	Freitag
1	Französisch	Deutsch	Französisch	Mathe	Französisch
2	Mathe	Sport/Turnen	Englisch	Mathe	Englisch
3	Englisch	Geschichte	Latein	Deutsch	Latein
4	Latein	Religion	Erdkunde	Deutsch	Geschichte
5	Deutsch	Französisch	Wirtschafts- u. Rechtslehre	Religion	Physik
6	Biologie	Mathe	Physik	Französisch	Biologie
7					
8				Sport/Turnen	
9				Sport/Turnen	
10				Musik oder Kunst	

a Say what he has each day using the following
expressions:

1 Am Montag (*etc.*) hat er | zunächst | ......
                          | in der ersten Stunde |

2 Montag, (*etc.*) fängt mit ...... an.

3 Dann | hat er | eine Stunde | ......
  Anschließend | kommt | eine Doppelstunde |

4 Nach der ersten/zweiten/dritten
    Pause | hat er | ......
          | kommt dann |

b Now talk about your own timetable, explaining what you
have each day. You will obviously need to use 'ich
habe...', 'wir haben...' or 'man hat...' instead of 'er
hat...'. The following will also be useful for talking
about an English school timetable:

am Vormittag/am Morgen/vormittags/morgens
nach der Mittagspause
am Nachmittag/nachmittags

Was halten Sie von . . . ?/Wie finden Sie . . . ?

When you are asked what you think of something, the easiest way of answering is to say:

Ich finde | ihn | + *adjective (or noun used as adjective)*
         | sie |
         | es |

e.g. Was hältst du von deinem Deutschlehrer, David?
    — Ich finde ihn recht nett.
  Wie finden Sie die Schule, Herr Breitmann?
    — Ich finde sie sehr schön.
  Was hältst du von meinem neuen Rad?
    — Ich finde es prima.

Here are some adjectives which will be useful for saying what you think of people, things, and places.

schön	schlecht
sympathisch	unangenehm
freundlich	unfreundlich
gut	streng
interessant	uninteressant
toll	(stink-/tot-)langweilig
fantastisch	doof
fabelhaft	dumm
sagenhaft	blöd
prima	schrecklich
Klasse	scheußlich
Spitze	grauenhaft
ausgezeichnet	ekelhaft

a Use the above structure, adverbs and adjectives to answer the following questions:

1 Was halten Sie von Ihrer Schule?
2 Was halten | Ihrem Deutschlehrer | ?
  Sie von | Ihrer Deutschlehrerin |
3 Was halten | dem Direktor | der Schule?
  Sie von | der Direktorin |
4 Was halten Sie von Mathe als Schulfach?
5 Was halten Sie von Ihren Eltern?

b Make up a further five questions of your own and answer them.

The following adverbs can be used with some of the above adjectives:

ein bißchen/etwas
ziemlich
sehr/recht
äußerst
ausgesprochen
unglaublich
zu

e.g. ein bißchen langweilig
    recht nett
    ausgesprochen dumm

Die Hausaufgabe

Birgit ist heute zu krank, um in die Schule zu gehen. Sie hat aber eine Arbeit geschrieben, die sie unbedingt heute in der Schule abgeben muß. Zum Glück ist Sarah immer noch da, um ihr zu helfen...

— Könntest du Herrn Braun diese Arbeit geben?
— Ja, sicher. Aber wo finde ich ihn?... Wie erkenne ich ihn?
— Kurz vor Schulbeginn findest du ihn bestimmt im Lehrerzimmer.
— Wie sieht er aus?
— Das ist der kleine, dicke Mann. Er hat eine Glatze und einen Schnurrbart und trägt eine Brille. Er hat ein rotes Gesicht und trägt meistens einen grauen Anzug.

....

(Es klopft)
— Entschuldigen Sie bitte, ist Herr Braun da?
— Nein. Er wird sicher in einem der Mathematikzimmer sein.
— Wie komme ich dorthin, bitte?
— Du gehst durch die grüne Tür dort drüben und dann die Treppe hinauf in den dritten Stock. Die Mathematikzimmer sind auf der linken Seite. Du kannst sie nicht verfehlen... Zimmer zwanzig bis fünfundzwanzig. Warum suchst du ihn eigentlich? Kann ich ihm etwas ausrichten?
— Ich habe eine Arbeit für ihn... von Birgit Weiß.
— Wenn du willst, kannst du mir die Arbeit geben, und ich lege sie in sein Fach.
— Danke.

a Answer the following questions:

1 What is Birgit's problem and how is Sarah able to help her?
2 Where does Birgit think Herr Braun will be?
3 How does she describe him?
4 Where does one of the teachers tell Sarah Herr Braun probably is?
5 What directions is she given for getting there?
6 Why is it finally unnecessary for her to find Herr Braun?

b Jetzt beantworten Sie diese Fragen auf deutsch!

1 Warum kann Birgit heute nicht in die Schule?
2 Wen bittet sie um Hilfe?
3 Ist Herr Braun groß und schlank?
4 Welche Farbe hat die Tür, die zur Treppe führt?
5 In welchem Stock sind die Mathematikzimmer?

c Find the German for:

to hand in (*work, etc.*)	through
help	up the stairs
to recognize	floor, storey
certainly, for sure	you can't miss ......
what does...look like?	to pass on (*message, etc.*)
glasses, spectacles	to put...into...
to wear	pigeon hole
how do I get there?	

How do I get to . . . ?

Here are various rooms to be found in a school:

das Büro	des Schulleiters
	der Schulleiterin
der Empfang	
die Bibliothek	
das | Erdkund- | zimmer (-)	
| Kunst- |	
das Labor (-)	
das Sprachlabor	
das Krankenzimmer	
das Lehrerzimmer	
die Aula	
die Turnhalle	
die Garderobe	
die Toiletten (*pl.*)	
die Kantine	
der Eßsaal	
der Hörsaal	

a Ask how to get to each of these, using:

Wie komme ich | zum . . . . . . | ?
| zur . . . . . .
| zum . . . . . .
| zu den . . . . . . (*pl.*)

b Here are some instructions you might receive. Try to work out what you must do.

1 „Gehen Sie bis zum Ende des Gangs!"
2 „Gehen Sie links durch die Tür!"
3 „Gehen Sie ins Nebengebäude dort drüben!"
4 „Nehmen Sie am besten den Lift in den dritten Stock!"
5 „Gehen Sir die Treppe hinunter; es ist im Erdgeschoß."
6 „Gehen Sie am besten durch die Aula!"
7 „Es ist rechts um die Ecke."
8 „Es liegt dann direkt vor Ihnen."
9 „Gehen Sie quer über den Hof!"
10 „Fragen Sie dann weiter!"

c Imagine that you are showing a group of Germans around your school. Point out the following places to them, using:

Das hier/dort ist . . . . . .
Hier | ist | . . . . . .
Dort | sind |

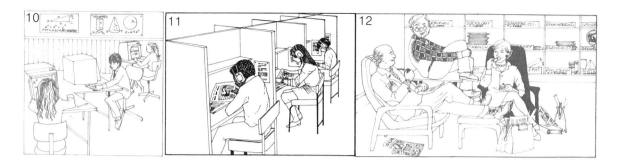

Wie sieht er/sie aus . . . ?

The following expressions and vocabulary are useful for describing what people look like:

| Er | ist | (ziemlich) | groß, klein, dick, schlank. |
| Sie | | (sehr) | |

Er ist ein netter (*etc.*) Junge/Mann/Herr/Kerl/Mensch.

| Sie ist | ein schönes (*etc.*) Mädchen. |
| | eine alte (*etc.*) Frau/Dame. |

Das ist	der große (*etc.*) Lehrer.
	die kleine (*etc.*) Lehrerin.
	das blonde (*etc.*) Mädchen.

Er	hat	grüne, blaue (*etc.*) Augen
Sie		schwarzes, blondes, lockiges, krauses (*etc.*) Haar.
		schwarze, blonde, lockige, krause (*etc.*) Haare.
		buschige Augenbrauen.
		ein rotes, blasses (*etc.*) Gesicht.
		Sommersprossen (im Gesicht).

| Er | trägt eine Brille. |
| Sie | |

Er hat	einen Bart.
	einen Schnurrbart.
	eine Glatze.

Describe the following people using any of the above
and adding any other details you can:

Compare them!

Compare the following groups of people/things using
the adjectives indicated. Use the following pattern:

X ist _____.
Y ist ⌣ (¨)er als X.
Z ist aber | der | ⌣ (¨) (e)ste.
          | die |
          | das |

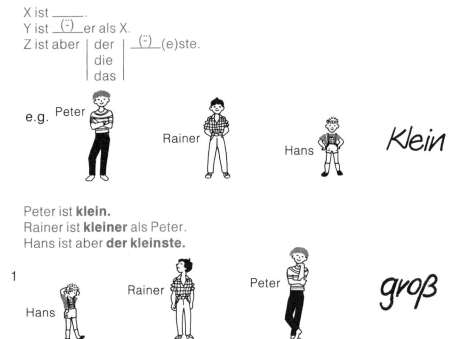

Peter ist **klein.**
Rainer ist **kleiner** als Peter.
Hans ist aber **der kleinste.**

1

2 reich

Herr Walter   Herr Grau   Herr Schröder

3 gut

Karls Arbeit   Jochens Arbeit   Günthers Arbeit

4 schön

Frau Bäckers Haus   Herrn Steins Haus   Frau Fricks Haus

5 nett

Monika   Martina   Christina

6 teuer

Das erste Auto   Das zweite Auto   Das dritte Auto

7 billig

Die erste Uhr   Die zweite Uhr   Die dritte Uhr

71

How do they do it?

Compare the way the following people do
the activities in question using the pattern:

X (*verb*) ＿＿.
Y (*verb*) ＿＿er* als X.
Aber Z (*verb*) am ＿＿(e)sten*.

e.g.

schnell tippen

Fräulein Beck **tippt schnell**.
Fräulein Nickl **tippt schneller** als Fräulein Beck.
Aber Fräulein Haas **tippt am schnellsten**.

1   *gut spielen*

2   *früh aufstehen*

3   *spät ins Bett gehen*

4   *viel essen*

* Check for irregulars on p. 78.

Pronouns

Replace the nouns underlined with pronouns. (If you are
not sure about rules for word order, check on pp. 78–9.)
Then say what the original sentences and your new
sentences mean:

1 Wo ist Ihre Frau, Herr Schuster?
2 Herr Rohm wohnt jetzt in Berlin. Ich sehe
  Herrn Rohm sehr selten.
3 Meine Schwester wohnt jetzt bei unserer
  Oma.
4 Meine Eltern fahren mit Onkel Karl in die
  Stadt.
5 Ich schenke meiner Mutter diese
  Handtasche.
6 Ich schenke meinem Vater diesen Füller.
7 Meiner Oma schenke ich diesen
  Detektivroman.
8 Meinem Opa schenke ich dieses
  Tagebuch.
9 Ich schicke Onkel Karl eine Postkarte.
10 Ich muß meinem Lehrer dieses Heft geben.

Wenn ich mit der Schule fertig bin ...

The following expressions will be useful for discussing
future plans:

die Kollegstufe besuchen
auf die Fachoberschule gehen
auf die Uni(versität) gehen
die Technische Hochschule besuchen
Abendkurse machen
weiterstudieren
einen festen/interessanten/gutbezahlten Job finden

Ingenieur/Krankenschwester, etc. | sein
                                  | werden

eine Stellung als ...... bekommen

bei der Eisenbahn/bei der Post | arbeiten
in einem Betrieb/in einer Fabrik
bei der Firma X
auf dem Bau
auf dem Feld/im Freien
in einem Geschäft/in einem Büro

Discuss possible future plans by completing the
following sentences. Do at least two versions of each
and then say what your sentences mean:

1 Nach den Prüfungen im Sommer ......
2 Wenn ich 18 bin, ...
3 Wenn ich die Schule verlasse ......
4 Eines Tages ......
5 Ich möchte (einmal/lieber/am liebsten) ...... (+ infinitive)
6 Ich hoffe (eines Tages/bald/einmal) ...... (zu + infinitive)
7 Ich will bestimmt nicht ...... (+ infinitive)
8 Ich werde (wohl/vielleicht/wahrscheinlich) ...... (+ infinitive)

Für unser Modegeschäft Jersey Suisse
am Odeonsplatz suchen wir ein emsiges,
freundliches
Putzteufelchen
(auch Hausfrau) etwa 40 Jahre, für
täglich v. 8-11 Uhr in Dauerstellung.
Rufen Sie einfach mal an. ☎292658

Wer kann früh aufstehen
und fest zupacken?
Brot-Verkaufsfahrer   gesucht.
☎089/9034269 ab Mo.

Selbständiger Monteur (Schlosser),
Führerschein, maximal 30 Jahre für Mon-
tage und Reparatur (Türen, Schlösser und
Beschläge), Fa. ☎089/2608635

Zuverl.
Nachtportier
für 130 Betten-Hotel gesucht. Gere-
gelte Arbeitszeit Sa. So. frei.
Hotel Alfa am HBF. Hirtenstr. 22,
8 München 2, ☎597506 od. 598461

Meisterbetrieb su. zuverlässigen
Maler
ab sofort zu guten Bedingungen.
Ogris & Karolus u. Co GmbH, 8012
Ottobrunn, ☎6115001 od. 6016800

**Wir suchen noch einen LKW-Fahrer mit
FS III,** für Fest-Fahrauftrag im Großraum
München. Eigenkapital erforderlich.
Hoher Verdienst ☎597891

**Friseusen
und Lehrlinge**
- auch 2. u. 3. Lehrjahr - gesucht.
**Friseursalon im Kaufhaus HERTIE, MÜ..
Bahnhofpl. 7/2. Stock ☎597050**

First impressions

The following is an excerpt from the school magazine of the Gesamtschule Hollfeld, a comprehensive school in Franconia. It is a collection of impressions which first year pupils (**Fünftkläßler**) had of the school when they first arrived. Work out what they are under the headings:

a We particularly noticed . . .
b We like . . .
c We're not so keen on . . .
d We'd like to see the following . . .

Fünftkläßler:
Die neue Schule? - Na ja...

Jedes Jahr kommen sie neu in unsere Schule. Zu Dutzenden, klassen-
weise, zu Hunderten: die Fünftkläßler.
Was uns anderen längst zur Selbstverständlichkeit geworden ist,
erfahren diese "Kleinen" neu, freudig, teilweise aber auch
schmerzhaft.

Fünftkläßler sagen:

Das ist uns besonders aufgefallen:

Die Größeren benehmen sich, als wären sie Könige. - die Teppich-
böden - Die Schule ist größer und sauberer und schöner. - die
Fernseher - der Zimmerwechsel - das viele Schreiben - Man kann
sich leicht verirren. - Die meisten drängeln beim Lebensmittel-
verkauf. - die großen Hefte - Es gibt viele Lehrer. - die Ver-
tretungen - das Schwimmbad - Die Tafeln werden trocken gewischt. -
die vielen Treppen - Das Schwimmwasser ist immer kalt. - Die
Schulstunden sind abwechslungsreicher. - Die Großen schubsen uns
immer. - Es ist ein Sekretariat da. - der Lautsprecher.

Das gefällt uns gut:

Mit den Lehrern sind wir zufrieden. - Sprachlabor - Bücherei -
Hausaufgaben in der Bibliothek - Die Lehrer sind so höflich. -
die technischen Rafinessen - Das Turnen macht mehr Spaß. - die
Tische - der Getränkeautomat - Es geht immer nach Stundenplan. -
die Musikzimmer - Wir bereden alles.

Das gefällt uns weniger gut:

Religion im Vorbereitungsraum Werken. - im Turnen die Sachen an-
derer Klassen wegräumen - die vielen Treppen - Jede Stunde muß
man woanders hinrennen. - In den Physikräumen riecht es immer
so nach chemischen Mitteln. - Nach der Schule fangen viele das
Schlagen an. - Busverspätung - Fast alles ist aus Beton. - wenig
Spielmöglichkeiten in der Pause. - das Durchrufen - kein nasser
Schwamm - zu viel Arbeit - die kleinen Tische.

Das könnte anders sein:

Die Bücherei müßte immer offen sein. - mehr Schwimmen - Die
Großen sollten uns nicht umrempeln. - mehr Ballspiele im Sport -
weniger Lehrer.

What are they saying?

Supply the words you think these characters might be saying:

How much can you remember?

1 Say you're too ill to go to school today.
2 Say Monday is your best day and Friday your worst.
3 Say you've got English with Mrs Smith now.
4 Say it's dinnertime now.
5 Say you've lost your timetable.
6 Say you think your correspondent's school is fantastic.
7 Say you're good at English but bad at maths.
8 Say you like art but not geography.
9 Say you think French is boring.
10 Say your classroom is on the second floor.
11 Say you think your correspondent's English teacher is nice.
12 Say your headmaster is a tall man with a beard and glasses.
13 Ask whether your correspondent has seen your timetable.
14 Ask what he/she thinks of your school.
15 Ask him/her whether he/she has school this afternoon.
16 Ask him/her what his/her history teacher looks like.
17 Ask where Room 15 is.
18 Ask what lesson your correspondent has now.
19 Ask what subject Herr Mayer teaches.
20 Ask what your correspondent's form teacher (**Klassenlehrer/-lehrerin**) is called.

Background reading

Unterschiede zwischen deutschen und englischen Schulen

Das deutsche Schulsystem ist ganz anders als das englische. Alle jungen Schüler im Alter von sechs bis zehn Jahren besuchen die gleiche Schule (Grundschule), aber für die älteren gibt es drei verschiedene Schularten: die Hauptschule (zehn bis fünfzehn Jahre), die Realschule (zehn bis sechzehn Jahre) und das Gymnasium (zehn bis neunzehn Jahre). In einigen Bundesländern gibt es auch Gesamtschulen.

Eine Realschule.

Ein Schuljahr hat zwei Halbjahre; am Ende des Schuljahres (im Sommer) bekommen die Schüler ein Zeugnis. Wenn ein Schüler sehr schlecht in der Schule war, bleibt er sitzen. Er muß dann ein Jahr wiederholen! Die Schulferien sind so lang wie in Großbritannien aber die deutschen Schulen haben keinen Nachmittagsunterricht! Dafür ist aber auch am Samstag bis zwölf Uhr Schule. Gewöhnlich beginnt der Schultag schon um acht Uhr morgens! Eine Schulstunde dauert 45 Minuten; danach kommt eine kurze Pause. Es gibt sechs Schulstunden am Tag. Die Schüler bleiben zum Mittagessen nicht in der Schule, denn schon ungefähr um Viertel nach eins ist die Schule zu Ende, so daß sie zu Hause essen können. Für die Pausen nehmen sie oft belegte Brote und Obst mit, und in vielen Schulen können sie Milch und Süßigkeiten kaufen.

Ein Gymnasium.

Wenn eine Klasse nicht alle sechs Stunden Unterricht hat, dürfen die Schüler später zur Schule kommen oder früher wieder gehen. Nur manchmal müssen die älteren Schüler auch nachmittags zur Schule.

Am Nachmittag oder abends müssen die Schüler meistens eine bis zwei Stunden lang Hausaufgaben machen. Trotzdem aber haben sie jeden Tag Zeit für ihre Hobbies.

An sehr heißen Sommertagen gibt es hitzefrei. Dann dürfen alle Schüler und Lehrer nach Hause gehen! Aber auch im Winter muß die Schule manchmal ausfallen, wenn so viel Schnee liegt, daß die Schüler nicht mit dem Fahrrad oder dem Bus zur Schule fahren können.

In der Physikstunde.

1 What do we learn about different types of school in Germany?
2 What do we learn about the school year and about reports?
3 What happens to pupils whose progress is bad?
4 What details are given about school hours and the school day?
5 What do German pupils do about meals on school days?
6 What freedom do German pupils enjoy with respect to going to and from school?
7 What is said about after-school activities?
8 What two reasons are given for schools closing?

Konversationsübung

Die Schulsachen (*pl.*)

das Notizbuch (⸚er)
der Notizblock (⸚e)

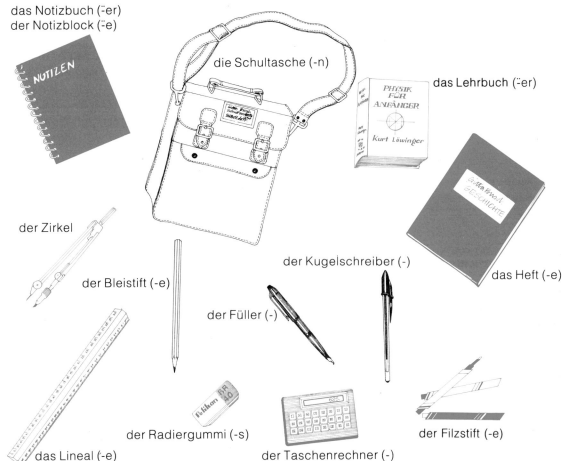

die Schultasche (-n)

das Lehrbuch (⸚er)

der Zirkel

der Bleistift (-e)

der Kugelschreiber (-)

der Füller (-)

das Heft (-e)

der Radiergummi (-s)

der Taschenrechner (-)

der Filzstift (-e)

das Lineal (-e)

1 Welche Schulsachen nehmen Sie mit in die Schule?
2 Was ist Ihr Lieblingsfach?
3 Welche Fächer mögen Sie nicht besonders?
4 Gibt es ein Fach, das Sie gar nicht leiden können?
5 Welcher Tag ist für Sie der beste Schultag der Woche? Und der schlechteste?
6 Warum ausgerechnet diese zwei Tage?
7 Bei wem lernen Sie Erdkunde?
8 Was halten Sie von den Lehrerinnen und Lehrern an Ihrer Schule?
9 Wieviele Unterrichtsstunden haben Sie (a) am Vormittag, (b) am Nachmittag, (c) am Tag?
10 Wie lange dauert eine Unterrichtsstunde bei Ihnen?

11 Wann ist die Schule bei Ihnen zu Ende?
12 Wie lange dauern die Pausen?
13 Wo essen Sie an einem Schultag zu Mittag?
14 Warum?
15 Wer ist Ihrer Meinung nach der beste Lehrer/die beste Lehrerin an der Schule? Warum?
16 Wie heißt Ihr(e) Klassenlehrer(in) und wie sieht er/sie aus?
17 Waren Sie schon einmal in einer deutschen Schule?
18 Was für eine Schule war es?
19 Welche Unterschiede haben Sie bemerkt zwischen der deutschen und Ihrer eigenen Schule?
20 Was wollen Sie machen, wenn Sie mit der Schule fertig sind?

Grammar survey

1 Adjectival endings after the definite article

The adjectival endings required after the definite article in the nominative and accusative are as follows:

	m	f
nom.	der ____e (noun)	die ____e (noun)
acc.	den ____en (noun)	die ____e (noun)

	n	pl
nom.	das ____e (noun)	die ____en (noun)
acc.	das ____e (noun)	die ____en (noun)

e.g. Der jung**e** Mann dort ist mein Vetter.
Siehst du den jung**en** Mann dort?
Die alt**e** Frau dort ist unsere Lehrerin.

These endings also apply to adjectives which follow **welcher? welche? welches?**; **dieser, diese, dieses**; **jener, jene, jenes**.

2 Superlative of adjectives

The superlative form of German adjectives is similar to the form used in English: **-st** or **-est** is added to the original adjective and an Umlaut is usually added wherever possible:
e.g. klein → kleiner → klein**st**-
jung → jünger → j**ü**ng**st**-
alt → älter → **ältest**-

Adjectives ending in **-d**, **-s**, **-ß**, **-sch**, **-t**, or **-tz** end in **-est**.

e.g. Er ist **der** Älteste.
Sie ist **die** Netteste.
Das ist **das** Interessanteste.
Er hat **den** Schönsten (e.g. Wagen).
Sie sind **die** Jüngsten.

Since the superlative will normally be used with the definite article (*the* biggest, *the* smallest, etc.), the endings set out in 1 above will apply:

The following irregular superlatives should be noted:
groß → größer → **größt**-
gut → besser → **best**-
hoch → höher → **höchst**-
nah → näher → **nächst**-
viel → mehr → **meist**-

There are times when the superlative of an adjective has the meaning 'at its best', 'at one's tiredest', 'at their most beautiful', etc. This is expressed by the German **am besten, am müdesten, am schönsten**, etc.

3 Adverbs

Most German adjectives can be used as adverbs without any alteration being made to them:
e.g. Sie ist **schön**, *but also*: Sie singt **schön**.
Ein **schneller** Schwimmer, *but also*: Er schwimmt **schnell**.

Sometimes this sounds wrong to English ears:
Er ist ein **guter** Schwimmer, *but also*: Er schwimmt **gut**.

4 Comparative and superlative of adverbs

The comparative of adverbs is formed in exactly the same way as that of adjectives (see p. 23).
e.g. Er singt **schöner** als sie.
Ich laufe **schneller** als er.

The superlative form of the adverb is the same as the alternative superlative form for adjectives explained in 2 above:
e.g. Sie singt **am schönsten**.
Ich laufe **am schnellsten**.

The following common irregular adverbs should be noted:
bald → **früher** → **am frühesten**
gern → **lieber** → **am liebsten**
gut → **besser** → **am besten**
viel ⎫
sehr ⎬ → **mehr** → **am meisten**

5 Direct and indirect object pronouns

The pronouns which indicate the various persons of the verb are, of course, the subjects of the verb and hence in the *nominative* case. The following are the *accusative* and *dative* pronouns which correspond to them:

nominative	accusative	dative
ich	mich	mir
du	dich	dir
er	ihn	ihm
sie	sie	ihr
es	es	ihm
man	einen	einem
wir	uns	uns
ihr	euch	euch
Sie	Sie	Ihnen
sie	sie	ihnen

These play the same roles in sentences as those explained elsewhere for the accusative and dative of nouns, i.e. *accusative* – direct object and after certain prepositions; *dative* –

indirect object and after certain prepositions.

e.g. *Accusative*
Ich sehe **ihn**.
Sie besucht **mich**.
Ich habe **es**.
Ich kenne **sie** nicht.
für **mich**
ohne **ihn**
gegen **uns**

Dative
Gib **mir** die Zeitung!
Wie geht es **Ihnen**?
Kann ich **dir** etwas anbieten?
mit **ihm**
zu **ihr**
bei **uns**

Note the word order in the following combinations:
Ich gebe **ihm die Zeitung**.
Ich gebe **sie meinem Bruder**.
(When there is a combination of a noun and a pronoun, the pronoun comes first.)

Ich gebe **sie ihm**.
(When there is a combination of two pronouns, direct comes before indirect.)

6 Weak masculine nouns

One group of masculine nouns, the plural of which is always (**-n**) or (**-en**), is known as 'weak' masculine. The pattern of such nouns in the singular is as follows:

nominative   der Junge
accusative   den Jung**en**
genitive   des Jung**en**
dative   dem Jung**en**

The nominative and accusative plural is:

nominative pl.   die Jung**en**
accusative pl.   die Jung**en**

Nouns which follow this pattern are indicated in the end vocabulary.

Notice particularly the noun **der Herr** (-en), the pattern of which is:
der Herr   die Herr**en**, etc.
den Herr**n**
des Herr**n**
dem Herr**n**

e.g. Herr Schmidt ist da; Ich schreibe an Herr**n** Schmidt; Ich gebe es Herr**n** Schmidt.
This is why letters are addressed:
    Herr**n**
    Karl Schmidt . . . etc.

7 Apposition

When a noun stands in apposition to another (i.e. stands next to it to give more information about it) it must be in the *same case* as the first noun:
e.g. **Herr** Schmidt, **der** Schulleiter, ist krank.
Kennen Sie **Herrn** Schmidt, **unseren** Schulleiter?
Das ist das Haus **meines** Freunde**s**, **des** Deutschlehrer**s**.
Er spricht mit **seiner** Freundin, **der** Ärztin.

Structures

Ich halte ihn/sie/es für + *adjective*/+ *noun*.   I consider him/her/it . . . . . .
Ich finde ihn/sie/es + *adjective*.   I find him/her/it . . . . . ./I think he's/she's/it's . . . . . .
Könntest du | . . . . . . ? Could you . . . . . . ?
Könnten Sie |
Wie sieht er/sie aus?   What does he/she look like?
Wie komme ich | zum | . . . . . . ? How do I get to . . . . . . ?
                | zur |

6 Freizeit und Hobbys

Briefe aus Deutschland (1)

Grünendorf, den 7. Mai

Liebe Samantha,

In Deinem letzten Brief hast Du gefragt, was ich in meiner Freizeit mache. Wie du weißt, lebe ich auf dem Lande. Dort ist nicht viel los. In den umliegenden Dörfern gibt es keine Klubs und so weiter. Meine Freundinnen und ich tanzen gern, können aber sehr selten auf Partys und Discos gehen.

Ich höre Popmusik gern aber interessiere mich nicht für klassische Musik. Im Schlafzimmer habe ich sowohl einen Plattenspieler als auch einen Kassettenrecorder. Ein Transistorgerät habe ich auch. Mein Lieblingssänger ist Karl Kiese und meine Lieblingsgruppe ist Mikrokosmos. Ich bin selbst nicht sehr musikalisch. Ich spiele gern Gitarre, spiele aber sehr schlecht.

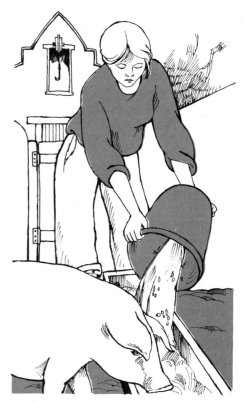

Auf dem Hof haben wir viele Tiere – Hunde, Katzen, Pferde, Kühe, Schweine, Kaninchen und Hühner. Ich helfe meinen Eltern beim Füttern und Ausmisten. Ich gehe auch manchmal reiten.

Früher hatte ich Hobbys wie Briefmarken- und Münzensammeln. Ich habe das aber alles aufgegeben. Die Münzen hat mein jüngerer Bruder gekriegt, die Briefmarken habe ich einer Freundin verkauft.

Ich sehe gern Sport im Fernsehen und gehe gern zu Sportveranstaltungen, treibe aber selbst nicht besonders gern Sport – außer Schwimmen. Ich bin eine gute Schwimmerin, muß aber sehr weit zum nächsten Schwimmbad fahren und kann nur zweimal im Monat dorthin.

Ich sehe gern fern. Für Lesen interessiere ich mich nicht.

Laß bald von Dir hören!

Viele Grüße,
Deine
  Karin

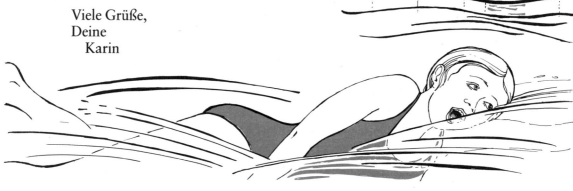

a Answer the following questions:

1 What had Samantha asked in her last letter?
2 How does where Karin lives affect her leisure activities?
3 What does she say about music?
4 What does she say about the farm?
5 What does she say about collecting things?
6 What does she say about sport, television, and reading?

b Jetzt beantworten Sie diese Fragen auf deutsch!

1 Wie oft geht Karin auf Partys und Discos?
2 Was hält sie von klassischer Musik?
3 Welches Instrument spielt sie?
4 Wer hat jetzt die Sammlungen, die sie früher hatte?
5 Welche Sportarten mag Karin?
6 Was arbeitet sie auf dem Hof?
7 Warum kann sie so selten ins Schwimmbad?
8 Wie oft liest sie?

c Find the German for:

free time
as you know
there's not a lot going on
I'm interested in . . .
my favourite . . .
musical (*person*)
I play . . .
animals
sometimes
I used to have . . .
I gave (it) up
to do, go in for sport
apart from, except
to watch television

✈ Briefe aus Deutschland (2)

Frankfurt, den 27. November

Lieber Dave,

Du hast in Deinem Brief gefragt, was für Hobbys ich habe. Ich muß sagen, ich habe zur Zeit wegen meiner Schularbeit sehr wenig Freizeit mehr. Ich habe viele Hausaufgaben zu machen, sogar am Wochenende. Ich muß auch Klavier üben und auch das nimmt viel Zeit in Anspruch. Ich lerne dieses Instrument schon seit acht Jahren. Ich mag und spiele alle Arten von Musik: Pop, Jazz, Rock, leichte klassische Musik, und so weiter. Früher lernte ich auch Geige spielen. Mir ist das aber zu viel geworden und ich habe es aufgegeben, um mich aufs Klavierspielen zu konzentrieren.

Als ich elf oder zwölf Jahre alt war, bastelte ich Modellflugzeuge und Modellschiffe. So was mache ich jetzt nicht mehr. Das finde ich jetzt zu kindisch!

In den Ferien gehe ich gern wandern. Auf diesen Wanderungen fotografiere ich Vögel und Tiere, die ich unterwegs sehe. Fotografieren ist mehr oder weniger ein Hobby geworden.

Ab und zu gehe ich ins Kino, besonders wenn ein Spionagefilm läuft, denn diese Art von Film gefällt mir gut.

Ich bin ein guter Schachspieler und bin Mitglied eines Schachvereins. Ich habe neulich eine Schachmeisterschaft gewonnen und habe einen Pokal bekommen.

Mein Bruder ist sehr sportlich und spielt Volleyball, Federball und Tennis. Er spielt auch in einer Fußballmannschaft. Sport ist nichts für mich, obwohl ich in den Winterferien ein bißchen skilaufe, und im Sommer gerne segele.

Schreib mir bald.

Viele Grüße,
Uwe

a Answer the following questions:

1 What two things take up most of Uwe's time?
2 What does he say about the piano and the violin?
3 What earlier hobby does he mention and what does he say about it?
4 What does he say about the holidays?
5 What does he say about the cinema?
6 What does he say about chess?
7 How do his tastes differ from his brother's?
8 What outdoor pursuits does he follow?

b Finden Sie die richtige Fortsetzung zu den folgenden Sätzen:

1 Uwe hat...
   a nicht viel Freizeit.
   b zu viel Freizeit.
   c genug Freizeit.

2 Uwe...
   a lernt weiter Klavierspielen.
   b hat aufgegeben, Klavier zu spielen.
   c lernt kein Musikinstrument mehr.

3 Uwe...
   a hat sich nie für Basteln interessiert.
   b interessierte sich für Basteln.
   c interessiert sich immer noch für Basteln.

4 Uwes Bruder...
   a treibt weniger Sport als Uwe.
   b treibt genauso viel Sport wie Uwe.
   c treibt mehr Sport als Uwe.

5 Uwe...
   a hat kein Talent für Schach.
   b ist in Schach sehr begabt.
   c spielt Schach nur mittelmäßig.

c Find the German for:

I must say...
now
to practise
all kinds of...
it became too much for me
to concentrate on...
I don't do that (sort of thing) any more
I find, consider that...
I like to go...
more or less
... appeals to me (i.e. I like...)
I'm a member of...
recently
I won...
to play in a team
I'm not keen on...

Hobbys und Interessen

The following list of activities will be useful for talking
about hobbies and interests and you will need to refer to
it for some of the following exercises:

Briefmarken, Münzen, Posters, Schallplatten,
usw. sammeln
ins Kino gehen*
baden/schwimmen* (gehen*)(†)
angeln (gehen*)(†)
spazierengehen*†/wandern* (gehen*)(†)
reiten* (gehen*)(†)
radfahren*†
Kanu fahren*
segeln
skilaufen*†/skifahren*†
fotografieren

Gitarre, Klavier, usw. spielen
Fußball, Federball, usw. spielen
Schach, Karten, Darts, usw. spielen
Sport treiben*
Musik hören
tanzen (gehen*) (†)
singen*
basteln
malen/zeichnen
lesen*

Irregular verbs are marked *; separable verbs are marked †.

Look at this picture of a boy's bedroom. Say what his hobbies and interests are:

e.g.   Dieser Junge hört gern Musik.

Saying what you like

The following expressions are useful for saying that you like or don't like certain activities:

Ich mag (sehr) gern......
Ich (*verb*) (sehr) gern.
Ich mag sowohl...... als (auch)......

Ich bin | ein guter | + *noun*.
        | eine gute |

...... | gefällt | mir (gut).
   | gefallen |

...... | interessiert | mich (sehr).
   | interessieren |

Ich interessiere mich für + *accusative*.

Ich mag | keinen/keine/kein + *noun*.
        | + *noun* nicht.
        | nicht + *infinitive*.

Ich (*verb*) nicht (besonders) gern.
Ich mag weder...... noch......

Ich bin | kein guter | + *noun*.
        | keine gute |

...... | gefällt | mir (gar) nicht.
   | gefallen |

...... | interessiert | mich (gar) nicht.
   | interessieren |

Ich interessiere mich (gar) nicht für + *accusative*.

...... | ist | nichts für mich.
   | sind |

Make comments about the activities and hobbies in the pictures according to the

symbols and

Use a variety of expressions for each example.

84

Als ich jünger war ...

The following sentences are statements about what people do now. Work out what they would have said if they were explaining that they did the activities when they were younger. Use the imperfect tense for this. Note the word order in the second part of the sentence:

e.g. **Ich sehe** gern **fern**.

Als ich	jung	war, **sah ich** gern **fern**.
	jünger	
	elf Jahre alt	

1 Ich fotografiere gern.
2 Ich spiele gern Fußball.
3 Ich spiele gern Gitarre.
4 Ich lese gern.
5 Ich angele gern.
6 Ich male und zeichne gern.
7 Ich höre gern Musik.
8 Ich fahre gern Rad.
9 Ich tanze gern.
10 Ich gehe gern wandern.
11 Ich schwimme gern.
12 Ich treibe viel Sport.

Fragen und Antworten

Imagine that you are interviewing two people about their interests. The first is a youngster, so you address him/her with **du**; the second is a grown-up, so you address him/her with **Sie**. Work out what your questions are:

a – ....?
 – Ja, ich habe Hobbys.
 – ....?
 – Nein, Sport mag ich gar nicht.
 – ....?
 – Ja, ich sehe gern fern.
 – ....?
 – Fast jeden Abend!
 – ....?
 – Am Samstagabend.

b – ....?
 – Nein, ich interessiere mich gar nicht für Musik!
 – ....?
 – Nein, ich spiele kein Instrument.
 – ....?
 – Ja, ich gehe fast jeden Tag ins Schwimmbad.
 – ....?
 – Nein, ich bin │ kein guter Schwimmer.
  │ keine gute Schwimmerin.
 – ....?
 – Nein, ich gehe nicht gern ins Kino.

Seit wann...?

'How long have you been ____ing?' can be expressed in German by **Seit wann** + *present tense?* and answered using the *present tense* + **seit** + *dative.*

e.g. Seit wann spielen Sie Gitarre?

Ich spiele	(erst) seit	ein paar Tagen	Gitarre.
		einer Woche	
		einem Monat	
		zwei Monaten	
	(schon) seit	einem Jahr	
		fünf Jahren	

Answer the following questions, making up answers if you do not actually do some of the things mentioned:

1 Seit wann lernen Sie Deutsch?
2 Seit wann lernen Sie Französisch?
3 Seit wann spielen Sie Klavier?
4 Seit wann interessieren Sie sich für Popmusik?
5 Seit wann sammeln Sie Posters?
6 Seit wann haben Sie einen Hund?
7 Seit wann laufen Sie Ski?
8 Seit wann fotografieren Sie?
9 Seit wann lesen Sie dieses Popmagazin?
10 Seit wann haben Sie keine Hobbys mehr?

Complete a caption

All of the remarks made by the following people contain reflexive verbs. Fill in the gaps with the correct reflexive pronouns:

2 Du mußt ___ sofort waschen!

1 Wo treffen wir ___ ?

Die Kinder amüsieren ___ !

4

3 Ich kann ___ nicht konzentrieren!

6 Sie fühlt ___ krank, Herr Doktor!

5 Kinder, ihr müßt ___ umziehen!

Interessieren Sie ___ für Blumen, Herr Tripp?

7

Im Fotoalbum

Complete each of the following descriptions by adding the suggested noun in the dative plural. The definite article (**der/die/das**) and the possessive adjective (**mein**, etc.) will require the dative plural ending (see p. 92 if not sure).

1

Das bin ich mit mein___ ......

der Bruder (ǟ)

2

Das sind meine Freunde auf ihr___ ......

das Motorrad (ẗer)

3

Das ist meine Schwester mit ihr___ ...... und ......

die Freundin (-nen)
der Freund (-e)

4

Das sind Karin und ich vor unser___ ......

das Zelt (-e)

5

Das sind meine Eltern mit ihr___ ......

der Nachbar(-n)

6

Das ist meine Tante Irena mit ihr___ ......

der Hund (-e)

What are they saying?

Supply the words you think these characters might be saying:

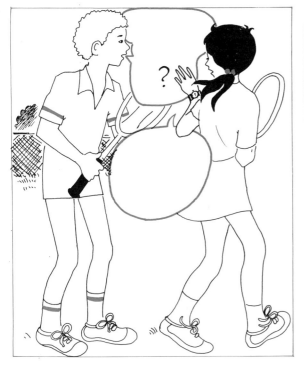 

How much can you remember?

1 Say you have many hobbies.
2 Say you have very little free time now as you get a lot of homework.
3 Say you like reading.
4 Say you like animals, particularly cats.
5 Say you played a lot of tennis when you were younger but you don't play much now.
6 Say you're not a good tennis player.
7 Say you're not a sporty person.
8 Say you play a musical instrument and say which one.
9 Say you sometimes go fishing.
10 Say your sister makes models.
11 Ask how much free time your correspondent has.
12 Ask whether he/she has a record player.
13 Ask whether he/she collects stamps as you have some English ones with you.
14 Ask whether he/she likes swimming.
15 Ask how often he/she goes swimming.
16 Ask whether he/she is a good swimmer.
17 Ask whether he/she likes classical music.
18 Ask whether he/she is interested in sport.
19 Ask what kinds of sport he/she likes.
20 Ask whether he/she plays an instrument and which one.
21 Ask who his/her favourite singer is.
22 Ask who his/her favourite group is.

Background reading

Freizeitsbeschäftigungen

Da Kinder in der Bundesrepublik Deutschland nachmittags nicht zur Schule gehen müssen, haben sie viel Zeit für ein Hobby.

Wenn sie Mitglied in einem Verein werden, für den sie jeden Monat einen Beitrag zahlen müssen, können sie alles Mögliche machen. Wer gerne bastelt, kann zum Beispiel in einen Klub für Basteln und Werken gehen. Dort zeigt der Lehrer einem, wie man mit Holz oder Ton arbeiten kann. In anderen Kursen kann man Nähen und Stricken lernen (das machen nicht nur Mädchen). Andere Kinder lernen ein Instrument und spielen in ihrer Freizeit in einem Orchester oder einer Band.

Die meisten jungen Menschen aber treiben in ihrer Freizeit Sport. Es gibt Vereine für viele verschiedene Sportarten: Fußball, Handball, Basketball, Volleyball, Judo, Leichtathletik, Turnen, Tennis, Schwimmen und noch viele andere mehr. In diesen Vereinen, wo man sich ein- bis dreimal in der Woche trifft, können Kinder und Erwachsene viele neue Freunde finden.

Jugendliche können aber auch am Nachmittag und am Abend in einen Jugendklub gehen. Dort können sie mit anderen Spiele spielen (Tischtennis, usw.) oder eine Teestube besuchen, wo sie sich mit ihren Freunden treffen können. Abends findet in Jugendklubs oft eine Disco statt, wo man tanzen und Musik hören kann. Das ist besonders beliebt.

Oft bleiben die Menschen aber einfach zu Hause, um zu lesen, Musik zu hören (deutsche Jugendliche hören gerne englische Popmusik) und natürlich, um viel fernzusehen. Viele Leute verbringen ihre ganze Freizeit vor dem Fernseher und haben kein anderes Hobby. Das ist aber nicht nur in der Bundesrepublik Deutschland so, sondern in vielen anderen Ländern auch!

Im Schwimmbad.

Im Jugendklub kann man Billard spielen.

In Deutschland sieht man auch viel fern.

1 Why have German children plenty of time to pursue hobbies?
2 What kinds of activities are mentioned in connection with clubs?
3 What is said about music?
4 List the sports which are mentioned.
5 Apart from taking part in various sports, what other advantage do sports clubs offer youngsters and adults?
6 What three activities are mentioned in connection with youth clubs, and which is said to be the favourite?
7 What activities are mentioned as being pursued at home?
8 What is said about German youngsters' taste in music?
9 In what respect are some Germans said to be the same as people in many other countries?

Konversationsübung

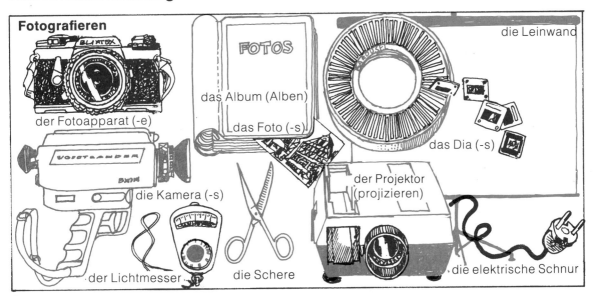

Fotografieren

der Fotoapparat (-e)

das Album (Alben)

das Foto (-s)

die Leinwand

das Dia (-s)

die Kamera (-s)

der Projektor (projizieren)

der Lichtmesser

die Schere

die elektrische Schnur

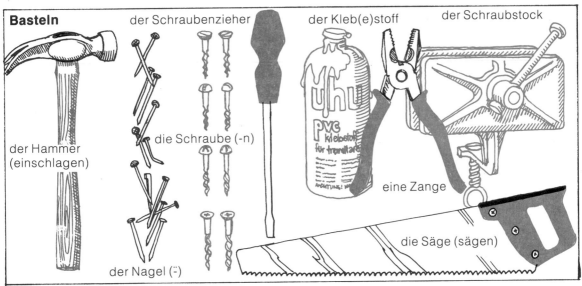

Basteln

der Schraubenzieher

der Kleb(e)stoff

der Schraubstock

der Hammer (einschlagen)

die Schraube (-n)

eine Zange

die Säge (sägen)

der Nagel (¨)

1 Welche Interessen haben Sie?
2 Haben Sie einen Fotoapparat?
3 Was knipsen Sie damit?
4 Machen Sie lieber Fotos oder Dias auf?
5 Warum?
6 Wohin kleben Sie Ihre Fotos?
7 Welches Werkzeug haben Sie zu Hause?
8 Was haben Sie schon einmal gebastelt oder genäht?
9 Welche Sportarten betreiben Sie
  (a) innerhalb der Schule?
  (b) außerhalb der Schule?
10 Spielen Sie in einer Mannschaft?
11 Womit kann man etwas kleben?

12 Womit schneidet man
  (a) Holz?
  (b) Papier, Karton und Stoffe?
13 Können Sie ein Instrument spielen?
14 Welche Haustiere haben Sie zu Hause?
15 Welche anderen Tiere können Sie auf deutsch nennen?
16 Wer ist Ihr(e) Lieblingsautor(in)?
17 Wer ist Ihr(e) Lieblingskomponist(in)?
18 Wo kann man schwimmen? (Nennen Sie mindestens vier Orte!)
19 Was ist „ein Schlager"?
20 Was ist „die Hitparade"?

Grammar survey

1 Reflexive verbs

These verbs can be recognized in the infinitive by their reflexive pronoun **sich**, e.g. **sich verletzen**. The usual meaning of the reflexive pronoun is *oneself*: **sich** verletzen – to hurt *oneself*.

The pronouns must, of course, change according to the person of the verb (myself, yourself, etc.) Here is a typical present tense showing all of the pronouns:

ich verletze **mich**		wir verletzen **uns**	
du verletzst **dich**		ihr verletzt **euch**	
er		Sie verletzen **sich**	
sie	verletzt **sich**	sie verletzen **sich**	
es			
man			

In many cases a reflexive pronoun is required in German where it is not required in English:
e.g. **sich waschen** to wash (i.e. oneself)
sich (hin)setzen to sit down (*literally*: to set oneself down)
sich konzentrieren to concentrate (*literally*: to concentrate oneself)

The pronoun **sich** can also mean *one another*:
e.g. **sich wiedersehen** to see one another again
sich treffen to meet one another

When there is a direct object other than the pronoun, the latter is put into the *dative* and shows *to whom*, *for whom*, or *for whose benefit* the action is done:
e.g. Ich kaufe **mir** ein neues Hemd.
Ich wasche **mir** die Hände.

Note that **sich** is both accusative and dative:
e.g. Er wäscht sich (*accusative*).
Er wäscht sich die Hände (*dative*).

The pronouns are also required in questions:
e.g. Wo treffen wir uns?
and in orders:
e.g. Setze dich hin!
Wascht euch die Hände, Kinder!

2 The imperfect tense

In German the imperfect tense expresses the idea of *was doing* and *used to do*. It can also (unlike the French imperfect) describe single, completed actions in the past, i.e. *did*.

The imperfect of all regular verbs (weak verbs) is formed by adding the following endings to the stem (infinitive minus **-en** or **-n**).

sag|en: ich sag**te**	klingel|n: ich klingel**te**, etc.
du sag**test**	
er sag**te**	
wir sag**ten**	
ihr sag**tet**	
Sie sag**ten**	
sie sag**ten**	

Infinitives ending in **-den** or **-ten** require an extra **e** for ease of pronunciation:
e.g. baden: ich bad**ete**
du bad**etest**, etc.
arbeiten: ich arbeit**ete**
du arbeit**etest**, etc.

Note also: regnen: es regn**ete**

A number of irregular verbs (mixed verbs) have the weak endings in the imperfect tense. The most common are **haben** (ich **hatte**), **wissen** (ich **wußte**), **kennen** (ich **kannte**), **bringen** (ich **brachte**), **rennen** (ich **rannte**), and the modal verbs **können** (ich **konnte**), **wollen** (ich **wollte**), **sollen** (ich **sollte**), **müssen** (ich **mußte**), **mögen** (ich **mochte**) and **dürfen** (ich **durfte**).

Note the absence of Umlauts on modal verbs in the imperfect tense.

Most irregular verbs (strong verbs) have an imperfect tense which ends in a consonant in the **ich** form. There is no rule for forming the imperfect of these verbs; they have to be learnt individually. Their pattern is:

sein: ich wa**r**	**sprechen:** ich spra**ch**
du wa**rst**	du spra**chst**
er wa**r**	er spra**ch**
wir wa**ren**	etc.
ihr wa**rt**	
Sie wa**ren**	
sie wa**ren**	

The most common irregular imperfects are given in the verb tables (pp. 207–8).

3 The dative plural

In the dative plural, **die** (the nominative and accusative of the definite article) changes to **den**, and **-n** or **-en** is added to the plural form of the noun, unless it already ends in **-n**.
e.g. **die** Mädchen → **den** Mädchen
die Gärten → **den** Gärten
but **die** Häuser → **den** Häuser**n**
die Leute → **den** Leute**n**, etc.

An exception to the above is the group of words of foreign origin, the plural of which is **-s**. These do not require **-n** or **-en** to be added:

e.g. **die** Büro**s** → **den** Büro**s**
die Hotel**s** → **den** Hotel**s**

There are a few other foreign plurals which do not require **-n** or **-en** in the dative plural, but they are not likely to be needed, except, perhaps **das Examen** (pl. **Examina**).

The dative plural is used in the same way as the dative singular, i.e. to indicate the indirect object, and after certain prepositions (see pp. 37 and 61).

4 **Seit wann?**

One way of expressing in German *how long* someone has been doing something (e.g. I have been waiting for an hour, living here for ten years, etc.) is to use the *present tense* with **seit** + dative (literally 'I am _____ing since' a certain length of time).

Questions about this are also framed in the present tense:

e.g. Seit wann **lernst** du Deutsch?
Ich **lerne** es schon seit drei Jahren.
Seit wann **wartest** du?
Ich **warte** erst seit fünf Minuten.
Ich **warte** seit fast einer halben Stunde.

Structures

The following structures supplement those given earlier in this unit on p. 84.

Ich habe . . . . . . aufgegeben,   I have given up . . . . . .
Ich habe mich nie für (+ *accusative*) interessiert.   I have never been interested in . . . . . .
Ich helfe (+ *dative*) | beim | + *noun*   I help (+ *person*) | with the . . . . . .
bei der | | to . . . . . .
beim |
. . . . . . zu + *infinitive*

Als ich jünger war, + *imperfect* ich . . . . . .   When I was younger, I used to . . . . . .
Ich konzentriere mich (jetzt) auf + *accusative*.   (Now) I'm concentrating on . . . . . .

7 Verlegt ... verloren ... vergessen! —

☉ Ordnung muß sein!

Peter Schultz ist ein sehr unordentlicher Junge. Er weiß nie, wo seine Sachen sind. Seine Mutter hat es wirklich satt mit ihm!

— Mutti, weißt du, wo meine Tennisschuhe sind? Ich brauche sie heute vormittag.
— Ich habe keine Ahnung, wo sie sind. Ich bin nicht dazu da, um deine Sachen zu suchen. Ich habe Besseres und Wichtigeres zu tun!
— Aber ich habe schon überall gesucht!
— „Überall" ... was heißt denn „überall"?
— Im Schlafzimmer, im Wohnzimmer, in der Küche ... überall, sag ich dir! Ich wette, der Karl hat sie genommen. Er hat dieselbe Schuhgröße wie ich.
— Dein Bruder hat seine eigenen Tennisschuhe und braucht nicht deine zu nehmen.
— Wer hat sie also geklaut?
— „Genommen" ... „geklaut" ... du redest lauter Quatsch! Du bist selbst daran schuld. Du bist stinkfaul, hörst du? Dein Zimmer ist immer in Unordnung. Es liegen die ganze Zeit Papiere, Zeitschriften, Kleider, Schulsachen auf dem Boden herum. Du machst nie dein Bett. Du bist wirklich unmöglich! Du hast die Schuhe wohl woanders gelassen ... in der Schule wahrscheinlich.
— Das stimmt! Ich habe sie in der Garderobe gelassen ... in einer Plastiktüte. Danke, Mutti. Ich laufe schnell hin und hole sie.
— Du brauchst sie aber heute nicht mehr.
— Wieso denn?
— Du spielst nämlich heute nicht Tennis. Du bleibst zu Hause, räumst deine Sachen auf und machst das Zimmer sauber.
— Ach, Mutti, sei nicht so häßlich!
— Keine Ausrede! Du machst das sofort, hörst du? ... sofort!

a Answer the following questions:

1 How is Peter described in the introduction?
2 What is he looking for?
3 Why is it so urgent?
4 How does his mother react when asked to help?
5 Where does he say he has already looked?
6 Who does he suggest may have taken what he is looking for?

7 What fact makes him more sure about this?
8 How does his mother describe the usual state of his bedroom?
9 Where does he finally remember having left the things in question?
10 Why will he now no longer need to fetch them?

b Jetzt beantworten Sie diese Fragen auf deutsch!

1 Warum will Peters Mutter ihm nicht mehr helfen?
2 Was möchte Peter am späteren Vormittag machen?
3 Wer ist Karl?
4 Sind Karls Schuhe größer oder kleiner als Peters Schuhe?
5 Warum braucht Peter seine Schuhe nicht mehr zu holen?

c Find the German for:

untidy
I need . . .
I have no idea
I've got better things to do
everywhere
to pinch (*i.e. steal*)
rubbish!
it's your own fault
bone idle
impossible, dreadful
do you hear (me)?

the whole time
somewhere else
probably
why? how do you mean?
don't be . . .
mean, rotten (*i.e. unkind*)
no excuses!
at once, immediately

d Wählen Sie die richtige Definition!

1 „Meine Schulsachen" bedeutet
  a „alles, was ich mit in der Schule brauche".
  b „alles, was ich in der Schule lerne".
  c „alles, was in meinem Klassenzimmer ist".

2 „Ich habe keine Ahnung" bedeutet
  a „ich weiß es genau".
  b „ich weiß es nicht".
  c „ich weiß es schon".

3 „Ich wette" bedeutet
  a „ich hoffe".
  b „ich möchte gerne wissen".
  c „ich lege Geld darauf".

4 „Ich brauche es" bedeutet
  a „ich habe es nötig".
  b „ich will es nicht haben".
  c „ich habe es schon".

5 „Keine Ausrede!" bedeutet
  a „du mußt es mir erklären".
  b „ich will nichts mehr von dir hören".
  c „warum hast du es gemacht?"

Ein steht nie allein!

If **ein**, **kein**, **mein**, **dein**, etc. stand on their own, the following endings must be added*:

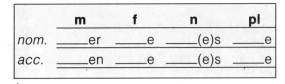

	m	**f**	**n**	**pl**
nom.	___er	___e	___(e)s	___e
acc.	___en	___e	___(e)s	___e

Practise this by adding the correct endings to the following. Then say what the sentences mean:

1 Du hast deine Fahrkarte. Ich habe mein___ verloren!
2 Wessen Mantel ist das? Mein___ .
3 Ich höre, du hast ein Portemonnaie gefunden. Ist es vielleicht mein___?
4 Du willst Karten für die Disco? Es sind kein___ mehr zu haben.
5 Zwei Lehrer sollen mit dabei sein. Es ist nur ein___ da!
6 Ich habe zwei Eis gekauft. Ein___ für dich und ein___ für mich.
7 Ich sehe meinen Vater; dein___ aber sehe ich nicht.
8 Geld habe ich aber kein___!

---

* For a more detailed explanation refer to grammar survey p. 105.

⊙ Im Fundbüro

Diese Szene findet im Fundbüro einer Omnibusstation der DB statt...

— Wie kann ich Ihnen helfen?

— Sagen Sie mir, bitte... hat man vielleicht eine Plastiktüte mit einer Langspielplatte und einem Portmonnaie abgegeben? Es ist eine weiße Tüte... Es steht in grünen Buchstaben das Wort „Hertie" darauf.

— Ich bin erst seit ein paar Minuten da... Ich werde mal gucken... Nein, da ist keine Tüte. Wann haben Sie sie verloren?

— Erst vor einer Viertelstunde. Ich habe sie im Bus liegenlassen.

— In welchem Bus?

— In der Linie achtzehn.

— Aus Gönnersdorf, meinen Sie?

— Genau.

— Können Sie mir Genaueres über den Inhalt sagen? Was für eine Platte ist es zum Beispiel?

— Eine Langspielplatte mit Karli Blitz.

— Und das Portemonnaie... was war darin?

— Etwas über dreißig Mark... drei Zehnmarkscheine und etwas Kleingeld, glaube ich.

— Und Ihre Busfahrkarte dazu?

— Nein, zum Glück habe ich sie in der Tasche.

— Können Sie am späteren Nachmittag wiederkommen?

— Leider nicht. Ich muß jetzt nach Hause fahren. Die Schwierigkeit ist nämlich, daß ich nicht oft in der Stadt bin.

— Warum rufen Sie uns nicht in den nächsten paar Tagen an? Wenn die Tüte auftaucht, könnte eine Freundin sie vielleicht abholen, wenn sie in die Stadt fährt. Nehmen Sie sich ein Merkblatt; unsere Nummer steht d'rin.

— Das ist eine gute Idee. Das mache ich also. Danke sehr.

— Bitte sehr.

a Answer the following questions:

1 Where has the girl gone to ask about the lost articles?
2 What has she lost?
3 What details does she give of the things she has lost?
4 Why is the man unable to help at first?
5 When does she think she lost the things?
6 Where?
7 Name one piece of luck she has had.
8 Why is calling in again going to be a bit of a problem?
9 What solution do they find to the problem?
10 What does the man suggest she should take with her and why?

b Jetzt beantworten Sie diese Fragen auf deutsch!

1 Was bedeutet „DB"?
2 Was ist „Hertie"?
3 Was enthält die Plastiktüte, die das Mädchen verloren hat?
4 Wie ist sie in die Stadt gefahren?
5 Enthält das Portemonnaie sehr viel Geld?
6 Wie oft fährt dieses Mädchen in die Stadt?

c Finden Sie die richtige Definition!

1 „Das ist eine gute Idee" bedeutet
    a „Ich bin damit einverstanden".
    b „Ich bin dagegen".
    c „Das ist mir egal".

2 „Etwas Kleingeld" bedeutet
    a „viel Kleingeld".
    b „kein Kleingeld".
    c „ein bißchen Kleingeld".

3 „Nicht oft" bedeutet
    a „häufig".
    b „selten".
    c „regelmäßig".

d Find the German for:

lost property office	to phone up
to hand in	later in the afternoon
I'll take a look	to turn up, appear
just . . . ago	in town
exactly	why don't you phone?
for example	into town
(small) change	take a leaflet
fortunately	I'll do that

Wann?

The following expressions are useful for saying when something is going to happen:

in ein paar Minuten
in einer Viertelstunde
in einer (halben) Stunde
in zwei Stunden
morgen
übermorgen
in drei Tagen
in einer Woche
in einem Monat
in einem Jahr
heute vormittag
heute nachmittag
heute abend
am Samstag(nachmittag), etc.
nächsten Montag(abend), etc.
nächstes Wochenende
nächste Woche
nächsten Monat
nächstes Jahr

a Complete the following sentences with one of the above and then say what the sentences mean:

1 Ich fahre . . . . . . in die Stadt.
2 Ich fahre . . . . . . nach Deutschland.
3 Ich fahre . . . . . . nach England zurück.
4 . . . . . . fahre ich nach Hause.
5 . . . . . . kommt meine Schwester nach Hause.
6 . . . . . . kommen meine Eltern nach Hause.
7 Wir fahren . . . . . . in die Ferien.
8 Wir haben . . . . . . Besuch.
9 Warum kommt ihr nicht . . . . . . zu uns?
10 Darf ich . . . . . . zu euch kommen?

b Make up ten further examples of your own.

I've lost it!

Here are some objects you might easily lose, mislay, or forget:

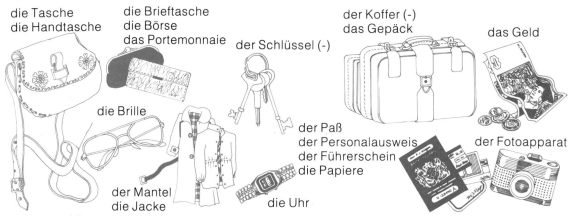

die Tasche
die Handtasche

die Brieftasche
die Börse
das Portemonnaie

der Schlüssel (-)

der Koffer (-)
das Gepäck

das Geld

die Brille

der Paß
der Personalausweis
der Führerschein
die Papiere

der Fotoapparat

der Mantel
die Jacke

die Uhr

Here are some useful structures to explain that you have lost, mislaid, or forgotten them:

Ich habe	den/die/das		verloren.
	einen/eine/ein	……	verlegt.
	meinen/meine/mein		vergessen.

Ich kann den …… (*etc.*) nicht finden.

a Put the above vocabulary and structures together to make ten examples of saying something is missing or forgotten.

b Make up a further ten examples using items other than the ones given above.

Aber wo?

Here is how to say you have left something somewhere:

| Ich habe | den/die/das | (**wo?**) | gelassen. |
| | meinen/meine/mein | | liegen lassen. |

Here are some places you might have left things:

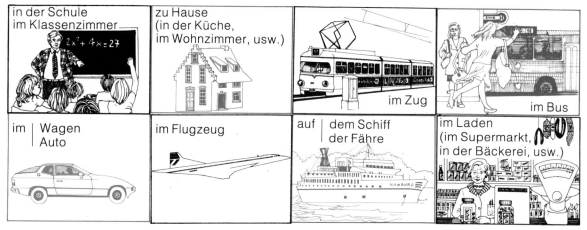

in der Schule
im Klassenzimmer

$2x^2 + 4x = 27$

zu Hause
(in der Küche,
im Wohnzimmer, usw.)

im Zug

im Bus

im | Wagen
Auto

im Flugzeug

auf | dem Schiff
der Fähre

im Laden
(im Supermarkt,
in der Bäckerei, usw.)

| im | Café
Restaurant
Gasthaus | im Hotel(zimmer) | im Park | im Schwimmbad
in der Garderobe |

Using the above structures and any items you wish,
make up ten sentences saying that you have left
something somewhere:

e.g. Ich habe meine Schlüssel zu Hause | gelassen.
| liegen lassen.

Hilf mir mal!

Look at the following picture and see whether you could
help the people looking for the things in various parts of
the room. The following prepositions will be useful:

in* | dem/der/dem......
auf
hinter
unter
neben

zwischen dem/der/dem...... und dem/der/dem......

1 Weißt du wo mein Tennisschläger ist?
2 Ich kann meinen Fotoapparat nicht finden.
3 Hast du vielleicht meine Handtasche
   gesehen?
4 Ein Brief für mich! Wo ist er denn?
5 Ich habe einen Zwanzigmarkschein
   verloren!

6 Ach! Wo ist meine Jacke? Ich bin sicher,
   ich habe sie hier gelassen!
7 Hilf mir mal! Ich suche meinen Füller... Ich
   brauche ihn für die Schule.
8 Wer hat meine Zigaretten geklaut!

---
* **In dem** contracts to **im**.

Ago

'*Ago*' is expressed in German by using
vor + *dative*.
Here are some examples:

vor ein paar Minuten
vor einer Viertelstunde
vor einer halben Stunde
vor einer Dreiviertelstunde
vor einer Stunde

How do you think you would say:

1 a week ago
2 two weeks ago
3 a month ago
4 a couple of months ago
5 a year ago
6 a few years ago

Describe it!

„Geben Sie mir eine genaue Beschreibung
des verlorenen Artikels!"

The following is useful for describing objects:

Das	ist	ein _____er + *masc. noun*	aus + *material.*
Es		eine _____e + *fem. noun*	
		ein _____es + *neut. noun*	
	sind	_____e + *pl. noun*	

Here are some materials:
Leder/Wildleder/Wolle/Baumwolle/Nylon/Plastik/
Samt/Kord/Denim/Gold/Silber

The following colours will also be useful:
schwarz/weiß/rot/grün/blau/gelb/braun/grau

e.g.

Es ist ein grüner Mantel aus Wolle.

Es ist eine weiße Tasche aus Leder.

Use the notes above to prepare a series of dialogues on
this pattern:

— Was ist los?
  (Say you have lost a certain item)
— Aber wo?
  (Say where you think you left it)
— Wann?
  (Say how long ago)
— Wie ist er/sie/es?
  (Give a short description)

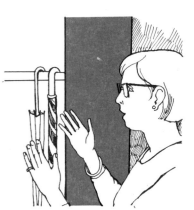

A trip into town

The following illustrations show what happened when
two girls went into town. Using the perfect tense (see
pp. 105–6 if not sure), relate the morning's activities:
a in the third person singular (i.e. Ingrid . . .)
b in the third person plural (i.e. die zwei Mädchen . . .)
Strong verbs are indicated with an asterisk.

1 den Bus in die Stadt nehmen*

2 Geld von der Bank | holen abheben*

3 ein interessantes Geschäft finden

4 Jeans und ein T-shirt kaufen

5 Konzertplätze | buchen reservieren

6 Oma im Krankenhaus besuchen

7 eine Tasse Kaffee trinken* Kuchen essen*

8 den Bus verpassen

9 zu Fuß nach Hause gehen müssen*

Change the verbs

Rephrase the following sentences by
putting the modal verb (underlined) into
the perfect tense. Then say what the
sentences mean:

e.g. Ich <u>konnte</u> es nicht machen.
Ich **habe** es nicht machen **können**.

1 Peter <u>mußte</u> seine Eltern sofort anrufen.
2 Sigrid <u>wollte</u> nicht mitfahren.

3 Herr Koppe hatte seinen Schlüssel
verloren und <u>konnte</u> die Tür nicht
aufmachen.
4 Karl <u>durfte</u> das Motorrad nicht kaufen.
5 Monika und ihr Bruder waren krank und
<u>konnten</u> nicht auf dem Konzert spielen.
6 Herr und Frau Meyer <u>mußten</u> eine Stunde
warten.
7 Die Kinder <u>wollten</u> nicht zum Zahnarzt
gehen.
8 Die Mädchen <u>durften</u> nicht an der
Klassenfahrt teilnehmen.

What are they saying?

Supply the words you think these characters might be saying:

How much can you remember?

1 Say you've looked everywhere for a certain item.
2 Say that someone has stolen your things.
3 Say that you've left your passport back in the hotel room.
4 Say you're looking for a hotel.
5 Say you have no idea where your bag is.
6 Tell someone he/she is talking nonsense!
7 Tell someone he/she is lazy.
8 Say you're just going to pop somewhere quickly and fetch something (e.g. into the house to fetch your jacket).
9 Say you've lost a carrier bag with your purse in it.
10 Say it has the words „Kaufhaus Reese" on it in red letters.
11 Say there was rather a lot of money in the purse – about DM 300.
12 Explain that you lost your passport about three days ago.
13 Say you'll ring up later or perhaps tomorrow.
14 Describe a jacket you have lost.
15 Describe a suitcase you have lost.
16 Tell someone his/her glasses are in the kitchen.
17 Ask someone if he/she knows where your luggage is.
18 Ask someone where he/she thinks he/she left a certain lost item.
19 Ask someone whether he/she can see your watch anywhere in the room.
20 Ask if there is a lost property office and if so where it is.
21 Ask your correspondent if he/she is going into town this afternoon or this evening.

Background reading

Das Fundbüro

Wenn man in der Bundesrepublik Deutschland etwas verliert, kann man zum Fundbüro gehen. Manchmal verliert man etwas in einem Bus. Dann muß man zum Fundbüro der Busgesellschaft gehen, das meistens am Busbahnhof ist.

Ein Gegenstand, der im Zug gefunden wird, wird von einem ehrlichen Finder meistens an einem der Bahnhöfe oder an der Endstation abgegeben. Man kann also zum Bahnhof, an dem man ausgestiegen ist, zurückgehen und nach der Telefonnummer der anderen Bahnhöfe und die der Endstation fragen, und dort einmal anrufen.

Wenn man glaubt, daß man den Gegenstand (z.B. eine Tasche) in einem Geschäft liegenlassen hat, so geht man sicherlich dorthin zurück und fragt an der Kasse: „Habe ich vielleicht meine Tasche hier im Geschäft liegenlassen?" Diese Frage kann oft schon das Problem lösen. In einem großen Kaufhaus sollte man auf dem Schild an der Rolltreppe nachgucken, auf welcher Etage die Information ist. Vielleicht können die Angestellten dort helfen.

Im Allgemeinen aber muß man zu einer Polizeistelle gehen, wenn man etwas verloren hat. Dort erfährt man die Adresse des städtischen Fundbüros, wo alle gefundenen Sachen abgegeben werden. Dort kann man nach dem verlorenen Gegenstand fragen.

Wenn ein ausländischer Tourist seinen Reisepaß verloren hat, muß er aber außerdem auch das Konsulat seines Landes anrufen.

Die Leute verlieren allerlei Gegenstände.

Tausende von Gegenständen werden jeden Tag in einer Großstadt verloren, und so sind die Fundbüros voll von Regenschirmen, Pfeifen, Feuerzeugen, Hüten, Handschuhen und anderen Sachen, die man leicht verlieren kann. Ein Artikel, der unlängst in einer deutschen Zeitschrift erschien, hat aber gezeigt, daß Menschen nicht nur solche Alltagsgegenstände verlieren: in gewissen deutschen städtischen Fundbüros warten auch Gebisse, Glasaugen, Holzarme und -beine und sogar ein ausgestopfter Papagei auf ihre Besitzer!

Im Kaufhaus sollte man die Information suchen.

1 What suggestions are offered to those who lose items on public transport?
2 What should you do if you lose something in a shop or department store?
3 What special action must be taken by tourists and in what particular circumstances?
4 What is said about the number of items lost in large towns?
5 Where did the author get his information for the last paragraph from?
6 What everyday lost items are mentioned?
7 What examples of unusual lost items are given?

Konversationsübung

Das Schlafzimmer

die Decke — der Kleiderschrank (¨e)

die Wand (¨e)

das Bücherbrett (-er)
das Bücherregal (-e)

die Kommode (-n)

der Wecker (-)

der Nachttisch (-e)

die Tür (-en)

das Bett (-e)

der Fußboden

Das Badezimmer

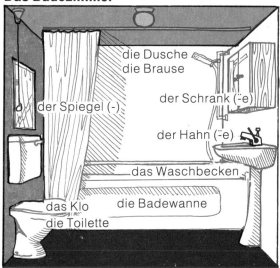

die Dusche
die Brause

der Schrank (¨e)

der Spiegel (-)

der Hahn (¨e)

das Waschbecken

das Klo
die Toilette

die Badewanne

Das Eßzimmer

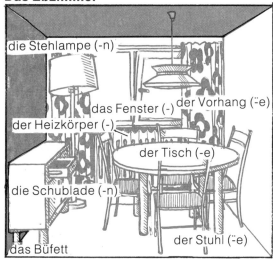

die Stehlampe (-n)

das Fenster (-) — der Vorhang (¨e)

der Heizkörper (-)

der Tisch (-e)

die Schublade (-n)

das Büfett

der Stuhl (¨e)

Die Küche

das Spülbecken

der Herd

die Waschmaschine — der Kühlschrank

Das Wohnzimmer

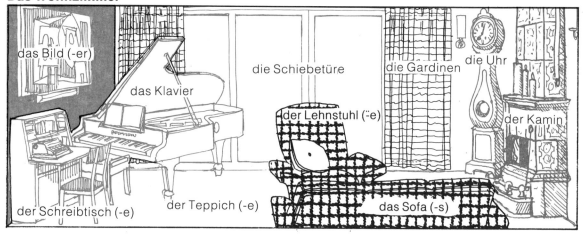

das Bild (-er)

die Schiebetüre

die Gardinen

die Uhr

das Klavier

der Lehnstuhl (¨e)

der Kamin

der Schreibtisch (-e)

der Teppich (-e)

das Sofa (-s)

1 Welche Möbel sind in Ihrem Wohnzimmer?
2 Welche Möbel haben Sie in Ihrem Schlafzimmer?
3 Welche Möbel hat Ihr Eßzimmer?
4 Beschreiben Sie Ihr Badezimmer!
5 Wie sieht Ihre Küche aus?
6 Was machen Sie lieber, duschen oder ein Bad nehmen? Warum?
7 Wieviele Spiegel haben Sie im Haus?
8 Wo sind sie? (*Antwort:* Einer ist/ hängt . . . *oder* Wir haben einen . . . *oder* Es gibt einen . . .)
9 Wieviele Uhren haben Sie im Haus?
10 Wo sind sie? (*Antwort:* Eine ist/ steht . . . *oder* Wir haben eine . . . *oder* Es gibt eine . . .)
11 Wer in der Familie besitzt die meisten Bücher?
12 Was ist „ein Bücherwurm"?
13 Ist Ihr Schlafzimmer meistens in Unordnung?
14 Warum (nicht)?
15 Wo machen Sie Ihre Hausaufgaben?
16 Finden Sie das praktisch?
17 Warum sagen Sie das?
18 Haben Sie einmal etwas Wertvolles verloren?
19 Wo haben Sie ihn/sie/es gesucht?
20 Wo haben Sie ihn/sie/es endlich gefunden?

Grammar survey

1 Ago

The idea of *ago* is expressed in German by using the preposition **vor** + *dative.*
e.g. vor einer Woche
        vor drei Jahren, etc.

2 Stressed pronouns

A good rule to bear in mind is that „**ein" steht nie allein**, that is to say, you should never use **ein** unless it stands with a noun (ein Mann, ein Haus, etc.). When it has to stand on its own, it must have some special endings:

	m	f	n
nom.	ein**er**	eine	ein**(e)s**
acc.	ein**en**	ein**e**	ein**(e)s**

You will already have met one of these in counting **eins**, zwei, drei, etc. Here are some more examples:
Wieviele Jungen sind in der Klasse?– Nur **einer**!
Ein**(e)s** von den Mädchen verpaßte den Zug.

These endings also apply to **kein** and all of the possessive adjectives (**mein, dein**, etc.):
Wieviel Geld hast du? Ich habe **kein(e)s**.
Es ist **keiner** da!
Wessen Mantel ist das? **Meiner.**
Mit welchem Wagen fahren wir? Mit **meinem.**

3 Perfect tense

The perfect tense corresponds to the English tenses *I did* and *I have done.* It is made up of two parts; the auxiliary verb **haben** (or **sein** – see p. 118) and a *past participle.*

In simple sentences the past participle stands at the end of the sentence.

The past participle of regular (weak) verbs is formed thus:
such|en → **ge**such**t**

For ease of pronunciation **-et** is added when the final consonant is **-t** or **-d**:
arbeit|en → **ge**arbeit**et**
bad|en → **ge**bad**et**
Note also regnen → **ge**regn**et**
e.g. Ich **habe** meinen Paß überall **gesucht.**
        Du **hast** den ganzen Abend **gearbeitet.**

Irregular (strong) verbs have past participles which cannot simply be formed from their infinitives; they must be learnt individually:
e.g. sprechen → ich habe **gesprochen**
        singen → ich habe **gesungen**

The most common are listed on pp. 207–8.

Questions are formed by the inversion of the subject and auxiliary verb:
e.g. **Hast du** gehört?

The perfect tense of modal verbs is not normally required to be known at this level as the imperfect can always be used instead, but it may need to be recognized. When a modal verb simply has a direct object, its perfect is straightforward:

Ich **habe** es nicht **gewollt**.
Er **hat** es leider nicht **gekonnt**.

When it has a dependent infinitive, its past participle has the same form as the infinitive:
e.g. Ich **habe** es nicht machen **wollen**.
Er **hat** es nicht machen **können**.

Inseparable verbs can either be regular (weak) or irregular (strong). Neither add **ge-** to form their past participle. Regular inseparable verbs have the regular **-t** endings:
e.g. verlegen → ich habe **verlegt**.

Irregular past participles have to be learnt:
e.g. verlieren → ich habe **verloren**.

Apart from **verlieren**, all verbs ending in **-ieren** are verbs 'borrowed' from other languages (mainly French and Italian). These are weak verbs, but do not add **ge-** to form their past participle:
e.g. telefonieren → ich habe **telefoniert**

As separable verbs are made up of recognizable verbs and a separable prefix, the past participle is that of the original verb plus the prefix, all written as one word:
e.g. holen → ich habe **geholt**
abholen → ich habe **abgeholt**

Structures

Ich habe ……	verloren.	I've	lost	……
	verlegt.		mislaid	
	vergessen.		forgotten	

Ich kann …… nicht finden.   I can't find ……

Ich habe keine Ahnung,	wo (wohin)	…… + *verb*.	I have no idea	where …… (to)
	was			what
	wer			who
	wie			how
	ob			whether

| Ich brauche | + *noun*. | I need | …… |
| | …… zu + *infinitive*. | | to …… |

| Ich habe …… | gelassen. | I have left …… |
| | liegenlassen. | |

Können Sie + *infinitive*?   Can you …… ?
Ich kann (nicht) + *infinitive*.   I can (not) ……
Ich muß + *infinitive*.   I must, have to ……

Haben Sie vielleicht einen Schlüsselbund gefunden?

8 Unterwegs

An der Tankstelle

Mr und Mrs Green sind auf Urlaub in Deutschland. Sie brauchen Benzin. Sie wissen, daß es an Autobahntankstellen viel teurer ist. Sie verlassen also die Autobahn, um eine billigere Tankstelle zu suchen. Sie finden eine ganz in der Nähe der Autobahnausfahrt. Es gibt hier kein Selbsttanken. Mrs Green, die gerade am Steuer ist, spricht mit dem Tankwart...

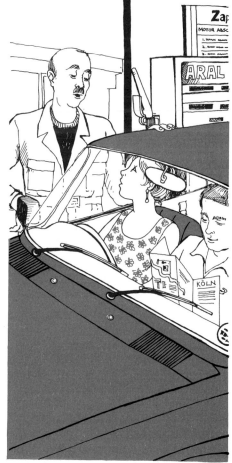

— Ja bitte?
— Volltanken, bitte.
— Super oder Normal?
— Super.
— Wieviel brauchen Sie ungefähr?
— Es ist fast alle. Wir brauchen also etwa sechzig Liter... *(Petrol pump noise)* Würden Sie bitte den Wasser- und Ölstand prüfen?
— Ja, gerne... Das Wasser ist in Ordnung aber Sie brauchen einen halben Liter Öl.
— Und sehen Sie, bitte, die Reifen nach!
— Wie ist der normale Druck?
— Zweiundzwanzig vorne, vierundzwanzig hinten.
— Das müssen wir mal umrechnen... das heißt bei uns eins Komma fünf vorne, eins Komma sechs hinten.... Der Druck ist O.K. aber, es tut mir leid, Sie brauchen hinten einen neuen Reifen. Einer ist völlig kaputt... Da ist ein großer Nagel drin.
— Ach, nein! Muß ich ihn unbedingt auswechseln?
— Es wäre gefährlich, damit weiterzufahren.
— Kann ich mir hier einen neuen besorgen?
— Ja, sicher. Mein Neffe holt Ihnen sofort einen neuen und wechselt ihn für Sie aus.

a Answer the following questions:

1 Why do the Greens turn off the motorway?
2 Where do they find a petrol station?
3 What do we learn about it?
4 Why does Mrs Green do the talking?

5 How much petrol do they need and why?
6 What else is required?
7 What does the attendant notice is wrong with the car?
8 Who will help them with the problem?

b Answer the following questions with **ja**, **doch**, or **nein** followed by a full sentence.

e.g. Ist Benzin billig auf der Autobahn?
Nein, Benzin ist nicht billig sondern sehr teuer.

1 Sind die Greens auf einer Geschäftsreise?
2 Mrs Green kann nicht fahren, nicht wahr?
3 Die Greens brauchen kein Öl, oder?
4 Sie müssen zwei neue Reifen kaufen, nicht wahr?
5 Es ist gar nicht gefährlich mit einem kaputten Reifen weiterzufahren, oder?
6 Muß der Tankwart das Wasser nachfüllen?

c Find the German for:

petrol	to check (*find two words*)
motorway	all right
(more) expensive	tyre
cheap(er)	at the front
petrol station	at the back, rear
(motorway) exit	(tyre) pressure
self-service (petrol station)	damaged, ruined
(petrol pump) attendant	it would be . . .
to fill up (with petrol)	dangerous
how much. . . . ?	to get, buy
would you please. . . ?	certainly

Benzin, Öl, usw.

Here are some useful expressions to do with getting petrol and oil:

Ich brauche	bitte	zehn	Liter	Normal.
Ich möchte		zwanzig		Super.
Ich bekomme		einen (halben) Liter Öl.		

Für	hundert	Mark, bitte . . .	Normal.
	zweihundert		Super.

Volltanken, bitte, mit	Normal.
	Super.

Prüfen Sie bitte	den Wasserstand	.
Sehen Sie bitte	den Ölstand	nach.

a Use the above to deal with the following:

1 Ask for 300 Marks' worth of high-grade petrol and an oil and water check.
2 Tell the attendant to fill the tank up with low-grade petrol and put in a litre of oil.
3 Ask for 40 litres of high-grade petrol and half a litre of oil.
4 Ask for 30 litres of low-grade petrol and say you don't need any oil.
5 Ask for 200 Marks' worth of high-grade petrol, half a litre of oil and for the water to be checked.

b Here is a tyre pressure conversion chart (**"Umrechnungstabelle"**).

GB	22	24	26	28	30
Continental	1.5	1.6	1.8	1.9	2.1

Use it to tell the attendant the following:

1 Front 22, back 24.
2 Front 24, back 28.
3 Front 22, back 26.
4 24 all round.

⦿ Eine Panne

Herr Grübke ist Geschäftsmann. Vorige Woche hatte er einen wichtigen Termin in Hannover. Unterwegs dorthin hatte er eine Panne und mußte mit der Reparaturwerkstatt Adler telefonieren.

— Reparaturwerkstatt Adler.
— Ich habe eine Panne auf der Bundesstraße 216. Ich bin gerade über Nendorf gefahren in Richtung Hannover. Können Sie jemanden schicken?
— Was für ein Auto ist es?
— Ein Volkswagen Golf.
— In etwa zehn Minuten sind wir da.
— Danke. Auf Wiederhören.

Der Mechaniker konnte das Auto nicht an Ort und Stelle reparieren und mußte es zur Werkstatt abschleppen.

— Können Sie es sofort reparieren?
— Da ist etwas mit der Kupplung nicht in Ordnung und wir haben zu viel zu tun, um es sofort zu reparieren. Wir brauchen auch Ersatzteile, die wir erst morgen bekommen können.
— Kann ich hier ein Auto mieten? Ich muß unbedingt bis vier Uhr in Hannover sein.
— Leider nicht. Das ist aber kein Problem. Es fährt alle halbe Stunde ein Zug dorthin und es ist nur ein Katzensprung von hier zum Bahnhof.
— Bitte, fangen Sie so früh wie möglich mit der Reparatur an. Ich rufe Sie morgen aus Hannover an.

Herr Grübke ging dann zum Bahnhof, um seine Fahrt nach Hannover fortzusetzen ...

— Einmal Hannover hin und zurück, bitte, zweiter Klasse.
— Bitte. Neununddreißig Mark dreißig.
— Wann fährt der nächste Zug?
— Um dreizehn Uhr zehn. Sie haben gerade einen verpaßt.
— Von welchem Gleis, bitte?
— Gleis drei.
— Muß ich umsteigen?
— Nein. Der Zug fährt durch.

a Answer the following questions:

1 What does Herr Grübke do for a living and why was he travelling to Hannover last week?
2 Where was he when his car broke down?
3 How long did the garage man say he'd be in getting there?
4 Give two reasons why the car couldn't be repaired at once.
5 How did Herr Grübke first intend to get to Hannover and what did the garage man say to change his mind?
6 What information did Herr Grübke get at the station?

109

b Jetzt beantworten Sie diese Fragen auf deutsch!

1 Wann hatte Herrn Grübkes Wagen eine Panne?
2 Warum fuhr Herr Grübke nach Hannover?
3 Warum mußte er mit der Bahn weiterfahren? (Finden Sie mindestens zwei Gründe!)
4 Was kostete Herrn Grübkes Rückfahrkarte nach Hannover?
5 Wo mußte er unterwegs nach Hannover umsteigen?

c Find the German for:

last week	to hire, rent
appointment	every half hour
on the way there	a stone's throw away
to break down	to continue (*one's*
garage	*journey*)
what sort of . . . ?	to miss (*train, etc.*)
on the spot	platform
to repair	to change (*trains, etc.*)
something is wrong	
with . . .	
not until tomorrow	

Wo sind Sie eigentlich?

Prepare a telephone call to a garage for each of the following six situations, explaining **a** that you've had a breakdown; **b** where you are; **c** what kind of car you have.
Use the following model:

a Ich habe | eine Panne.
Wir haben |

b Ich bin | auf der Bundesstraße ......
Wir sind | zwischen X und Y.
| (ungefähr) ...... Kilometer von X entfernt in Richtung Y.
| gerade über X gefahren in Richtung Y.

c Es ist ein* | ......
Ich habe einen* |
Wir haben einen* |

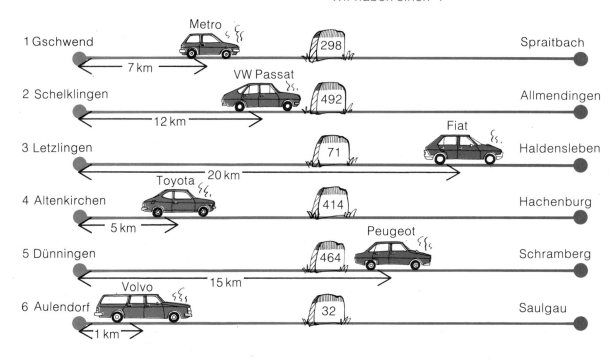

1 Gschwend — Metro — 298 — Spraitbach — 7 km
2 Schelklingen — VW Passat — 492 — Allmendingen — 12 km
3 Letzlingen — Fiat — 71 — Haldensleben — 20 km
4 Altenkirchen — Toyota — 414 — Hachenburg — 5 km
5 Dünningen — Peugeot — 464 — Schramberg — 15 km
6 Aulendorf — Volvo — 32 — Saulgau — 1 km

---

* Makes and models of cars are masculine in German, e.g. **der** Ford Sierra, **der** Renault 5, etc.

Fahrkarten, bitte!

The following expressions are useful for getting tickets:

eine Fahrkarte (Fahrkarten)/einen Fahrschein
(Fahrscheine) lösen

einmal	nach Köln	einfach
zweimal		hin und zurück
zweieinhalb		

ein Erwachsener	und	ein Kind	nach Köln	einfach
zwei Erwachsene		zwei Kinder		hin und zurück

erster/zweiter Klasse

Use the above to work out what the following people
would say in order to get tickets for the journeys indicated:

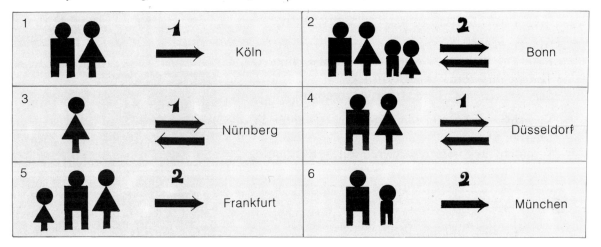

ADAC

The owner of the card below is a member of the ADAC
(the German equivalent of the AA or RAC).

On the back of the card are details of what membership
entitles him to if he breaks down. Read them and find
out what he can, and can't, get in the way of help.

ADAC-Zentrale · Postfach 70 01 07 · 8000 München 70
Telefon 76 76-1 · Telegramm-Adresse: ADACLUB · Telex: 05/29231

Die kostenfreien Leistungen des ADAC-Straßendienstes können einmal im Beitrags-
jahr in Anspruch genommen werden. Sie umfassen:

1. Anfahrt des nächsten Straßendienstunternehmens zum Pannenort bis zu 10 km
2. Pannenhilfe an Ort und Stelle bis zu 1 Stunde Arbeitszeit.
3. Rückfahrt des Hilfsfahrzeugs zur Werkstatt bis 10 km
   oder
4. Abschleppen des Pannenfahrzeugs zur nächsten Werkstatt bis zu 10 km.

Die kostenfreien Leistungen des ADAC-Straßendienstes gelten für Kraftfahrzeuge und
deren Anhänger bis zu einem zul. Gewicht von 2.500 kg.

Nicht vergütet werden:

Materialkosten, die im Rahmen der Pannenbehebung anfallen, Kosten von Repara-
turen, die in der Werkstätte ausgeführt werden, Hilfeleistungen nach Verkehrs-
unfällen (z.B. nach Zusammenstößen oder bei der Bergung eines von der Straße
abgekommenen Fahrzeugs). Die Leistungen gelten nicht für Spezialfahrzeuge und
Lkw-Anhänger.

111

Gespräche

Listen to the following 'mini-dialogues', all of which involve people travelling. Give the 'gist' of what you have heard in English. If you do not understand the first time, look up the key words underneath and try again:

a — Wann kommen wir in Brüssel an?
— Etwa in einer Dreiviertelstunde. Wir haben zehn Minuten Verspätung aber wir holen das bestimmt ein.
(*Key words:* ankommen/Verspätung/einholen)

b — Fährt dieser Bus zur Hollenbergschule?
— Nein, nicht direkt dorthin. Aber er fährt über den Marktplatz und von dort aus ist es ein Katzensprung. Ich zeige Ihnen, wo Sie aussteigen müssen.
(*Key words:* Katzensprung/zeigen/aussteigen)

c — Ist hier noch frei?
— Nein. Der Platz ist besetzt. Mein Mann ist auf der Toilette und kommt gleich zurück.
(*Key words:* Platz/besetzt/zurückkommen)

d — Kann ich eine Kabine oder einen Liegeplatz für die Überfahrt haben?
— Sie hätten im voraus reservieren sollen. Es ist völlig ausgebucht!
(*Key words:* Liegeplatz/im voraus/reservieren/ausgebucht)

e — Wo fährt der Bus nach Neumarkt ab?
— Auf dem Bahnhofsvorplatz ... gerade vor dem Haupteingang. Das ist die Linie zwanzig. Es fährt alle zehn Minuten einer.
(*Key words:* abfahren/Haupteingang/Vorplatz/Linie)

f — Fahrkarten, bitte. Noch jemand zugestiegen?
— Bitte schön.
— Diese Fahrkarte ist nicht gültig. Sie haben sie nicht entwertet!
— Entschuldigen Sie! Ich habe Ihnen die falsche gegeben. Hier ist die richtige.
— Danke. Sie müssen noch drei Mark Zuschlag zahlen.
(*Key words:* zugestiegen/gültig/entwerten/falsch/richtig/Zuschlag)

From the above dialogues find out how to ask . . .

1 whether a seat is free.
2 whether a certain bus, train, etc. goes to a certain destination.
3 what time you arrive at a certain place.
4 whether you can order/book/reserve something.
5 where a bus, train, etc. to a certain destination leaves from.

How, where, and when

a Here are some different ways of travelling:

auf seinem (*etc.*) Rad/Motorrad/ Moped	fahren
mit dem Rad/Motorrad/Moped	
mit dem Auto/Wagen/Taxi	
mit dem Zug/mit der Bahn	
mit dem Bus/Bahnbus	
mit der Straßenbahn	
mit der U-Bahn	
mit dem Schiff/mit der Fähre	
mit dem Flugzeug	
mit dem Hovercraft	

b Here are some places you might be travelling to:

in die Stadt/zum Bahnhof/zum Flughafen/ zum Hafen/zum Safaripark/aufs Land/ ins Grüne

zu meinen Großeltern/zu (meinen) Verwandten
nach London/Manchester
nach Frankreich/Deutschland
über den Kanal

c Here are some times when the journeys could be/could have been made:

vor drei Wochen/voriges Jahr/vorigen Monat/vorige Woche/vorigen Samstag/ voriges Wochenende
vorgestern/gestern/heute (nachmittag)/ morgen/übermorgen
nächstes Wochenende/nächsten Samstag/nächste Woche/nächsten Monat/nächstes Jahr/in drei Wochen

Combine the three elements above by making up sentences on the pattern below:

Ich fahre . . .	**wann? wie?**	·
Ich fuhr . . .	**wohin?**	·
Ich bin . . .		. . . gefahren

Be careful (a) to use a tense appropriate to the adverb and (b) to use the correct order: **time/manner/place**. Say what each of your sentences means:

e.g. Ich fahre **morgen mit dem Auto in die Stadt**.
Ich bin **gestern mit dem Zug nach London** gefahren.

'Zu' or not?

Read the following sentences and decide whether or not you should include **zu**. Then say what the sentences mean:

1 Ich will nicht heute abend aus(zu)gehen.
2 Ich habe keine Lust, heute abend aus(zu)gehen.
3 Ich hoffe mir bald ein neues Auto (zu) kaufen.
4 Ich möchte mir bald ein neues Auto (zu) kaufen.
5 Ich hatte bisher keine Gelegenheit nach Deutschland (zu) fahren.
6 Ich konnte bisher nicht nach Deutschland (zu) fahren.
7 Es gefällt mir sehr, wandern(zu)gehen.
8 Ich mag gern wandern(zu)gehen.
9 Du solltest dich nicht zum Fenster hinaus(zu)lehnen!
10 Es ist gefährlich, dich zum Fenster hinaus(zu)lehnen!
11 Du mußt es nicht* gleich (zu) machen.
12 Du brauchst es nicht gleich (zu) machen.

---

* **Du mußt nicht** does not mean *you mustn't* but *you don't have to, aren't obliged to!*

A day out

The following verbs are all actions which might be
required when relating events in the past tense. They all
require **sein** in the perfect tense (**ich bin**, *etc.* + *past
participle*). Go through them **a** in the *imperfect tense*
and **b** in the *perfect tense* saying what the person in
question did. Note that all of the verbs apart from the
example are irregular:

e.g. **a** Karl wachte auf**.**
      b Karl **ist aufgewacht**.

1 aufstehen

2 zum Bahnhof gehen

3 in den Zug einsteigen

4 nach Gummersbach fahren

5 in Gummersbach umsteigen

6 in Köln ankommen

7 aus dem Zug aussteigen

8 den ganzen Tag in Köln bleiben

9 nach Hause zurückfahren heimfahren

What are they saying?

Supply the words you think these characters might be saying:

How much can you remember?

1 Tell your correspondent's mother she'll need to get some petrol soon.
2 Say that petrol is more expensive on the motorway.
3 Say you don't need any oil.
4 Say you don't know what the correct tyre pressure is.
5 Say the tyre pressures are 1,6 front, 1,9 rear.
6 Tell someone his/her tyre is damaged.
7 Say that something is wrong with the clutch.
8 Say that you have had a breakdown.
9 Explain over the phone that you are on Bundesstraße 244 between Dardesheim and Langeln.
10 Ask over the phone whether a garage can send someone.
11 Say goodbye (on phone).
12 Say you'll be with someone in about 20 minutes.
13 Say you travelled via Cologne.
14 Say your father is a businessman.
15 Say you travelled to Germany last year by train and boat.
16 Ask where the nearest petrol station is.
17 Ask for 25 litres of high-grade petrol.
18 Ask for the oil to be checked.
19 Ask where you can buy a tyre in the area.
20 Ask whether they can repair your car straight away.
21 Ask whether you can hire a car in the vicinity.
22 Ask whether and where you have to change (trains, etc.).
23 Ask someone to show you where to get out (of bus, etc.)
24 Ask for a second-class single to Bochum.

Background reading

Öffentliche Verkehrsmittel

Sowohl für den Nah- als auch für den Fernverkehr gibt es in der Bundesrepublik Deutschland öffentliche Verkehrsmittel. In kleineren Städten sieht man meistens Busse, während Straßenbahnen fast ausgestorben sind. In Großstädten fahren auch U-Bahnen und S-Bahnen.

Die Fahrpreise sind in den einzelnen Städten verschieden, meistens sind sie aber nicht sehr hoch. Fahrkarten für eine Fahrt, mit denen man auch umsteigen kann, verkauft der Fahrer im Bus. Manchmal gibt es auch Automaten an den Haltestellen. Die Fahrkarten für U-Bahnen sind nur an Automaten, die aber Wechselgeld herausgeben, erhältlich.

Informationen und Fahrpläne kann man in einem Informationsbüro oder am Bahnhof erhalten. Fahrpläne sind in der Regel sehr hilfreich, da die Busse und U-Bahnen fast immer pünktlich sind. Vor allem kann man so auch erfahren, ob und wann Nachtbusse fahren.

Es gibt keine Schaffner in den Transportmitteln oder an den Bahnhöfen, aber manchmal steigen Kontrolleure zu, um zu prüfen, ob jeder Fahrgast einen gültigen Fahrausweis besitzt. Wer keine Fahrkarte hat, muß eine Strafgebühr bezahlen.

Für den Fernverkehr gibt es nur selten Busse, meistens fährt man mit der Bahn. Die Fahrkarten kauft man am Fahrkartenschalter oder, wenn der Schalter geschlossen ist, im Zug selbst. Oft gibt es für kurze Strecken auch Automaten.

Für besonders schnelle oder bequeme Züge (z.B. D-Züge und Inter-City-Züge) muß man einen Zuschlag bezahlen, ebenso natürlich für eine Platzreservierung oder einen Platz im Schlafwagen oder in der 1. Klasse. Anders als in den U-Bahnen gibt es in der Deutschen Bundesbahn Schaffner, die während der Fahrt die Fahrkarten prüfen. Auf langen Strecken kann man entweder Erfrischungen an einem fahrbaren kleinen Büffett kaufen oder im Speisewagen eine Mahlzeit essen. Beides ist aber sehr teuer, so daß es sich empfiehlt, etwas zu essen für die Reise mitzunehmen!

Für den Nahverkehr gibt es Busse.

In Großstädten gibt es auch U-Bahnen.

Für den Fernverkehr fährt man mit der Bahn.

1 What do you understand by 'Nah- und Fernverkehr'?
2 What are the differences between public transport in small and in large towns?
3 What is said about public transport fares?
4 What do we learn about obtaining bus, underground and train tickets?
5 What is said about information and timetables?
6 What is mentioned about conductors and inspectors in buses, underground and Federal German Railway trains?
7 What details are given about eating in trains?

Konversationsübung

Der Wagen/das Auto

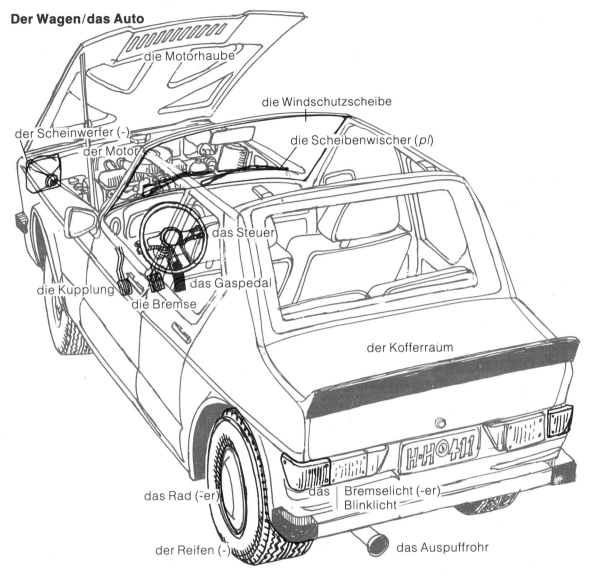

die Motorhaube

die Windschutzscheibe

der Scheinwerfer (-)

die Scheibenwischer (*pl*)

der Motor

das Steuer

die Kupplung

das Gaspedal

die Bremse

der Kofferraum

das Rad ("-er)

das Bremselicht (-er)
Blinklicht

der Reifen (-)

das Auspuffrohr

1 Was für ein Auto hat Ihre Familie?
   (N.B. **der** Ford, **der** Fiat, etc.)
2 Was kostet jetzt ein Auto in
   Großbritannien?
3 Was ist „ein Gebrauchtauto"?
4 Wann haben Sie zum letztenmal eine
   Autopanne gehabt?
5 Was war mit dem Auto nicht in Ordnung?
6 Wie haben Sie es reparieren lassen?
7 Wie nennt man einen Mann, der Autos
   repariert?
8 Dürten Sie persönlich ein Moped, ein
   Motorrad oder ein Auto fahren?
9 Warum (nicht)?

10 Was kostet im Augenblick Benzin in
   Großbritannien?
11 Finden Sie das teuer?
12 Wissen Sie, was Benzin in Deutschland
   kostet?
13 Was nennt man „Normal" und „Super" auf
   Englisch?
14 Was sieht man am Bahnhof?
15 Wo löst man Bahnfahrkarten?
16 Wann sind Sie zum letztenmal mit dem Zug
   gefahren?
17 Wohin fuhren Sie und mit wem?
18 Wann waren Sie das letzte Mal in London?
19 Wie sind Sie dorthin gefahren?

Grammar survey

1 Expressions of quantity

Expressions of quantity which require *of* in English (a bottle *of*, a pound *of*, etc.) do not require an equivalent preposition in German:

e.g. Ich kaufe eine Flasche Wein, ein Pfund Hackfleisch und 250 Gramm Bierwurst. 20 Liter Super, bitte!

2 Accusative in time expressions

In German the accusative is usually used to express the length of time something goes on for, i.e. answering the question **wie lange?**

e.g. Wie lange warst du dort?
Ich war einige Stunden/den ganzen Abend/einen Monat/ein ganzes Wochenende dort.

3 Zu + infinitive

Apart from the modal verbs, which are followed by a plain infinitive (see p. 37), all other verbs and structures which are followed by an infinitive require the addition of **zu**. Its position in relation to the infinitive is as follows:

(*simple verb*) **zu** kaufen (i.e. before the verb)
(*inseparable verb*) **zu** beginnen (i.e. before the verb)
(*separable verb*) aus**zu**gehen (i.e. between the prefix and the infinitive and written as one word)

The **zu** + *infinitive* stands at the *end* of the sentence, and is separated from the main clause by a comma:

e.g. Ich habe keine Lust, in die Stadt **zu fahren**.
Ich hatte keine Gelegenheit, den Kölner Dom **zu besichtigen**.

4 Perfect with 'sein'

In German all intransitive verbs (i.e. those with no direct object) expressing motion or change of state require **sein** and not **haben** as the auxiliary verb in the perfect tense. The past participles of these verbs can be regular or irregular; their formation and use follow the normal rules (see p. 105).

e.g. eilen: Er **ist** in die Küche **geeilt**.
gehen: Ich **bin** ins Dorf **gegangen**.

Note also the verbs **sein**, **bleiben** and **werden** which fall into this category:

e.g. Ich **bin** zweimal in Deutschland **gewesen**.
Ich selbst **bin** zu Hause **geblieben**.
Er **ist** Lehrer **geworden**.

Some of these verbs can be used transitively or intransitively (i.e. with or without a direct object). When they have a direct object, they are conjugated with **haben**; when they do not, they are conjugated with **sein**:

e.g. Ich **bin** in die Stadt **gefahren**.
But Ich **habe** das Auto in die Stadt **gefahren**.

Some of these verbs, which have a direct object in English, require **sein** in German and are followed by an *indirect object* in the *dative*. Two common examples of this are **folgen** and **begegnen**:

e.g. Ich **bin** mein**em** Freund in der Stadt **begegnet**.
Der Hund **ist dem** Jung**en** zur Schule **gefolgt**.

Verbs requiring **sein** are indicated in the verb tables (pp. 207–8) and in the end vocabulary.

5 Dative verbs

Some verbs in German require a *dative* (*indirect*) object where in English there is a *direct* object. Apart from **folgen** and **begegnen** (see above) the following are in common use and should be particularly noted:

antworten, helfen, danken, zuhören, zusehen, glauben*

e.g. Er hilft sein**er** Mutter.
Ich habe **ihm** schon gedankt.
Er antwortete **dem** Lehrer nicht.

The following expressions which require the dative are also very common and should be noted:

Es gefällt **mir** gut/nicht.
Es geht **mir** gut/nicht gut.
Es gehört **mir**.
Es gelingt **mir**, ... zu + *infinitive*.
Es schmeckt **mir** gut/nicht.
Es tut **mir** leid.
Du tust/er, sie tut **mir** leid.
Es tut **mir** weh.
Mir ist kalt/warm.

---

* **Glauben** requires the *dative* when it refers to believing a person, not a fact:
e.g. Ich glaube **es** nicht, *but* Ich glaube **dir** nicht.

Structures

Wann fährt der/die/das nächste …… ab?   When does the next …… leave?

Ich zeige Ihnen, | wo …… *verb* (!)   I'll show you | where ……
Zeigen Sie mir, | Show me |

Würden Sie bitte …… + *infinitive*?   Would you kindly ……?

Ich hätte | …… + *infinitive* sollen.   I/You should have ……
Sie hätten |

Etwas ist mit + *dative* nicht in Ordnung.   Something is wrong with the ……
Ich werde …… + *infinitive*.   I shall ……

9 Die tägliche Routine

Werktags

Ein junger Deutscher erzählt von einem typischen Werktag...

— Ich arbeite bei der Baufirma Fischer und Sohn. Ich arbeite dort seit vier Jahren... im Büro. Die Arbeit beginnt um acht Uhr. An Werktagen stehe ich also gegen halb sieben auf. Ich muß etwa 25 Kilometer zur Arbeit fahren. Früher mußte ich mit dem Bus dorthin. Vor ein paar Monaten aber konnte ich mir einen Kleinwagen kaufen. Die Fahrt von Tür zu Tür dauert jetzt ungefähr eine halbe Stunde... die Fabrik ist jetzt also bequem zu erreichen. Früher brauchte ich fast eine Stunde dazu.
Wie gesagt, fange ich um acht Uhr an und arbeite dann bis zwölf Uhr. Die Mittagspause ist von zwölf bis eins. Ich esse in der Werkskantine. Am Nachmittag arbeite ich dann von eins bis halb fünf. Es gibt weder am Vormittag noch am Nachmittag eine Pause, aber wir holen uns ab und zu einen Kaffee aus dem Getränkeautomaten.
An Werktagen bin ich oft zu müde oder zu faul, um abends auszugehen... oder habe einfach keine Lust dazu. Ich bleibe meistens zu Hause, lese, sehe fern und faulenze. Am Wochenende ist es aber anders! Ich bin nur zum Schlafen zu Hause!

a Answer the following questions:

1 How long has the young man been working for this firm?
2 What sort of firm does he work for?
3 At what time does he get up on workdays?
4 How has his way of getting to work changed lately?
5 What difference has this made to the time the journey takes?
6 What do we learn about his working day?
7 What does he usually do after work and why?
8 How is the weekend different in this respect?

b Wählen Sie die richtige Fortsetzung zu den folgenden Sätzen!

1 Dieser junge Mann...
   a hat gerade bei der Baufirma angefangen.
   b hat schon vier Jahre in der Firma hinter sich.
   c bleibt noch vier Jahre bei der Firma.

2 Seine frühere Busfahrt dauerte...
   a fast doppelt so lang wie die Fahrt mit dem Wagen.
   b genauso lang wie die Fahrt mit dem Wagen.
   c etwas länger als die Fahrt mit dem Wagen.

3 Am Nachmittag arbeitet er...
   a dreieinhalb Stunden.
   b viereinhalb Stunden.
   c fünfeinhalb Stunden.

4 Am ganzen Tag arbeitet er ...
  a sechseinhalb Stunden.
  b siebeneinhalb Stunden.
  c achteinhalb Stunden.

5 Bei Fischer und Sohn hat man ...
  a anderthalb Stunden Mittagspause.
  b eine Dreiviertelstunde Mittagspause.
  c eine Stunde Mittagspause.

6 An Werktagen ...
  a geht der Mann sehr wenig aus.
  b unternimmt der Mann viel
     Interessantes.
  c geht der Mann fast jeden Abend aus.

c Find the German for:

to work for (+ *firm's name*)
at about (+ *clock time*)
a few months ago
half an hour
easy to get to
before, previously
to begin, start (*find two examples*)
a break
from ... till ...
neither ... nor ...
now and again
too tired to ...
I don't feel like it
different

Show-business

Karli Blitz, eine berühmte deutsche Popsängerin, wird interviewt und spricht über einen typischen Tag aus ihrem Leben ...

— ... Ein typischer Tag? Na ja, kein Tag ist wirklich typisch für mich. Zur Zeit bin ich meistens auf Tournee mit Chuck und Udo. Letzte Woche waren wir zum Beispiel in Amsterdam. Wir sind gerade zurückgekommen. Wir übernachteten dort natürlich im Hotel. Ich bin jeden Tag gegen Mittag aufgestanden und bin eine halbe Stunde im Park „joggen" gegangen. Dann habe ich schnell geduscht und allein im Hotelzimmer gefrühstückt. Ich habe mich angezogen und habe mich mit Chuck und Udo unten am Empfang getroffen. Wir sind dann gemeinsam zum Theater gefahren und haben dort etwa zwei Stunden geprobt. Nach der Probe haben wir im Schnellimbiß gegessen ... wir essen nie viel vor einer Vorstellung. Die Vorstellung dauerte von zwanzig bis zweiundzwanzig Uhr dreißig ... wir traten erst um einundzwanzig Uhr auf. Wir mußten aber schon um kurz nach zwanzig Uhr im Theater sein, um uns umzuziehen und uns für die Vorstellung vorzubereiten. Nach der Vorstellung waren wir natürlich erschöpft und hatten einen Bärenhunger. Wir haben also im Restaurant gegessen und sind dann weiter in einen Nachtklub gegangen. Wir waren meistens erst um halb zwei wieder im Hotel. Sie verstehen jetzt wohl, warum ich so spät aufgestanden bin.

a Answer the following questions:

1 What does Karli do for a living and what sort of work is she mainly doing these days?
2 When did she and her companions get back from Amsterdam?
3 What details do we learn about what she used to do before breakfast during her stay there?
4 With whom did she have breakfast and where?
5 Where did she go with her companions and why?
6 What do we learn about their eating habits before a performance?
7 When were they due on stage and when did they actually arrive at the theatre?
8 What details do we learn about what they all did after the performance?

b Jetzt beantworten Sie diese Fragen auf deutsch!

1 Wer sind wohl Chuck und Udo?
2 Erfahren wir, wo dieses Interview stattfindet?
3 Stand Karli früh oder spät auf, als sie in Amsterdam war?
4 Aß Karli viel oder wenig, bevor sie auftrat?
5 Wie lange dauerte die Vorstellung, von der Karli hier spricht?
6 Wie lange dauerte wohl ihre „Nummer"?

c Find the German for:

famous
these days
last week
for example
every day
to (have a) shower
to have breakfast
downstairs
at reception
together
never
before (*a performance, etc.*)
after (*a performance, etc.*)
exhausted
to be hungry
not until (*clock time*)

Am Vormittag/am Abend

The following expressions are useful for talking about morning and evening routine.

AUFWACHEN   AUFSTEHEN   SICH DIE ZÄHNE PUTZEN   ANZIEHEN

122

zu/ins Bett gehen (**bin . . . gegangen**)
schlafengehen (**bin . . . schlafengegangen**)
ausgehen (**bin . . . ausgegangen**)
frühstücken (**habe . . . gefrühstückt**)
das Haus verlassen (**habe . . . verlassen**)
sich auf den Weg machen (**habe mich . . .
    gemacht**)
heimkommen (**bin . . . heimgekommen**)
die Zeitung lesen (**habe . . . gelesen**)
sich ausruhen (**habe mich . . . ausgeruht**)
sich umziehen (**habe mich . . . umgezogen**)
essen (**habe . . . gegessen**)
eine Tasse Tee trinken (**habe . . . getrunken**)

nach unten gehen (**bin . . . gegangen**)
duschen (**habe . . . geduscht**)
hinuntergehen (**bin . . . hinuntergegangen**)
sich anziehen (**habe mich . . . angezogen**)
fernsehen (**habe . . . ferngesehen**)
aufwachen (**bin . . . aufgewacht**)
sich waschen (**habe mich . . . gewaschen**)
seine Hausaufgaben machen (**haben . . .
    gemacht**)
aufstehen (**bin . . . aufgestanden**)
sich die Zähne putzen (**habe mir . . . geputzt**)
sich ausziehen (**habe mich . . . ausgezogen**)

You will have noticed that the above expressions are out
of sequence with the pictures! Try to match them up:

e.g. Bild Nummer eins heißt ,,aufwachen''.
    Bild Nummer zwei heißt ......

Um wieviel Uhr?

The following words are used with clock times and are very useful for saying *when* you do things:

um (etwa/ungefähr) | fünf Uhr etc.
gegen
erst um
von fünf (Uhr) bis sechs (Uhr)

a Pick out ten of the routine activities listed above and say when you do them each day. Be careful with word order:

e.g. **Ich stehe** um halb acht auf.
Um halb acht **stehe ich** auf.

b Now repeat this in the perfect tense to describe when you did them yesterday, last week, etc.

e.g. **Ich bin** um halb acht aufgestanden.
Um halb acht **bin ich** aufgestanden.

Wozu?

a The following reasons for going to places are mixed up. Unscramble them!

1 Man geht in einen Nachtklub ......, um Briefmarken zu kaufen!
2 Man geht zum Fundbüro ......, um zu lernen!
3 Man geht auf die Bank ......, um dort zu übernachten!
4 Man geht auf die Post ......, um sein Auto zu holen!
5 Man geht auf den Markt, ... um fernzusehen!
6 Man geht ins Wohnzimmer, ... um einzukaufen!
7 Man geht in ein Hotel, ... um spazierenzugehen!
8 Man geht ins Parkhaus, ... um eine Show zu sehen!

Wie lange?

Note how the accusative is used to say *how long* someone stayed somewhere or did something:

eine Stunde
zwei Stunden
einen Tag
den ganzen Vormittag/Nachmittag/Abend
eine Woche
einen Monat
ein (ganzes) Jahr

a Answer the following questions using lengths of time like those above. Then say what the questions and your answers mean.

1 Wie lange warst du bei den Müllers?
2 Wie lange hat der Film gedauert?
3 Wie lange hat die Überfahrt gedauert?
4 Wie lange brauchst du, um zur Schule zu kommen?
5 Wie lange warst du in Deutschland?
6 Wie lange mußtest du warten?
7 Wie lange hast du Klavier geübt?
8 Wie lange warst du in der Stadt?

b Make up a further six questions of your own, starting with the words **Wie lange...?**

9 Man geht in die Schule, ... um Geld zu bekommen!
10 Man geht in den Park, ... um nach verlorenen Sachen zu fragen!

b Complete the following sentences by giving reasons of your own why you are going to the places mentioned. Then say what the sentences mean.

1 Ich fahre in die Stadt, um ......
2 Ich gehe in die Küche, um ......
3 Morgen gehe ich ins Kino, um ......
4 Heute abend gehe ich ins Theater, um ......
5 Am Wochenende fahren meine Familie und ich aufs Land, um ......

Small ads

Here is a selection of 'small ads' from a German newspaper. Read them carefully and then answer the questions below:

1 What sort of jobs are being looked for under 'Stellengesuche'?

2 What jobs are on offer under 'Stellenangebote'?

3 What do you think the following abbreviations mean?
   J. su. FS Std. Mo. bis Fr.

4 What do you think 'Essen auf Rädern' is?

5 Prepare an advert for holiday work for yourself in, say, five years time. Give your age. Say you are an English/Scottish, etc. student. Assume you have a driving licence. Say you speak quite fluent German. Say you're not frightened of hard work and don't mind what sort of work it is. Say you can start at once.
   Remember – you're paying for the advert, so keep it as short as possible! You'll find some useful expressions in the adverts above.

6 Prepare an imaginary phone call in answer to either the 'Kellner und Bedienungen' or the 'Bar- und Tischdamen' adverts. Tell them your age (assume you are 18+). Explain that you are English/Scottish, etc. and have lived in Germany for a certain length of time. Say you have done this sort of work in England, Scotland, etc. as holiday work. Say where, and how long for. Ask what the hours are, how many and which days in the week. Ask what the wages are. Arrange a time to go and see them.

Stellengesuche

Viels. orientierter Mann
37 J., auch an selbständiges Arbeiten gewöhnt, sucht im Raum Bayreuth-Kulmbach Arbeit gleich welcher Art. Angebote unter K 9961 an den Verlag

Junger Mann
sucht Arbeit, handwerkl. oder Landwirtsch. Angeb. unt. B 4593 a. d. Verl.

Friseuse
su. Arbeitsplatz, an selbständ. Arbeiten gewöhnt. Tel. 0921/93293, ab 18.30 Uhr.

Kaufm. Angestellte
in ungek. Stellung, sucht neue Anstellung. Zuschr. u. B 4331 a. d. Verl.

33jähr. sucht Arbeit
Führerschein Kl. III. Bayreuth, Postfach 2506.

Junger Mann
20 J., FS Kl. III, su. Arbeit, gleich welcher Art. Zuschr. u. B 4292 a. d. Verl.

44jähriger Handwerker
vielseitig orientiert, Elektro-Schweißer, nicht arbeitsscheu, sucht Arbeit, gleich welcher Art, in Bayreuth oder Kulmbach. Angeb. u. K 9990 an den Verl.

Stellenangebote

Kellner und Bedienungen
für Speisegaststätte zum sofortigen Eintritt gesucht. Telefon 09273/386

Biete risikolose, nebenberufliche
Beschäftigung
an Ihrem Wohnort, freie Zeiteinteilung, Verdienst nach Leistung, keine Vertretertätigkeit. Terminabsprache: Tel. (09471) 6704.

Junge, charmante
Bar- und Tischdamen
gesucht, guter Verdienst, bestes Arbeitsklima, in Lichtenfels/Ofr. Tel. 09573/1526, ab 20 Uhr.

Fleißige ehrl. Putzfrau
ca. 4 Std., 14tägig gesucht. Zuschriften unt. K 9991 a. d. Verlag.

Teilzeit – Freizeit
Bei dieser Verdienstmöglichkeit für Hausfrauen können Sie selbst bestimmen wann und wieviel Sie verdienen wollen. Tel. 44643, v. 9-16 Uhr.

Raumpflegerin
als Urlaubsvertretung vom 9. 8. bis 27. 8. 82, halbtags, von 8 bis 12 Uhr gesucht.
EINRICHTUNGSHAUS SCHAUTZ
Luitpoldplatz 10, 8580 Bayreuth

Wer ist bereit, der Aktion „Essen auf Rädern" während der Ferienzeit zu helfen?
Voraussetzung: eigener Pkw u. gültiger Führerschein. Näheres von Mo. bis Fr. von 8–12 Uhr unter Tel.-Nr. (0921) 12155.

Wie spät ist es?

Express the following times **a** in 'ordinary clock' terms
b in 24-hour clock terms.
Remember to add **vormittags**, **nachmittags** or **abends**
to 'ordinary' clock times to avoid misunderstanding.

— Wie spät ist es?
— Es ist ......

What are they saying?

Supply the words you think these characters might be saying:

How much can you remember?

1 Say you'd like to watch television.
2 Say you're exhausted.
3 Say you'd like to go to bed now.
4 Say the bank is easy to get to.
5 Say you want to go into town to do some shopping.
6 Say the journey lasts about an hour.
7 Tell your German friend you'll be travelling into town by bus.
8 Say you won't be coming home until about 11 o'clock.
9 Say the performance begins at 7.30.
10 Say your father works for (a firm called) Jones and Son.
11 Explain that dinner break is from 12 until 1.15.
12 Say there is neither coffee nor tea.
13 Say you go jogging for half an hour each morning.
14 Say you must get changed.
15 Say you never eat much in the morning.
16 Ask whether your German friend would like to watch the television.
17 Ask how long the journey will take.
18 Ask when the film begins.
19 Ask whether your German friend wants to go out.
20 Ask when you must get up.
21 Ask whether your German friend has to do any homework.
22 Ask whether he/she would like a shower.
23 Ask whether you can have a shower.

Background reading

Der Arbeitstag in der Bundesrepublik Deutschland

In der Bundesrepublik Deutschland müssen viele Leute sehr früh aufstehen. In manchen Fabriken beginnt die Schicht schon um 6^{00} Uhr morgens, während Schulen und Büros zwischen 7^{00} Uhr und 8^{00} Uhr anfangen. Geschäfte öffnen meist erst gegen 9^{00} Uhr.

Nur wenige Menschen wohnen dicht bei ihrem Arbeitsplatz; so müssen die meisten mit dem Auto, der U-Bahn oder dem Bus von den Vorstädten in das Stadtzentrum zur Arbeit fahren. Seit wenigen Jahren benutzen viele auch das Fahrrad, um Geld und Energie zu sparen.

Viele Dörfer und kleine Städte haben nicht genug Arbeitsplätze, so daß die Bewohner oft jeden Tag als Pendler in die nächste Stadt fahren müssen, um Geld zu verdienen.

Zu Mittag kann man in der Kantine essen.

Fast überall haben die Arbeiter und Angestellten nach ungefähr zwei Stunden eine bezahlte kurze Frühstückspause, in der sie mit ihren Kollegen Kaffee trinken und vielleicht ein Brötchen essen. Gegen 12^{00} oder 1^{00} Uhr hat man dann für eine halbe Stunde eine unbezahlte Mittagspause. In vielen größeren Betrieben gibt es eine Kantine, in der man ein warmes Mittagessen bekommen kann. Qualität und Preis der Kantinen sind sehr unterschiedlich. Viele Leute nehmen sich aber auch einfach belegte Brote mit, weil sie abends zu Hause mit ihrer Familie warm essen wollen. Nachmittags gibt es oft noch eine sehr kurze Kaffeepause.

Nach achteinhalb Stunden (acht Stunden Arbeit und einer halben Stunde Mittagspause) ist der Arbeitstag für die meisten Leute zu Ende. Oft dauert es aber noch eine Stunde, bis sie zu Hause sind, weil der Weg so weit ist. Am Feierabend sind viele Leute zu müde, um noch etwas zu unternehmen, aber manche nützen ihre Freizeit für ihre Hobbies. Da der Tag so früh beginnt, müssen sie aber auch früh ins Bett gehen.

Feierabend: man geht nach Hause.

1 What does the text tell us about the times when people begin work in Germany?
2 What different means of transport are mentioned in the text and what is said about them?
3 What is said in connection with small towns and villages?
4 What kinds of breaks in the working day are talked about?
5 What is said about the timing and length of these breaks?
6 What details are given about eating arrangements in factories?
7 What is said about the length of the working day?
8 What comments are made about after-work hours?

Konversationsübung

Im Büro

der Kunde (-n)

die Notizen

das Poster (-s)

der | Direktor
Boß
Chef

diktieren

die Empfangsdame

die | Sekretärin
Stenotypistin

aufschreiben

tippen

das Blatt (¨er)
der Bogen (-)

Papier

das Tonbandgerät (-e)

die Schreibmaschine (-n)

das Telefon

der Empfang

das Paket (-e)

die Waage

die Post

der Brief (-e)

der Umschlag (¨e)

1 Arbeiten Ihre Eltern im Büro?
2 Wo findet man ein Büro?
3 Wer diktiert Briefe und wer tippt sie?
4 Wo bekommt man im Bürogebäude, im Hotel, usw., Auskunft?
5 Wo waren Sie gestern um diese Zeit?
6 Um wieviel Uhr stehen Sie an einem Schultag auf?
7 Und am Wochenende?
8 Wann sind Sie heute aufgestanden?
9 Was machen Sie, bevor Sie frühstücken?
10 Was haben Sie heute gemacht, nachdem Sie gefrühstückt hatten?
11 Wie weit von zu Hause arbeitet Ihr Vater/ Ihre Mutter?
12 Wie lange dauert seine/ihre Fahrt zur Arbeit?
13 Wer bleibt also zu Hause?
14 Wer verläßt zuerst das Haus?
15 Wann haben Sie heute vormittag das Haus verlassen?
16 Wie oft gehen Sie am Abend aus?
17 Wie oft sehen Sie fern?
18 Wie lange brauchen Sie im Durchschnitt, um Ihre Hausaufgaben zu machen?
19 Was mußten Sie gestern abend als Hausaufgabe tun?
20 Haben Sie schon einmal im Hotel übernachtet? Wann und wo?
21 Wann ziehen Sie sich um?
22 Um wieviel Uhr sind Sie gestern abend ins Bett gegangen?

128

Grammar survey

1 In order to...

In order to... is expressed in German by **um... zu** + *infinitive*. Note that **um** stands at the beginning of the clause, **zu** + *infinitive* at the end. The rules for the position of **zu** in relation to the infinitive are given on p. 119.

> e.g. Ich fahre in die Stadt, **um** ein paar Einkäufe **zu machen**.
> Ich gehe in eine Telefonzelle, **um** meine Freundin **anzurufen**.

The **um... zu** clause is separated from the main clause by a comma.

2 Most of/both of

The expressions *most of* and *both of* are both adjectives in German, **meist-** and **beid-**; consequently they must have the appropriate adjectival endings (see p. 209).

> e.g. most of the time, **die meiste** Zeit
> most of the schoolchildren, **die meisten** Schüler
> both of the children, **die beiden** Kinder
> **beide**

3 Genitive expressing indefinite times

The genitive case is often used to express indefinite time; this is the equivalent of the kind of expressions one hears in certain English dialects ('I go(es) there *of a Saturday afternoon*').

One way it is used is to refer to a particular, but unspecified, time, i.e. 'one day', 'one morning', etc.:

> **eines Tages, eines Morgens, eines Nachmittags, eines Abends**

These expressions can include an adjective:
> Eines bitterkalten Dezemberabends...
> Eines herrlichen Sommertages...

It can also be used with parts of the day to indicate when something occurred, either once or regularly, i.e. 'in the morning', 'every morning':

> **morgens, vormittags, nachmittags, abends, nachts**

These are adverbs and therefore do not have capital letters. The last of these, which means 'in the night', 'at night', is not the grammatically correct genitive form of **die Nacht**, but is formed by analogy with the others.

The genitive is also used in similar fashion with the days of the week, meaning 'on Monday(s)', 'every Monday', etc.:

> **montags, dienstags, mittwochs,** etc.

Structures

Ich (+ *present tense*) seit + *dative*.   I've been _____ing for ......
Es gibt weder ...... noch ......   There is neither ...... nor ......

Ich bin zu | müde | , um...... zu + *infinitive*.   I'm too | tired | to ......
 | faul | | lazy |
 | krank, etc. | | ill, etc. |

Ich gehe + *infinitive*.   I'm going _____ing.
Ich bin + *infinitive* gegangen.   I went/have been _____ing.

10 Wir gehen einkaufen

🜨 Auf dem Markt

An einem Gemüsestand auf dem Markt . . .

— Wieviel kosten bei Ihnen die Tomaten?
— 99 Pfennig das Pfund. Greifen Sie zu, sie sind heute spottbillig.
— Ja, dann nehme ich ein Kilo. Ich will einen Salat machen. Sie sollten reif sein, aber nicht überreif.
— Die dort sind ganz bestimmt nicht zu weich. (*Wiegt die Tomaten.*) Darf es etwas mehr sein?
— Ja! Ich möchte auch noch sechs Bananen und drei Pfund von diesen grünen Äpfeln.
— Die dort sind ziemlich sauer.
— Sie sollten nicht zu süß sein. Ich brauche sie zum Backen.
— Sollen die Bananen schon reif sein?
— Nein, sie können ruhig etwas grün sein.
— Darf es sonst noch etwas sein?
— Nein, danke. Das ist alles.
— Zusammen macht das dann DM 10,25.
— Bitte. (*Reicht einen Zwanzigmarkschein.*)
— Haben Sie es nicht kleiner?
— Nein, tut mir leid.
— Dann muß ich Ihnen mein letztes Wechselgeld geben. So, bitte . . . Wiederseh'n.

a Answer the following questions:

1 Where exactly is the lady doing her shopping?
2 What does the man say about the tomatoes?
3 What sort of tomatoes does the lady want and why?
4 What sort of apples does she buy and what does she want them for?
5 What sort of bananas does she buy?
6 Why is the man a bit put out when she pays?

b Find the German for:

how much is/are . . . ?
. . . a/per pound
dirt cheap
I'll take/have . . .
is/was there anything else?
I'd also like . . .
those over there
that's all (I want)
altogether that makes/comes to . . .
have you got anything smaller?
I'm sorry

130

c The following pairs of sentences describe what is going on in the dialogue. Join them together using firstly **denn** and then **weil**. Look very carefully at the word order in each case and follow it in your own sentences:

e.g. Die Frau kauft die Tomaten. Sie sind spottbillig.
  (i) Die Frau kauft die Tomaten **denn sie sind** spottbillig.
  (ii) Die Frau kauft die Tomaten, **weil sie** spottbillig **sind**.

1 Sie kauft ein Kilo Tomaten. Sie will einen Salat machen.
2 Die Tomaten sind gut. Sie sind schön reif.
3 Sie will keine süßen Äpfel. Sie braucht die Äpfel zum Backen.
4 Sie reicht dem Gemüsehändler einen Zwanzigmarkschein. Sie hat es nicht kleiner.
5 Der Gemüsehändler findet das ärgerlich. Er muß ihr sein letztes Wechselgeld geben.

Alles durcheinander!

The following shopping list has got a bit muddled. Try to unscramble it!

1 eine Tube Äpfel
2 2 Stück Schinken
3 ein Kilo Mineralwasser
4 200 Gramm Streichhölzer
5 eine große Flasche Seife
6 eine Schachtel Orangenmarmelade
7 ein Päckchen Zahnpaste
8 5 Kilo Gummihandschuhe
9 ein Paar Bonbons
10 ein großes Glas Kartoffeln
11 eine Tüte Lagerbier
12 6 Dosen Zigaretten

Wieviel?

Say how many you want of the following fruits/vegetables:

der Apfel (Äpfel) die Tomate (-n) die Kartoffel (-n) die Birne (-n)

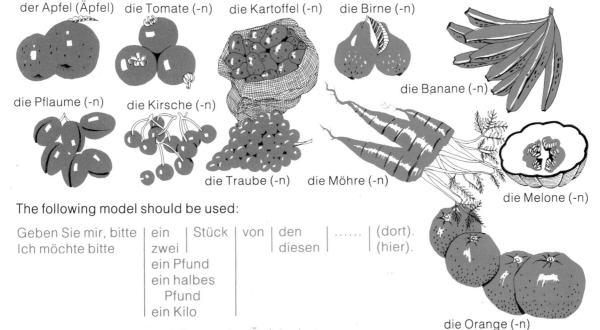

die Banane (-n)

die Pflaume (-n) die Kirsche (-n)

die Traube (-n) die Möhre (-n)

die Melone (-n)

die Orange (-n)

The following model should be used:

Geben Sie mir, bitte Ich möchte bitte	ein zwei ein Pfund ein halbes Pfund ein Kilo	Stück	von	den diesen	......	(dort). (hier).

e.g. Ich möchte bitte ein Kilo von den Äpfeln dort.

⊘ Geschenke und Andenken

Ein englisches Mädchen sucht Geschenke...

— Guten Tag... Was darf es sein?
— Ich suche ein Geschenk für meinen Bruder und eins für meine Schwester. Darf ich mir etwas ansehen?
— Selbstverständlich. Bitte schön, bitte schön!
— Sagen Sie mir... Was kosten diese Taschenmesser hier?
— Die dort kosten DM 35.
— Das ist mir ein bißchen zu teuer. Haben Sie etwas anderes... etwas Billigeres?
— Jawohl... In der Ecke da drüben sind viele andere Messer zu verschiedenen Preisen.
— Ich glaube, ich nehme dieses.
— Das kostet DM 13,40.
— Bitte, was kosten die Ketten dort?
— DM 7... Das ist geschenkt zu dem Preis, nicht wahr?
— Ich nehme eine für meine Schwester.
— Wollen Sie, daß ich es als Geschenk einpacke?
— Ja, bitte.
— Getrennt, oder?
— Ja, bitte... getrennt.
— So... Das macht insgesamt DM 20,40.
— Bitte, ich habe es sogar klein.
— Vielen Dank... Auf Wiedersehen.

a Answer the following questions:

1 What is the girl looking for?
2 What is the first article she enquires about and what does she think about the price she is quoted?
3 What does she find in the corner of the shop?
4 What is the second article she enquires about and what does the shopkeeper say about its price?
5 How does he wrap the articles up?
6 What do we learn about the way she pays the money?

b Find the German for:

what would you like?
I'm looking for...
of course, please do! (*two expressions*)
that's a bit too pricey for me!
something else
something cheaper
in the corner
over there
it's a bargain!
separately
all together
I've even got the odd change

132

c Finden Sie die richtige Definition!

1 „Getrennt" bedeutet
   a „zusammen".
   b „nicht zusammen".
   c „miteinander".

2 „Das ist geschenkt!" bedeutet
   a „Das ist sehr preiswert!"
   b „Das ist sehr teuer!"
   c „Das ist nicht den Preis wert!"

3 „Selbstverständlich!" bedeutet
   a „unmöglich!"
   b „natürlich!"
   c „ausgeschlossen!"

4 „Insgesamt" bedeutet
   a „zusammen".
   b „einzeln".
   c „stückweise".

5 „Haben Sie etwas anderes?" bedeutet
   a „Ich nehme das."
   b „Das gefällt mir gut."
   c „Ich mag das nicht."

Was darf es sein?

The following expressions are useful for asking about
certain articles in a shop:

Ich suche	einen (*adjective*)	-en	+ *noun*.
	eine	-e	
	ein	-es	

Haben Sie bitte + *plural noun*?

Was	kostet	der/dieser	+ *noun*	hier	?
		die/diese		dort	
		das/dieses			
	kosten die/diese + *plural noun*				

Ich	nehme	bitte	den/diesen	hier.
	möchte		die/diese	dort.
			das/dieses	

Geben Sie mir bitte

a Make up a series of mini-dialogues about the following
articles using the above expressions:

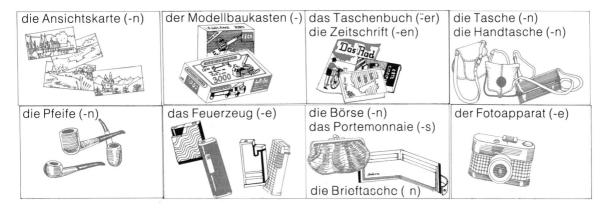

| die Ansichtskarte (-n) | der Modellbaukasten (-) | das Taschenbuch (¨er) die Zeitschrift (-en) | die Tasche (-n) die Handtasche (-n) |
| die Pfeife (-n) | das Feuerzeug (-e) | die Börse (-n) das Portemonnaie (-s) ... die Brieftasche (n) | der Fotoapparat (-e) |

b Now do the same thing with eight articles of your own choosing.

⊘ „Klamotten" kaufen

Karin und Ingrid gehen einkaufen...

— Ich brauche eine neue Bluse und vielleicht auch eine neue Kordhose, wenn ich eine im Sonderangebot bekommen kann – kommst du mit?
— Oh ja, dann kann ich auch gleich nach einem schönen Pullover gucken.
— Ich finde, wir sollten in ein Kaufhaus gehen: da bekommen wir gleich alles, was wir brauchen.
— Laß uns doch zu Karstadt gehen!

....

— Entschuldigen Sie bitte, wo ist die Damenbekleidungsabteilung?
— Im zweiten Stock. Sie können die Rolltreppe benutzen.

....

— So, hier sind wir richtig. Guck mal, da drüben ist ein ganzer Ständer mit herabgesetzten Kordhosen und Jeans!
— Meine Größe ist natürlich wieder nicht dabei... für kleine Frauen haben sie fast nie etwas.
— Ich probiere mal diese braune Hose in der Umkleidekabine an... So, findest du, daß sie mir paßt? Ist sie nicht ein bißchen zu eng?
— Sie sieht nicht zu eng aus... außerdem steht sie dir gut. Ich habe auch schon für mich einen Rollkragenpullover entdeckt...Wie findest du ihn?
— Na, der sieht wirklich schick aus! Gut, dann haben wir ja schon fast alles, was wir brauchen. Nur die Bluse fehlt noch...Diese hier gefällt mir...aber nicht in Grün. Siehst du sie in Blau?
— Was sagst du denn zu dieser hier? Es ist zwar kein Sonderangebot...
— Das macht nichts. Aber meinst du nicht, daß das Blau etwas zu dunkel ist?
— Nein, ganz im Gegenteil...Du bist blond und dunkelblaue Kleidung steht dir gut. Und das ist auch die Farbe, die am besten zu Jeans paßt.
— Na gut...Ich nehme sie auch zu der Hose. Laß uns jetzt die Sachen bezahlen. Wo ist denn die Kasse?
— Da drüben...

a Answer the following questions:

1 What are Karin and Ingrid hoping to buy?
2 Where do they decide to go?
3 How do they get to the department they require?
4 What does Karin try on?
5 What does she think might be wrong with it?
6 What does her friend think?
7 What two reasons does Ingrid give for suggesting dark blue as a good colour for the other item Karin buys?

b Finden Sie die richtige Definition!

1 „Es paßt mir nicht" bedeutet
    a „Es ist nicht die richtige Größe."
    b „Es ist nicht zu groß."
    c „Es sieht nicht so schlecht aus."

2 „Herabgesetzt" bedeutet
    a „teuerer als früher".
    b „billiger als vorher".
    c „nicht besonders preiswert".

3 „Was meinst du?" bedeutet
    a „Was möchtest du?"
    b „Was willst du?"
    c „Was denkst du?"

4 „Wir haben fast alles" bedeutet
    a „Wir haben noch wenig zu kaufen."
    b „Wir müssen noch viel kaufen."
    c „Wir brauchen nichts mehr zu kaufen."

5 „Ich habe ...... entdeckt" bedeutet
    a „Ich habe ...... verlegt."
    b „Ich habe ...... gefunden."
    c „Ich habe ...... bezahlt."

c Find the German for:

I need ...
(on) special offer
do you want to come with me?
to look for
department store
everything we need
ladies' clothes department
on the second floor
to use
escalator
look!
reduced (in price)
I'll try ... on
changing room
it fits me
a bit small, tight
it suits you
what do you think of ......? (*two expressions*)
that doesn't matter
don't you think ...?
quite the contrary
it goes with ... (i.e. does not clash with ...)

Reklamation

Karin findet einen Fehler an der Kordhose und bringt sie am folgenden Tag zum Warenhaus zurück ...

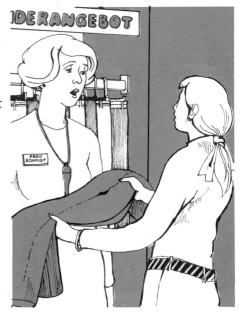

— Guten Tag. Ich möchte diese Kordhose reklamieren. Ich habe sie gestern bei Ihnen herabgesetzt gekauft, aber erst zu Hause habe ich gemerkt, daß eine Naht kaputt ist. Sehen Sie, hier.
— Eigentlich sind ja Sonderangebote vom Umtausch ausgeschlossen ... aber wenn die Naht tatsächlich nicht in Ordnung ist ... Haben Sie Ihre Quittung mit?
— Moment mal, sie ist in meinem Portemonnaie. Ja, hier, da ist sie.
— Danke. Möchten Sie sich etwas anderes aussuchen?
— Ich möchte lieber das Geld zurückhaben, wenn das möglich ist.
— Ja, natürlich. Hier sind die DM 35.
— Bitte, hier ist die Hose. Ich lasse sie Ihnen in der Tüte. Auf Wiedersehen.

a Wählen Sie die richtige Antwort!

1 Karin brachte die Kordhose zurück, . . .
  - **a** weil sie damit völlig zufrieden war.
  - **b** weil etwas damit nicht in Ordnung war.
  - **c** weil sie nicht im Sonderangebot gewesen war.

2 Karin hat den Fehler an der Hose gemerkt, . . .
  - **a** als sie aus dem Warenhaus ging.
  - **b** als sie heimkam.
  - **c** als sie noch in der Damenbekleidungsabteilung war.

3 Die Verkäuferin wollte die Hose zuerst nicht umtauschen, . . .
  - **a** weil Karin sie als Sonderangebot gekauft hatte.
  - **b** weil sie schon viele Hosen hatte.
  - **c** weil Karin noch nicht gezahlt hatte.

4 Karin wollte keine andere Hose nehmen, . . .
  - **a** weil sie lieber ihr Geld zurückhaben wollte.

  - **b** weil es keine anderen Hosen im Laden gab.
  - **c** weil die Kordhose DM 35 gekostet hatte.

b Find the German for:

a fault
to bring back
to claim one's money back on . . .
not until I got home
I noticed
a seam
actually, really (*two words*)
I'd rather . . .
if that's possible

SONDERANGEBOTE

Complaints

The following expressions are useful when you need to take something back to a shop and complain:

Ich möchte diesen/diese/dieses (+ *noun*) reklamieren.
Dieser/Diese/Dieses (*noun*) | hat einen Fehler.
| funktioniert nicht (richtig).

Erst zu Hause/heute/gestern, *etc.* habe ich gemerkt, daß . . . + *verb*.
Ich habe ihn/sie/es (wann?) bei Ihnen gekauft.

Ein/Eine/Ein (*noun*) | fehlt.
Der/Die/Das (*noun*) | ist kaputt.
Einer/Eine/Eines der (*plural noun*) |

Die (*plural noun*) | fehlen.
| sind kaputt.

Etwas ist mit | dem/der/dem (*noun*) | nicht in Ordnung.
| den (*plural noun*) |

Complain about a number of items, imagining what might be wrong with them. Use the expressions above:

e.g. Entschuldigen Sie. Ich möchte bitte dieses Modellrennauto reklamieren. Ich habe es vorgestern als Geschenk für meinen Bruder bei Ihnen gekauft. Erst gestern habe ich gemerkt, daß eins der Räder fehlt!

Was meinst du denn?

Give your opinion about the clothes which the friends in the illustrations below have just bought. The following expressions will be useful:

| Der/Die/Das (*noun*)
Er/Sie/Es | steht dir
paßt dir | (nicht) gut.
ausgezeichnet. |
| Die (*plural noun*)
Sie | stehen dir
passen dir | prima.
gar nicht. |

| Er/Sie/Es ist
Sie sind | ein bißchen
viel | zu | kurz.
lang.
eng.
groß. |

| Er/Sie/Es sieht
Sie sehen | gut
prima/Klasse/sagenhaft
schick
lächerlich/komisch
schrecklich/scheußlich | aus! |

1. Schöne Krawatte, was?
2. Ich kaufe mir die Sonnenbrille, oder?
3. Schau mal! Ich habe einen prima Rock entdeckt.
4. Ich habe gerade einen neuen Anzug gekauft.
5. Wie steht mir der Hut?
6. Gefällt dir die Jacke?
7. Was sagst du zu den Stiefeln?
8. Was hältst du vom neuen Kleid?

Join them up!

Join the following pairs of sentences with the conjunctions suggested in brackets. (Check word order on p. 141 if not sure.) Then say what the sentences mean:

1 Wir fahren nicht hin. Das Wetter ist kalt und naß. (wenn)
2 Wir müssen dorthin laufen. Das Auto hat eine Panne. (weil)
3 Ich verlor es. Ich war in der Stadt. (als)
4 Ich warte. Du bist fertig. (bis)
5 Ich wußte nicht. Die Landschaft hierzulande ist so schön. (daß)
6 Weißt du? Kommen die Müllers mit? (ob)
7 Ich fuhr in die Stadt. Ich hatte einen Brief an meine Eltern geschrieben. (nachdem)
8 Er spielt gut. Er spielt zum erstenmal. (obgleich/obwohl)
9 Vater kam früher als gewöhnlich nach Hause. könnten aufs Land fahren. (damit)
10 Sein Fuß rutschte aus. Er fiel hin. (so daß)

What are they saying?

Supply the words you think these characters might be saying:

How much can you remember?

1 Say you want a pound of apples and 250 grammes of ham.
2 Ask how much the potatoes are.
3 Say you are looking for a present for your parents.
4 Say that something is a bit too expensive.
5 Say you have the right money.
6 Say you're sorry but you haven't anything smaller.
7 Say you'd like a certain item.
8 Say it doesn't matter.
9 Say you'd like to try on a certain item of clothing.
10 Say you'd like your money back on a shirt.
11 Tell the salesperson to look... there is something wrong with the collar and a button is missing.
12 Say an item of clothing suits your friend.
13 Say you've got nearly everything you want.
14 Say you'd like to change a certain item as this one is faulty.
15 Say you've forgotten your receipt.
16 Ask whether you may look around.
17 Ask whether they have something cheaper.
18 Ask the salesperson to wrap the item up.
19 Ask how much that is altogether.
20 Ask a friend whether he/she is coming with you.
21 Ask a friend whether he/she thinks a certain item of clothing suits you.
22 Ask whether the pullover goes with the trousers you're wearing.
23 Ask whether they have a certain article in red.

Background reading

Geschäfte in der Bundesrepublik Deutschland

Im Allgemeinen sehen die Geschäfte in der Bundesrepublik ähnlich wie in Großbritannien aus. Es gibt immer mehr große Kaufhäuser und Supermärkte, und immer weniger kleine Läden, in denen man noch von einer Verkäuferin hinter dem Ladentisch bedient wird.

Ein Supermarkt.

Es gibt jedoch einige Geschäfte, die man in Großbritannien nicht findet. Brot, Brötchen (die in Deutschland gerne morgens zum Frühstück gegessen werden) und Kuchen kauft man in einer Bäckerei, die meistens schon um sieben Uhr morgens geöffnet ist! So können die Leute frisches Brot und frische Brötchen für ihr Frühstück kaufen, bevor sie zur Arbeit gehen.

Eine Bäckerei-Konditorei.

Torten und viele Sahne- und Obstkuchensorten kauft man in einer Konditorei, die meist erst gegen neun oder zehn Uhr aufmacht. Manche dieser Konditoreien haben auch ein Café. Dort kann man sich an einen Tisch setzen, um Kaffee und Kuchen in Ruhe zu genießen. Viele Menschen gehen gerne am Sonntagnachmittag ins Café!

Medikamente (rezeptpflichtige und rezeptfreie) muß man in einer Apotheke kaufen. Die Preise für diese Waren sind in jeder Apotheke gleich. Dinge wie Seife, Zahnpaste, Haarshampoo, Toilettenpapier usw., aber auch Babynahrung und einfache Medikamente wie Kopfschmerztabletten, kann man in einer Drogerie finden. Große Drogerie-Supermärkte sind meistens billiger als kleine, und auch billiger als Apotheken. Wie in England gibt es spezielle Geschäfte für Zeitungen, Zeitschriften und Tabakwaren, aber es gibt selten Geschäfte, die nur Alkohol verkaufen, denn in der Bundesrepublik Deutschland braucht man keine Lizenz dafür.

Eine Apotheke.

Geschäfte in Deutschland schließen um sechs Uhr abends ungefähr. Auch samstagnachmittags und sonntags bleiben sie gewöhnlich geschlossen.

1 What changes in types of shop are said to be taking place in Germany?
2 What do we learn about German baker's shops?
3 What do Germans often have for breakfast which would be very rare in Great Britain?
4 What are 'Konditoreien' and what details are given about them?
5 What are 'Apotheken' and what do we learn about them?
6 What can be bought in 'Drogerien'?
7 Why are off-licences not found in Germany?
8 When do shops close in Germany?

Konversationsübung

Die Kleider

der Hut (¨e)
der Regenmantel (¨)
das Hemd (-en)
das Kleid (-er)
der Mantel (¨)
die Krawatte (-n)
die Jacke (-n)
der Pullover (-)
der Pulli (-s)
die Bluse (-n)
das T-shirt (-s)
die Hose (-n)
der Rock (¨e)
die Strumpfhose (-n)
die Socke (-n)
die Jeans (*pl*)
der Stiefel (-)
der Schuh (-e)

1 Wer in Ihrer Familie kauft meistens ein?
2 Wie weit von Ihrem Haus sind die nächsten Läden?
3 Was für Läden sind das?
4 Wohin geht man, um Brot zu kaufen?
5 Und um Obst und Gemüse zu kaufen?
6 Wo kauft man Papier und Umschläge?
7 Und Fleisch?
8 Warum sind Supermärkte so praktisch?
9 Was verstehen Sie unter dem Wort „Einkaufszentrum"?
10 Was für Lebensmittel liefert man Ihnen ins Haus?
11 Was tragen Sie im Moment?
12 Was für Kleidungsstücke haben Sie sich in den letzten paar Wochen gekauft?

13 Was haben sie gekostet?
14 Wer hat sie bezahlt?
15 Was ist der Unterschied zwischen der Kleidung, die Sie zur Schule tragen und der Kleidung, die Sie am Wochenende anziehen?
16 Welche Kleidung steht Ihnen am besten, Ihrer Meinung nach?
17 Mußten Sie einmal einen Artikel reklamieren? Was war damit los?
18 Wann haben Sie den Fehler gemerkt?
19 Haben Sie den Artikel umgetauscht oder Ihr Geld zurückbekommen?
20 Was ist Wechselgeld?

140

Grammar survey

1 Indefinite numerals (plural)

It has already been noted that the nominative and accusative ending of adjectives which stand on their own in front of a plural noun is **-e** (see p. 51) and that their ending after **die**, **diese**, **meine**, etc. is **-en** (see p. 78). However, after the following indefinite numerals, the strong **-e** ending is required:
einige, mehrer, viele, wenige, ein paar

> e.g. einige jung**e** Schüler
> viele deutsch**e** Kinder

2 This, that, this one, that one

This and *that* are expressed in German by, respectively, **dieser/diese/dieses** and **jener/jene/jenes**. However, **jener**, etc. sounds rather old-fashioned and is usually replaced by:
dieser/diese/dieses + *noun* + **dort**
(literally *this ...... there*)
or **der/die/das** + *noun* + **dort**
(literally *the ...... there*)

> e.g. dieser │ Mann dort
> der │

Of course **dieser**, **der**, etc. can be in any case:

Siehst du │ dies**en** │ Mann dort?
│ d**en** │

Mit │ dies**em** │ Bus dort
│ d**em** │

This one and *that one* are expressed by:
dieser/diese/dieses + **hier** or **dort**

Often they are expressed by:
der/die/das + **hier** or **dort**

When spoken, the **der/die/das** is stressed.

These pronouns can, of course, be in any case:

Welcher Mann? │ **Dieser** │ hier/dort.
│ **Der** │

Welchen Mann? │ **Diesen** │ hier/dort.
│ **Den** │

Mit welchem Bus? Mit │ **diesem** │ hier/dort.
│ **dem** │

3 Co-ordinating and subordinating conjunctions

Conjunctions are words which join clauses together. In German, some conjunctions, called *co-ordinating conjunctions*, do not affect the word order in the second clause (i.e. the verb remains the second idea – see p. 61). The most common of these are:

und and
denn for, because
oder or
aber but
sondern but

> e.g. Ich stand zu spät auf, und **ich verpaßte** den Bus.
> Er kann nicht in die Schule, denn **er ist** zu krank.

Although **aber** and **sondern** both mean *but*, they have different uses. **Aber** means *but* in the sense of *however*; **sondern** means *but* in the sense of *on the contrary*; it can only be used when all of the following conditions are fulfilled:
— the first statement is in the negative;
— the second statement contradicts the first;
— both statements have the same subject.

> e.g. Ich bin ziemlich dumm, **aber** meine Schwester ist sehr intelligent.
> Ich bin nicht intelligent, **sondern** ich bin sehr dumm.

Other conjunctions (subordinating conjunctions) change the word order in the clauses they introduce. The most common are:

daß that
ob* whether
als* as, when
wenn* if, whenever
bis until
weil because
bevor before
nachdem after
während while
obgleich/obwohl although
damit so that, in order that
(so) daß with the result that

These subordinating conjunctions send the finite verb to the end of the clause they introduce:
> e.g. Er weiß noch nicht, **daß** ich da **bin**.
> Ich weiß nicht, **ob** ich mitkommen **kann**.
> Er kommt, **obwohl** er einen Unfall **gehabt hat**.

Note that, when a separable verb is involved, the verb goes to the end of the clause and is written together with the prefix:
> e.g. Mein Vater kommt bald zurück.
> Ich warte, bis mein Vater **zurückkommt**.

---

* Further notes on the use of **wenn** and **als** can be found on p. 153 and on **ob** on p. 205.

141

Structures

Ich nehme ......   I'll take ......
Ich möchte auch noch ......   I'd also like ......
Ich brauche ......   I need ......
Ich suche ......   I'm looking for ......
Was kostet/kosten ......?   What does/do ...... cost?
Haben Sie bitte ......?   Have you any ......?
Laß uns/Laßt uns/Lassen Sie uns ...... + *infinitive*!   Let's ......!
Was sagst du zu + *dative*?   What do you think of ......?

...... | steht | dir/Ihnen.   ...... suits/suit you.
       | stehen |

...... | paßt | dir/Ihnen.   ...... fits/fit you.
       | passen |

Paßt | mir ......?   Does/Do ...... fit me?
Passen |

Steht | mir ......?   Does/Do ...... suit me?
Stehen |

11 Was ist mit dir los?

Ein Termin beim Zahnarzt

Angela Thomsen hat Zahnschmerzen und telephoniert mit ihrem Zahnarzt. Die Sprechstundenhilfe antwortet...

— Praxis Doktor Becker, guten Tag.
— Guten Tag, ich möchte gerne einen Termin bei Ihnen haben. Wenn es möglich ist, möglichst bald, denn mir ist eine Plombe rausgefallen, und ich habe ziemlich Zahnschmerzen.
— Waren Sie schon einmal bei uns?
— Ja, mein Name ist Angela Thomsen. Das letzte Mal war ich im Juli bei Ihnen.
— Moment bitte... da muß ich mal sehen... Paßt nächste Woche Donnerstag um fünfzehn Uhr dreißig? Früher haben wir leider keinen Termin mehr frei.
— Ja, das paßt mir gut. So lange kann ich auch noch warten... ein richtiger Notfall bin ich ja wohl nicht! Also am fünfzehnten um fünfzehn Uhr dreißig.
— Ja, Angela Thomsen war Ihr Name?
— Ja, das ist richtig.
— Gut, ich habe Sie eingetragen. Sollten Sie nicht kommen können, sagen Sie bitte rechtzeitig vorher ab! Und bringen Sie bitte Ihren Krankenschein mit!
— Ja. Auf Wiederhören!
— Auf Wiederhören!

Krankenscheine.

a Answer the following questions:

1 What exactly is wrong with Angela?
2 When does she say she wants an appointment?
3 When was the last time she was there?
4 What appointment is offered her?
5 Why does she accept it?
6 What two things does the receptionist remind her about?

b Finden Sie die richtige Definition!

1 „Ich muß absagen" bedeutet
    a „Ich muß es akzeptieren."
    b „Ich komme gern."
    c „Ich kann nicht mehr kommen."

2 „Das paßt mir gut" bedeutet
    a „Ich nehme den Termin an."
    b „Ich lehne den Termin ab."
    c „Ich schlage den Termin vor."

3 „Das ist ein Notfall" bedeutet
    a „Das ist unwichtig."
    b „Das ist nicht ernst."
    c „Das ist dringend."

4 „Ich trage Ihren Termin ein" bedeutet
    a „Ich streiche Ihren Termin."
    b „Ich notiere Ihren Termin."
    c „Ich vergesse Ihren Termin."

5 „Rechtzeitig" bedeutet
    a „ein bißchen früher".
    b „genau wie abgemacht".
    c „etwas zu spät".

c Find the German for:

toothache
doctor's receptionist
appointment
if it's possible
as soon as possible
a filling
the last time
that suits me fine
an emergency (case)

I suppose
that's right
to enter, put in the
  book
if you can't...
to cancel
in time
health insurance card
goodbye (*on phone*)

In der Apotheke

— Guten Tag, womit kann ich Ihnen helfen?
— Ich weiß nicht genau, was ich brauche... Während der
  letzten Tage hatte ich Magenbeschwerden und mir war
  ständig schlecht. Können Sie mir ein Medikament
  dagegen empfehlen?
— Moment mal. Ja, diese Dragees dürften das Richtige für
  Sie sein. Nehmen Sie zwei davon dreimal am Tag... das
  sollte helfen. Aber wenn die Schmerzen nach drei bis
  vier Tagen nicht weg sind, sollten Sie zu einem Arzt
  gehen und sich untersuchen lassen.
— Wie teuer sind die Dragees?
— Fünf Mark fünfzig. Da Sie kein Rezept haben, müssen
  Sie sie leider bezahlen. Aber das wissen Sie ja.
— Ja, das ist klar. Hier ist das Geld. Wiedersehen.

a Beantworten Sie diese Fragen!

1 Ist der Mann beim Arzt?
2 Weiß er, was er braucht?
3 Was ist mit ihm los?
4 Was empfiehlt ihm die Apothekerin
  dagegen?
5 Wohin sollte er gehen, wenn das
  Medikament nicht hilft?
6 Warum muß er die Dragees bezahlen?

b Find the German for...

how can I help you?
over the last few days
tummy trouble
I felt sick
to recommend
  something for (*an
  illness*)
medicine
pastilles, tablets

since, as, because
three times a day
that should help
the pain
to be gone
to get oneself
  examined
a prescription
of course

Wie steht's mit der Gesundheit?

Note the following ways of asking and talking about
people's health:

— Wie geht es | dir | ?   — Danke, es geht | mir | gut.
              euch   uns | besser.
              Ihnen

                                 — Es geht mir | nicht gut.
                                           schlecht.

— Wie geht es | deinem Vater | ?   — Es geht | ihm | sehr gut, danke.
              deiner Mutter   ihr
              deinen Eltern   ihnen

Autsch!

The usual ways of saying that you have a pain
somewhere are:

Ich habe _____ schmerzen.
Mein(e) ...... tut mir weh.
Meine ...... tun mir weh.

Here are some places where you might have aches and pains:

das Auge (-n)

das Ohr (-en)

der Zahn (¨e)

der Hals

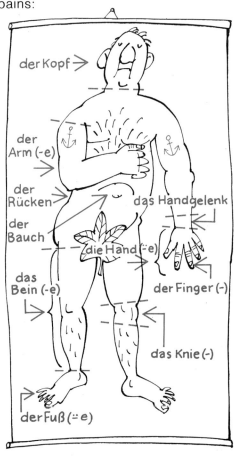

der Kopf

der Arm (-e)

der Rücken

das Handgelenk

der Bauch

die Hand (¨e)

das Bein (-e)

der Finger (-)

das Knie (-)

der Fuß (¨e)

Put the above together and make up ten sentences
saying where you have a pain:

e.g. Mein Bein tut mir weh.
      Ich habe Kopfschmerzen.

Here is how to ask the chemist whether he has anything
for your aches and pains:

Haben Sie etwas gegen Kopfschmerzen?
Ich habe Kopfschmerzen. Haben Sie etwas dagegen?

145

Da and weil

Look at the way **da** and **weil** are used to express *since* and *because*. Note particularly the word order:

Ich habe kein Rezept. Ich muß also zahlen.
Da ich kein Rezept **habe**, **muß ich** zahlen.
Ich muß zahlen, **weil** ich kein Rezept **habe**.

Use first **da** and then **weil** to join each of the following pairs of sentences. Then say what they mean:

1 Ich gehe heute nicht in die Schule. Ich fühle mich nicht wohl.
2 Ich bin krank. Ich gehe gleich zum Arzt.
3 Ich brauche Aspirintabletten. Ich habe schreckliche Kopfschmerzen.
4 Ich habe Grippe. Ich darf nicht aufstehen.
5 Ich bin erkältet. Ich habe keine Lust auszugehen.
6 Ich habe Magenbeschwerden. Ich will nichts zu essen haben.

Symptoms

Try to work out what the following people's symptons are:

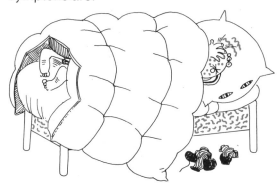

1 „Ich habe Fieber . . . ich zittere am ganzen Körper . . . mein Hals ist ganz rot . . .“
2 „Mir ist übel . . . ich habe Durchfall . . . ich habe den Appetit verloren . . .“
3 „Mir ist schwindlig . . . ich fühle mich schwach und müde . . . ich kann kaum gehen . . .“

Das tut weh!

Karl-Heinz hat seinen Freund Rainer drei Tage nicht gesehen. Als er ihm unweit von Rainers Haus begegnet, erlebt er eine Überraschung . . .

— Mensch! Was ist mit dir los? Hast du dir ein Bein gebrochen?
— Gebrochen ist es nicht . . . Ich habe mir den Fuß verstaucht.
— Wie ist das denn passiert?
— Vorgestern war ich gerade dabei, das Auto zu waschen, und da bin ich über den Eimer Wasser gestolpert!
— Ehrlich! *(lacht)*
— Lach nicht! . . . Es ist gar nicht zum Lachen! Es tut furchtbar weh. Gestern konnte ich nicht einmal gehen.
— Warst du beim Arzt?
— Ja. Doktor Schulz hat es mir verbunden. Er hat gesagt, ich sollte mich hinlegen und so wenig wie möglich gehen.
— Warum bist du denn schon auf den Beinen?
— Zu Hause war es mir zu langweilig.
— Wohin gehst du jetzt?
— Ich gehe meine Freundin besuchen . . . bei ihr ist es nicht so langweilig!

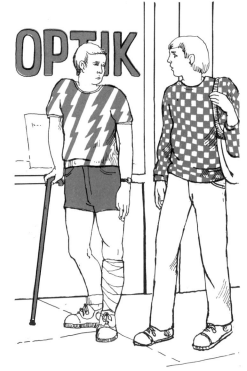

a Answer the following questions:

1 When had Karl-Heinz last seen Rainer?
2 Where did he bump into him on this occasion?
3 What is wrong with him and how did it happen?
4 How bad was the accident?
5 What was Dr Schulz's advice?
6 Why was Rainer up and about now?

b Jetzt beantworten Sie diese Fragen auf deutsch!

1 Warum ist Karl-Heinz überrascht?
2 Was tat Rainer, als er den Unfall hatte?
3 Was mußte der Arzt für Rainer tun?
4 Was sollte Rainer nicht tun?
5 Wen geht Rainer besuchen?

c Finden Sie die richtige Definition!

1 „Nicht zum Lachen" bedeutet
    a „nicht ernst".
    b „nicht schlimm".
    c „nicht komisch".

2 „Er begegnete ihm" bedeutet
    a „Er traf ihn."
    b „Er verließ ihn."
    c „Er vergaß ihn."

3 „Sie ist wieder auf den Beinen" bedeutet
    a „Sie ist wieder krank."
    b „Sie kann wieder gehen."
    c „Sie hat einen Beinbruch."

So ein Pech!

The following verbs express ways in which one can hurt oneself:

sich (den Arm/das Bein, etc.)	brechen
	verletzen
	verbrennen

sich den Finger quetschen
sich das Bein verstauchen
sich in den Finger schneiden
ein blaues Auge haben

d Find the German for:

to meet, bump into
a surprise
heavens! crikey!
what's wrong (with you)?
to break one's leg
to sprain one's ankle
how did it happen?
to be in the middle of ____ing
to trip over
honestly!
no laughing matter
to hurt
not even
to be able to walk
at the doctor's
to lie down
on one's feet
at her house, place

Paß auf!

Look at the following illustrations which show how someone had an accident, and what happened to him/her:

über einen Zaun springen
hinfallen

sich den Arm brechen

eine Büchse aufmachen

sich in den Finger schneiden

das Auto reparieren/prüfen

sich den Finger quetschen

das Wohnzimmer dekorieren/tapezieren

von der Leiter fallen
sich das Bein brechen

Ferien machen
Ski laufen

einen Unfall haben
sich schwer verletzen

aus dem Zug aussteigen
ausrutschen

sich das Gesicht verletzen
ein blaues Auge bekommen

a Say what happened to the person concerned in separate sentences. (Use the imperfect tense.)

b Put yourself in the place of the person and say what happened to you. (Use the imperfect tense).

c Repeat **a** and **b** but this time join the sentences using **als**.

e.g. **a** Er kochte Kaffee.
  Er verbrannte sich die Hand.
b Ich kochte Kaffee.
  Ich verbrannte mir die Hand.
c Als er Kaffee kochte verbrannte er sich die Hand.
  Als ich Kaffee kochte, verbrannte ich mir die Hand.

auf einer eisigen Straße fahren
ins Schleudern geraten
gegen einen Baum prallen

im Krankenhaus landen

148

Der Unfall

Tell the story illustrated below. Some expressions are
suggested but you need not limit yourself to them.

1 sich ein Motorrad kaufen

2 sehr schnell durch die Stadt fahren
   nicht aufpassen

3 an der Ampel nicht halten
   einen Fußgänger beinahe überfahren

4 die Stadt verlassen
   auf die Autobahn fahren
   rechts überholen
   wie verrückt fahren

5 die Autobahn verlassen
   aufs Land fahren
   in eine Kurve fahren
   die Warnung | nicht beachten
   das Schild

6 ins Schleudern geraten
   einen Unfall haben
   sich schwer verletzen
   ins Krankenhaus | bringen müssen
                   | gebracht werden

What are they saying?

Supply the words you think these characters might be saying:

How much can you remember?

1 Ask someone how he/she is.
2 Ask what is wrong with him/her.
3 Ask how it happened.
4 Ask for an appointment with a certain doctor.
5 Ask the chemist whether he has something for earache/a sore throat.
6 Ask the chemist what he recommends for an upset stomach.
7 Ask your correspondent's mother for some aspirins.
8 Ask her if she will bandage your finger for you.
9 Ask your friend (who has just had a fall) whether he/she can walk.
10 Ask him/her where it hurts.

11 Say you are well/better.
12 Say you have a headache/toothache.
13 Say your throat hurts.
14 Tell your correspondent you think he ought to see a doctor.
15 Say that a certain time suits you.
16 Explain over the phone that you have an appointment at a certain time on a certain day and that you must cancel it.
17 Say you feel dizzy and have a temperature.
18 Explain to someone how you hurt your arm.
19 Say you have forgotten to bring your insurance card.
20 Tell someone your parents have got the flu.

Background reading

Das Gesundheitswesen in der BRD

Die meisten Leute in der Bundesrepublik Deutschland müssen Mitglied einer Krankenversicherung sein.

Normalerweise bezahlt man einen monatlichen Beitrag an eine der staatlichen Krankenkassen. Manche Leute jedoch ziehen eine private Versicherung vor. Das bedeutet einen höheren Beitrag, aber dafür auch z.B. ein besseres Zimmer im Krankenhaus.

Im Krankheitsfall geht man zuerst zur Praxis eines praktischen Arztes. Dazu braucht man einen Krankenschein. Dieser soll zeigen bei welcher Kasse man versichert ist. (Später schickt der Arzt die Rechnung direkt an die Krankenkasse.) Kann der Arzt die Krankheit nicht behandeln, überweist er den Patienten zu einem Facharzt, der sich auf ein bestimmtes Gebiet spezialisiert hat.

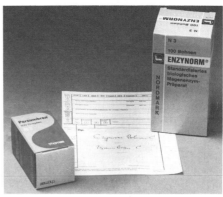

Oft muß der Arzt Medizin verschreiben. Dann bekommt der Patient ein Rezept, das er in der Apotheke abgeben muß, um seine Medizin zu bekommen. Dafür muß er eine Rezeptgebühr bezahlen.

Für den Zahnarzt gibt es besondere Krankenscheine. Einfache Behandlung trägt die Kasse; aber für teuere Behandlungen (wie z.B. dritte Zähne) muß der Patient einen Teil der Kosten selber bezahlen.

Für Medizin braucht man ein Rezept.

Nur bei sehr schweren Krankheiten und natürlich für Operationen überweist der Arzt oder Facharzt den Patienten ins Krankenhaus. Dort gibt es drei verschiedene Klassen, was gewöhnlich bedeutet, daß Privatpatienten priviligiert sind. Die Kosten für den Krankenhausaufenthalt bezahlt die Krankenkasse.

In der letzten Zeit hat man Krankenhäuser viel kritisiert. Durch den Mangel an Personal, das heißt an Ärzten und Krankenschwestern, fühlen sich die Menschen dort oft einsam und unglücklich. Dagegen kann auch die moderne Technologie nicht helfen.

Ein Krankenhaus.

1 What is the difference between State and private health insurance in Germany?
2 What should you do if you are ill?
3 What is a 'Krankenschein'? When and for what purpose is it used?
4 What are 'Fachärzte' and when would you be sent to one?
5 What is an 'Apotheke' and what has it to do with going to the doctor's?
6 Who pays for dental treatment?
7 What do we learn about hospitals?
8 What criticisms have been levelled at hospitals lately?

Konversationsübung

Im Krankenhaus

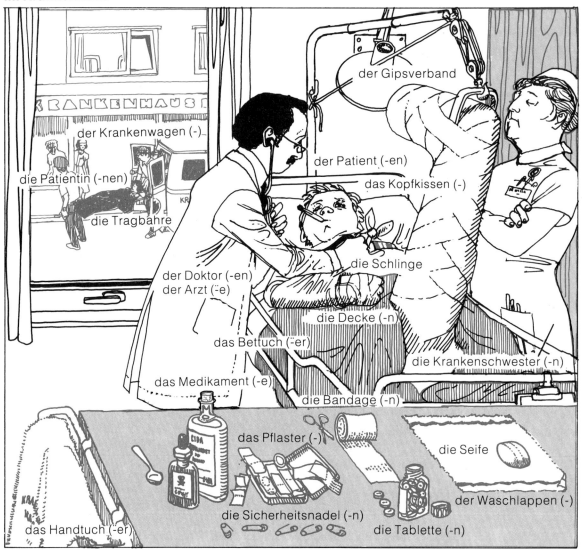

der Gipsverband
der Krankenwagen (-)
die Patientin (-nen)
die Tragbahre
der Patient (-en)
das Kopfkissen (-)
die Schlinge
der Doktor (-en)
der Arzt (-e)
die Decke (-n)
das Bettuch ("er)
die Krankenschwester (-n)
das Medikament (-e)
die Bandage (-n)
das Pflaster (-)
die Seife
das Handtuch ("er)
die Sicherheitsnadel (-n)
der Waschlappen (-)
die Tablette (-n)

1 Wie geht es Ihnen heute?
2 Was tut man, wenn man sich nicht wohl fühlt?
3 Wann waren Sie das letzte Mal krank?
4 Was hatten Sie?
5 Wie hat Sie der Arzt behandelt?
6 Wohin bringt man ein Rezept von Arzt?
7 Was bedeutet „ein Medikament verschreiben"?
8 Waren Sie schon einmal im Krankenhaus?
9 Warum?
10 Wie lange mußten Sie im Krankenhaus bleiben?

11 Kennen Sie jemanden, der im Augenblick im Krankenhaus liegt?
12 Wie oft gehen Sie zum Zahnarzt?
13 Haben Sie Angst vor dem Zahnarzt?
14 Warum sagen Sie das?
15 Was kostet ein Besuch beim Arzt in Großbritannien? Und beim Zahnarzt?
16 Erzählen Sie von einer Überraschung, die Sie einmal hatten!
17 Haben Sie einmal einen Unfall gehabt?
18 Wann ist der Unfall passiert?
19 Versuchen Sie zu erklären, was Ihnen passiert ist!

Grammar survey

1 Indefinite numerals (singular)

It has been noted that adjectives, when they stand on their own in front of nouns, need a strong ending (see p. 61). The indefinite numerals **viel** and **wenig**, however, are invariable, i.e. they require no endings:
e.g. Ich habe sehr wenig Zeit.
       Man braucht viel Geld dazu.

If they are followed by an adjective, this will require the strong ending:
e.g. Ich habe sehr wenig deutsch**es** Geld.

In the plural, their endings follow the normal rule (**viele**, **wenige**, etc.).

2 Wenn/als

On p. 141 **wenn** and **als** were given as examples of subordinating conjunctions. They can both mean *when*, but in completely different ways. **Wenn**, apart from meaning *if*, also means *whenever*; it can refer either to the past, present or future. **Als** refers to one specific occasion in the past.

Ich werde es ihm geben, **wenn** ich ihn sehe. (i.e. *whenever*)
Ich spiele Tischtennis, **wenn** ich im Jugendklub bin. (i.e. *whenever*)
Ich sprach viel Deutsch, **jedesmal wenn** ich in Deutschland war. (i.e. *whenever*)
Ich brach mir das Bein, **als** ich in Deutschland war. (i.e. *on one occasion in the past*)

3 Subordinate clauses and word order

When the subordinate clause comes first, its finite verb still remains at the end of the clause. However, it now has the same effect on the verb in the main clause as any other word or phrase 'intruding' in this way (see note on p. 61), i.e. it inverts the subject and the verb:

e.g. Ich sah ihn, als ich in Deutschland war.
but Als ich in Deutschland war, **sah ich** ihn.
     Ich weiß nicht, ob er schon da ist.
but Ob er schon da ist, **weiß ich** nicht.

Structures

Paßt | dir | ......? Does...... suit you?
      | Ihnen |

Können Sie (etwas gegen ......) empfehlen? Can you recommend (something for ......)?

Ich habe (keine) Lust ...... zu + *infinitive*. I (don't) fancy _____ing.

Ich | bin | gerade dabei, zu + *infinitive*. I'm | in the middle of _____ing.
   | war | I was |

Er hat gesagt, | ich sollte ...... He said | I | should/ought to ......
            | du solltest | you |

Ich | kann nicht einmal + *infinitive*. I | can't even ......
Er | He |

12 Laß mal von Dir hören!

⚙ Auf der Post

— Guten Tag, ich möchte gern fünf 80 Pfennig
Briefmarken und sieben Briefmarken zu einer Mark.
— Hier bitte. Das macht zusammen elf Mark.
— Ach so, das hätte ich fast vergessen. Ich brauche auch
noch zwei Postkarten.
— Hier. Zwölf Mark zwanzig dann.
— Bitte. Können Sie mir bitte als Wechselgeld nur
Groschen herausgeben?
— Ja, natürlich ... Bitte schön, achtzig Pfennig zurück.
— Danke. Wiedersehen.

— Ich möchte gerne diesen Barscheck einlösen.
— Das können Sie aber nicht an diesem Schalter machen.
Schalter fünf, bitte.

....

— Ich möchte bitte diesen Barscheck einlösen.
— Kann ich bitte auch Ihre Scheckkarte sehen?
— Moment mal ... ja, hier ist sie. Kann ich bitte fünf
Hundert- und zwei Fünfzigmarkscheine haben?
— Ja, hier. Bitte zählen Sie nach.

....

— Ich möchte ein Päckchen nach Griechenland aufgeben.
Kann ich das bei Ihnen machen?
— Ja, Sie sind richtig hier. Wenn Sie mir das Päckchen bitte
durch die Öffnung reichen. So ... 300 Gramm ... das
macht DM 5,40.
— Ich habe auch noch einen Einschreibebrief.
— Dazu müssen Sie bitte diesen Zettel ausfüllen.
— Hier, bitte.
— Zusammen sind das dann neun Mark. Diesen Abschnitt
bewahren Sie bitte auf; es ist Ihre Quittung für den
Einschreibebrief. Und hier ist der Abschnitt fürs
Päckchen.
— So. Da bitte. Oder nein ... warten Sie! Ich habe es klein.
Hier ... Wiedersehen!

a Answer the following questions:

1 What does the first customer ask for first of all?
2 What does he nearly forget?
3 How does he ask for his change to be paid?
4 What does the second customer (the lady) want?
5 Which counter does she have to go to for this?
6 How much money does she get and how does she ask for it to be paid?
7 What does the post office official tell her to do before she goes?
8 What does the last customer want first of all?
9 What does he also need?
10 What does the official give him and what is he told to do with them?

b Find the German for:

(postage) stamp
I nearly forgot
small change
yes, of course
(open, uncrossed) cheque
at this counter
just a moment!
a 50 Mark note
please check it (i.e. change, money, etc.)
a package, small parcel
to post
can I do that here? (i.e. is this the right place?)

to hand (over)
a registered letter
to complete, fill in
a form, slip
a counterfoil
a receipt
to keep (safe)

Briefmarken

How would you ask for the stamps shown below and enquire about the cost of sending the various items to the countries indicated? The following words will be useful:

der Brief (-e)
die Postkarte (-n)
die Ansichtskarte (-n)
das Paket (-e)
das Päckchen (-)
die Briefmarke (-n)

dieser/diese/dieses, *etc.*
für/nach + *country*
schicken
Ich möchte ...... + *infinitive*
Was kostet bitte ......?

1   2

3

4

5

✈ Aufenthalt in England

Gisela und ihre Freundin haben voriges Jahr eine Campingfahrt an die Südküste Englands gemacht...

— Sag mal, Angela, hast du schon an deine Eltern geschrieben?
— Ja, vorgestern habe ich ihnen eine Ansichtskarte geschickt.
— Ich noch nicht. Ich wollte heute einen Brief an meine schreiben aber ich habe weder Briefpapier noch Umschläge.
— Papier findest du in meiner Tasche auf der Luftmatratze da drüben. Umschläge habe ich aber keine. Briefmarken sind auch darin.
— Danke, ich besorge mir Umschläge im Laden hier auf dem Campingplatz.
— Du kannst den Brief dann gleich einwerfen. Der nächste Briefkasten ist gleich um die Ecke. Deine Eltern erhalten den Brief dann bis Samstag.

....

Angelas Karte an ihre Eltern

> Liebe Eltern!
>
> Während Ihr arbeitet, genieße ich meine Ferien; deshalb sollt Ihr zumindest eine kurze Karte von mir erhalten. Die Straße, die auf der Rückseite abgebildet ist, führt direkt zum Strand, wo ich fast den ganzen Tag im Liegestuhl sitze und faulenze. Wegen des kalten Wetters kann man leider nicht immer baden, aber das macht nichts, es ist auch so schön hier. Gestern habe ich z. B. trotz des Regens einen langen Spaziergang am Strand entlang gemacht, und heute mache ich am Nachmittag einen Einkaufsbummel. Ich habe abends auch schon viele junge Leute auf dem Campingplatz kennengelernt.
>
> Viele herzliche Grüße von   Eurer Angela

a Answer the following questions:

1 When and where did this dialogue take place?
2 What had Angela sent to her parents and when?
3 What was Gisela hoping to do, and what was the problem?
4 How was Angela able to help, and what wasn't she able to help with?
5 Where is the nearest post box and when are Angela's parents likely to receive the letter?
6 Give the gist of Angela's postcard.

b Find the German for:

to write to ...
a picture post card
to send
writing paper
envelopes
you'll find ...
I'll get, buy myself ...
to post
the next, nearest ...
to receive (*a letter*)
by (*a certain time, day*)
Dear ...

to enjoy
holidays
to lead to ...
(on) the beach
the whole day
to laze about
because of ...
in spite of ...
to go for a walk along ...
a shopping trip

Ein deutscher Briefkasten.

Wo ist?

Here are some places where things might be found:

im ...... /in der ...... /im ......
auf dem ...... /auf der ...... /auf dem ......
der Tisch
der Stuhl
das Büfett
die Tasche
die Schublade
der Schrank
die Küche

das Regal
der Flur
das Fensterbrett
das Wohnzimmer
das Eßzimmer
hier
dort
da drüben
...... findest du ......

Using the above, make up answers to the following:

1 Sag mal, wo ist die Schere?
2 Hast du das Klebeband gesehen?
3 Gibt's noch etwas Briefpapier?
4 Weißt du, wo der Bindfaden ist?
5 Hast du bitte Packpapier?
6 Ich brauche auch noch Umschläge.

Wie ist/war das Wetter?

The following expressions will be useful if you need to send a letter or card to someone to tell them about the weather you are having/have had on holiday:

es regnet/es regnete/es hat geregnet
es schneit/es schneite/es hat geschneit
die Sonne scheint/schien/hat geschienen
es friert/es fror/es hat gefroren
es gewittert/es gewitterte/es hat gewittert

das Wetter	ist	schön	.
	war	herrlich	.
	ist …		… gewesen

es	ist	stürmisch	.
	war	nebelig	.
	ist …	windig	… gewesen
		(bitter) kalt	
		(schön) warm	
		(sehr) heiß	

Write a postcard to a friend, telling him/her what you have been doing over the past few days. Use the following illustrations as a guide. Remember to say what the weather was like and when you did what:

am Montag, Dienstag, Mittwoch, Donnerstag,
    Freitag, Samstag/Sonnabend, Sonntag
am Wochenende
gestern, vorgestern

You could also add a comment about how much you enjoyed the day, using words like **schön**, **interessant**, **(ein bißchen) langweilig**, **herrlich**, **prima**:

e.g. Am Donnerstag war das Wetter herrlich. Ich bin schwimmengegangen. Das war wirklich sehr schön.

Mittwoch

Donnerstag

schwimmen gehen
baden
Federball spielen
am Strand spazieren gehen

Freitag

ANDENKEN

den Bus in die Stadt nehmen
einen Stadtbummel machen
Andenken kaufen

Samstag

in die Stadt fahren
ins Kino gehen
im Restaurant essen

Sonntag

eine Bootfahrt machen
angeln

Montag

an den Strand gehen
am Strand sitzen
faulenzen
sich sonnen

Dienstag

nicht viel tun
im Hotel bleiben
fernsehen

⚛ Zwei Telefongespräche

Eine Deutsche will eine englische Freundin anrufen...

— Guten Tag, ist da die Auskunft, bitte? Kann ich bitte die Vorwahl von Großbritannien haben?
— 0044, und die nächste 0 müssen Sie dann auslassen.
— Danke. Auf Wiederhören!

. . . .

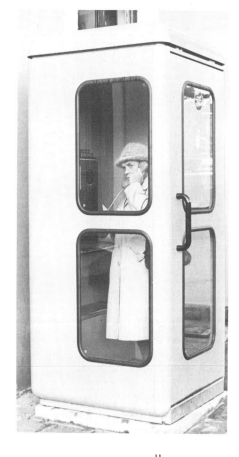

Jane, die vorhat, Familie Bauer in Hamburg zu besuchen, ruft an, um Einzelheiten über ihre Ankunft zu geben...

— Bauer.
— Hallo? Spreche ich mit Herrn Bauer? Hier ist Jane. Ich rufe an, um Ihnen zu sagen, wann ich ankomme.
— Oh, Jane! Das ist schön, von dir zu hören. Wir freuen uns schon sehr auf deinen Besuch. Wann kommst du denn nun genau?
— Am siebzehnten November. Ich nehme die Nachtfähre von Harwich nach Hoek van Holland, und fahre dann mit dem Zug weiter nach Hamburg.
— Mußt du umsteigen?
— Nein, glücklicherweise nicht. Ich bin um 15 Uhr 30 am siebzehnten November in Hamburg.
— Auf welchem Bahnhof kommt der Zug an?
— Auf dem Hauptbahnhof. Könnten Sie mich vielleicht abholen?
— Aber ja, natürlich! Wir lassen dich doch nicht mit dem Bus in einer fremden Stadt herumirren. Wir kommen selbstverständlich mit dem Auto und holen dich ab. Ich glaube, es ist das Beste, wenn wir uns am Kiosk auf dem gleichen Bahnsteig treffen, dort kann man sich nicht verpassen. Und lauf nicht weg, wenn du uns nicht gleich siehst! Wir kommen ganz bestimmt.
— Vielen Dank... das ist sehr nett. Geht es Ihnen auch allen gut?
— Ja, danke, bestens.
— Gut... Also am siebzehnten November um 15 Uhr 30 am Kiosk auf dem Bahnsteig. Ich freue mich schon sehr. Viele Grüße an Ihre Familie!
— Vielen Dank, das werde ich ausrichten. Grüß auch deine Eltern von uns, Jane. Auf Wiederhören!... Bis dann!
— Auf Wiedersehen!

a Answer the following questions:

1 What does the caller from Germany enquire about?
2 What instructions is she given?
3 What six details does Jane give Herr Bauer about her intended journey and arrival?
4. What arrangements does Herr Bauer make about meeting her?

b Jetzt beantworten Sie diese Fragen auf deutsch!

1 Die Vorwahl nach England ist 0040, nicht wahr?
2 Jane schreibt an die Bauers, um Einzelheiten über ihre Ankunft zu geben, nicht wahr?
3 Jane ist keine Engländerin, nicht wahr?
4 Wird Jane im Frühling nach Deutschland fahren?
5 Sie wird nicht nachts fahren, oder?
6 Sie wird dorthin fliegen, nicht wahr?
7 Herr Bauer kann sie nicht abholen, nicht wahr?
8 Hoek ist
    a in Belgien.
    b in Frankreich.
    c in den Niederlanden.

9 Ein Hauptbahnhof ist
    a ein kleiner Bahnhof.
    b ein großer Bahnhof.
    c ein mittelgroßer Bahnhof.

10 Herr Bauer wählt den Kiosk
    a als Treffpunkt.
    b als Ankunft.
    c als Bahnsteig.

c Find the German for:

to phone
arrival
dialling code (for . . .)
to omit, leave out
to intend, have it in mind to . . .
to look forward to . . .
visit
(night) ferry
to fetch, meet
of course
to meet (one another)
to miss (one another)
don't wander off!
at once, straight away
certainly, for sure
greetings to . . .
until then

Dann muß ich ein Telegramm schicken . . .

The art of writing a telegram is to keep it as short as possible without making it confusing.

```
┌─────────────────────────────────────────┐
│         Deutsche Bundespost               │
│                                           │
│ Telegramm                                 │
│    Bezeichnung der Aufgabe-TSt            │
│ aus                                       │
├─────────────────────────────────────────┤
│  ...ANKUNFT 16 UHR 30 + 17.               │
├─────────────────────────────────────────┤
│  NOVEMBER + HAUPTBAHNHOF +                │
├─────────────────────────────────────────┤
│  BITTE ABHOLEN + JANE                     │
├─────────────────────────────────────────┤
│                                           │
├─────────────────────────────────────────┤
│                                           │
├─────────────────────────────────────────┤
│                                           │
└─────────────────────────────────────────┘
```

Compose telegrams based on the following instructions.
Find the simplest way of communicating the information:

1 Explain that you are having trouble with the car and that you and your family will not be arriving on 27th June as planned, but hope to arrive on 30th June, probably rather late in the evening.
2 Explain that one of your parents is ill, and you will have to cancel your trip. Say that a letter is on its way with more details.
3 Say that you won't be travelling by boat and train now, but by plane. Ask whether they can pick you up at Düsseldorf airport.

You'll be arriving on 1st August at ten past three in the afternoon; the flight number is BA 697.

4 Send your congratulations to someone
  a on the birth of baby Karin.
  b on their getting married.
  c on their getting engaged.

The following vocabulary will be useful:
jemand**em** (i.e. *dative*) gratulieren zu + *dative*
die Geburt
die Verlobung
die Hochzeit

Herzliche Grüße

Note how greetings are written 'back to front' in German:

> „Alles Gute zum Geburtstag
> wünscht Dir
> Familie Müller."
> „Herzliche Weihnachtsgrüße
> sendet Euch
> Euer Karl.".
> „Alles Gute zum Neujahr
> wünschen Dir
> Petra u. Otto."

Relatively speaking ...

Complete the following sentences by adding the correct relative pronoun (see p. 166 if you are not sure). Then say what each sentence means:

1 Die Deutschen, ... uns abholen, sind beide Lehrer an der Schule, ...wir besuchen.
2 Der Lehrer, ... uns dorthin begleitet, heißt Beckmann.
3 Der Junge, gegen ...... du jetzt spielen mußt, ist ihr bester Spieler!
4 Die Zahnärztin, zu ...... ich gehe, ist wirklich nett.
5 Der Lehrer, ... du es geben mußt, ist wahrscheinlich im Lehrerzimmer.
6 Hermann ist der Schüler, ... Vater oft geschäftlich nach England fährt.

7 Die Leute, bei ...... ich wohnte, waren recht nett zu mir.
8 Die Kinder, ... Eltern bis Freitag immer noch nicht bezahlt haben, dürfen leider nicht mitfahren!
9 Der Onkel, ... wir heute nachmittag besuchen, liegt seit Monaten im Krankenhaus.
10 Du solltest dem Karl nicht glauben; alles, ... er redet, ist Quatsch!

Greifen Sie zum Fernsprechbuch. Dann haben Sie alles schwarz auf weiß.

Das Fernsprechbuch ist die Auskunft
in den eigenen vier Wänden. Es ist nie besetzt.
Man braucht es nur aufzuschlagen –
schon findet man schnell, was man sucht.
Schwarz auf weiß.
Darum rufen Sie bitte nicht gleich
die Fernsprechauskunft an: dann ist sie
nicht so oft besetzt und schneller für Sie da,
wenn sie wirklich gebraucht wird.
Fragen Sie bitte erst Ihr Fräulein vom Amt
in den eigenen vier Wänden:
das Fernsprechbuch.

Post - damit Sie in Verbindung bleiben

The above notice, issued by the Bundespost, is urging
people to use their telephone directory more regularly.
Read it and list the reasons they give for doing so.

Use these words

Make a series of expressions by combining each of the
prepositions with all of the nouns which follow them.
Then say what the expressions mean:

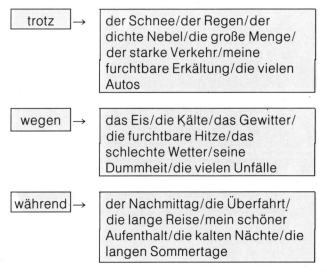

trotz →	der Schnee/der Regen/der dichte Nebel/die große Menge/ der starke Verkehr/meine furchtbare Erkältung/die vielen Autos

wegen →	das Eis/die Kälte/das Gewitter/ die furchtbare Hitze/das schlechte Wetter/seine Dummheit/die vielen Unfälle

während →	der Nachmittag/die Überfahrt/ die lange Reise/mein schöner Aufenthalt/die kalten Nächte/die langen Sommertage

What are they saying?

Supply the words which you think these characters might be saying:

How much can you remember?

1. Say you'd like to send a parcel to the USA.
2. Tell someone he/she must fill in a form.
3. Say you have the right money.
4. Say you've lost your receipt.
5. Say the weather was good.
6. Say it's raining.
7. Say it's been freezing.
8. Say you're going to a certain place at the weekend.
9. Say it was great!
10. Say there are some envelopes in the drawer.
11. Say you'll be arriving on 2nd August at 10.30 in the evening.
12. Say you sent your parents a card yesterday.
13. Say you think the best thing is to wait a bit longer.
14. Say you'll pass someone's greetings on.
15. Ask how much a letter to Britain costs.
16. Ask for a certain number of 80-Pfennig and 1-Mark stamps.
17. Ask for your change to be in small coins.
18. Ask for a certain number of 20-Mark notes.
19. Ask whether someone has seen the scissors.
20. Ask someone whether he/she would like to go on a shopping trip.
21. Ask what the dialling code for a certain German town is.
22. Ask when exactly your friend is going to arrive.
23. Ask whether your friend can meet you at the airport.
24. Ask whether your friend has written to his/her parents yet.
25. Ask whether they are all well.

Background reading

Telefonieren in Deutschland

Wo und wie Sie telefonieren können

Telefonieren können Sie von jedem Postamt und von einem der vielen gelben Telefonhäuschen aus. Natürlich auch von Ihrem Hotel; erkundigen Sie sich dort jedoch am besten vorher, welche Aufschläge zu den amtlichen Gebühren erhoben werden.

Die Telefonhäuschen, von denen Sie Ihre Gespräche auch nach dem Ausland führen können, erkennen Sie an einem grünen Hinweisschild.

In den Telefonhäuschen finden Sie eines der beiden abgebildeten Münztelefone:

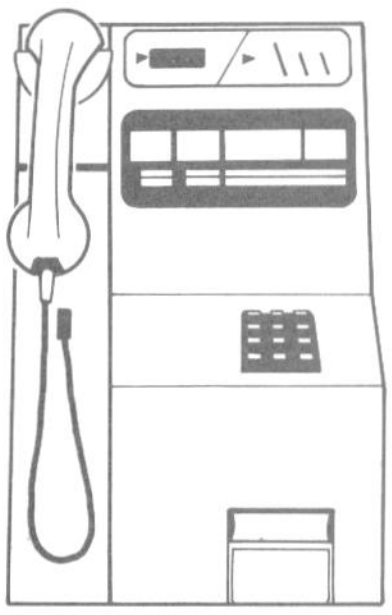

-,10 1,- 5,-

a.) für Gespräche in alle Länder mit Selbstwählferndienst,

Besetzt – verwählt? Nicht einhängen! Grüne Taste drücken, neu wählen.

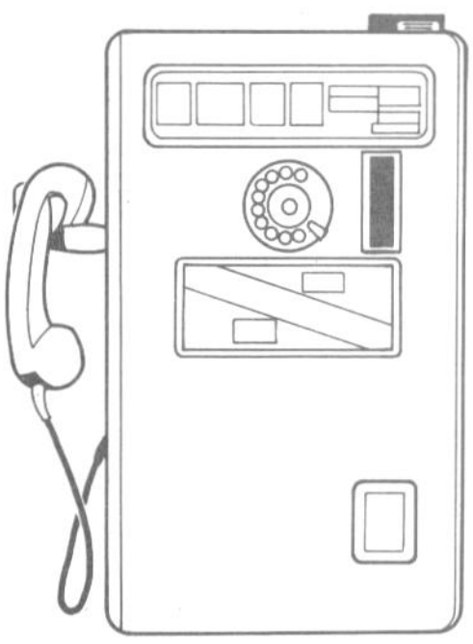

-,10 -,50 1,-

b.) für selbstgewählte Gespräche in alle europäischen Länder.

Das Fernsprechnetz ist bei uns vollautomatisch. Das heißt, Sie können alle Inlandsverbindungen selbst wählen, also ohne Vermittlung herstellen. Selbstwahl ist auch in mehr als 90 andere Länder möglich. Sie wählen zuerst die Kennzahl des Landes. Dann sofort anschließend die Kennzahl des gewünschten Ortsnetzes und die Rufnummer des Teilnehmers.

Was kostet es zu telefonieren?

Bei Gesprächen vom öffentlichen Münzfernsprecher empfiehlt sich der Einwurf von zunächst drei 10-Pfennig-Stücken. Sie können Münzen in beliebiger Reihenfolge nachwerfen. Abgerechnet wird in Gesprächseinheiten zu 0,23 DM nach der tatsächlichen Dauer. Restbeträge von angebrochenen Münzen werden nicht zurückgegeben.

Vorwahlnummern für Ferngespräche

Eine Übersicht über Landeskennzahlen für den Selbstwählferndienst und die am häufigsten gebrauchten Ortsnetzkennzahlen finden Sie in einem kleinen gelben Büchlein, AVON genannt. Das gibt's bei jeder Post oder auch in Ihrem Hotel. Ruf doch mal an . . . es kostet weniger als Sie denken!

Die Telefonauskunft

Wenn Sie Fragen haben, z. B. eine Landeskennzahl oder eine Telefonnummer suchen – rufen Sie unsere Auskunft an:

Für Ferngespräche in Bereich der Deutschen Bundespost sowie für Ferngespräche in die DDR und nach Berlin (Ost) 118 oder 0118

Für Ferngespräche ins Ausland 00118

1 What three places to phone from are mentioned?
2 What does the green sign with the black telephone signify?
3 What is the difference between phone (a) and phone (b)?
4 What is the 'green button' for?
5 How many places can be reached by direct dialling (i.e. without an operator)?
6 What instructions for dialling are given?
7 How much money are you recommended to insert initially and what can you insert after that?
8 How much of your unused money is returned?
9 What is AVON?
10 What are the numbers 118, 0118 and 00118 for?

Konversationsübung

Schreiben und Telefonieren

das Telefonbuch

das Telefon (-e)

wählen

die Vorwahlnummer

die Telefonnummer

der Umschlag ("-e)

der Absender

die Briefmarke (-n)

am Apparat

Abs. P. Mückler
Hochstraße 9
BERLIN 1

der Empfänger (-)

der Vorname (-n) Herrn Heinrich Appel
Lippstraße 90

der Nachname (-n)
die Hausnummer

die Postleitzahl 8601 HOLLFELD   der Ort

1 Haben Sie Telefon zu Hause?
2 Wie ist Ihre Telefonnummer?
3 Haben Sie (oder hatten Sie einmal) eine(n) deutsche(n) Brieffreund(in)?
4 Wie oft schreiben Sie (oder schrieben Sie) an ihn/sie?
5 An wen haben Sie in den letzten paar Wochen geschrieben?
6 Warum?
7 Wen haben Sie in den letzten paar Wochen angerufen? Wozu?
8 Wem schickt man normalerweise Ansichtskarten?
9 Wann?
10 Wo kann man Briefmarken kaufen?
11 Was kostet augenblicklich eine Postkarte von England nach Deutschland?
12 Und ein Brief?
13 Wem haben Sie schon einmal ein Paket geschickt?
14 Was war darin?
15 Wie war das Wetter, als Sie das letzte Mal in den Ferien verreist waren?
16 Sind Sie schon einmal nach Deutschland gefahren?
17 Wann war das?
18 Wie sind Sie dorthin gefahren?

Grammar survey

1 Use of capitals in letter-writing

Sie, **Ihnen**, and **Ihr(e)** are always written with capital letters; normally **du**, **dich**, **dir**, **dein(e)**, and **ihr**, **euch**, **euer(e)** are written with small letters. However, when writing letters, cards, etc., they are written with capitals:
e.g. Vielen Dank für **Deinen** Brief.
Ich wünsche **Euch** alles Gute.

2 Genitive plural

The ending for the genitive plural is **-er**, i.e. **der**, **dieser**, **meiner**, **deiner**, etc. The plural form of the noun remains unchanged:
e.g. die Häuser → **der** Häuser
meine Freunde → mein**er** Freunde
diese Leute → dies**er** Leute

Adjectives used with the above end in **-en**:
e.g. **der** alt**en** Häuser, mein**er** best**en** Freunde

Adjectives standing on their own have the strong **-er** ending:
e.g. modern**er** Häuser, deutsch**er** Kinder

3 Prepositions with the genitive

Some prepositions are followed by the genitive case. Some common ones are:
trotz, wegen, während, statt, außerhalb, innerhalb

e.g. während meines kurzen Aufenthalt(e)s
trotz des schlechten Wetters
wegen* seiner Krankheit

4 Relative pronouns

The relative pronouns (*who, whom, whose, which, etc.*) are with a few exceptions, the same in German as the definite articles:

	m	f	n	pl
nom.	der	die	das	die
acc.	den	die	das	die
gen.	**dessen**	**deren**	**dessen**	**deren**
dat.	dem	der	dem	**denen**

The relative pronoun takes its number and gender from the word it refers back to; its case depends on the part it plays in its own clause.

Relative clauses are subordinate clauses, so the finite verb stands at the end of the clause (see p. 141):
e.g. Der Mann, **der** dort **steht**, ist . . .
Der Mann, **den** du dort **siehst**, ist . . .
Die Frau, **deren Tochter** krank **ist**, heißt . . .
Die Frau, **der** er es **gab**, heißt . . .
Die Kinder, **mit denen** er **spricht**, sind . . .

Note that the relative pronoun cannot be omitted as it can in English:
e.g. The man I saw . . .
Der Mann, **den** ich sah . . .

5 'Was' as a relative

Was is sometimes used as a relative pronoun. Its use in the following cases should be noted:

Alles, **was** man auf dem Markt kauft, ist billig.
Sie kaufte **nichts**, **was** sie im Kaufhaus sah.
Das Beste/Einzige, **was** ich empfehlen kann, ist . . .

Structures

Wo	ist der/die/das nächste	?	Where	is	the next/nearest . . . . . . ?
	sind die nächsten			are	

Ich schreibe	+ *dative* einen Brief, *etc.*
	einen Brief, *etc.* an + *accusative*. I'm writing a letter, *etc.* to . . .

Ich	schreibe,	um	dir† zu sagen,	wann . . .	I'm	writing	to	tell you	when . .
	rufe an,		euch† zu erklären,	wo . . .		phoning		explain to you	where
			Ihnen mitzuteilen,	warum . . .				let you know	why . . .
				wie . . . ,					how . .
				etc.					*etc.*

Es geht	mir	gut.	I'm	well.
	uns (allen)		We're (all)	

Wie geht es	dir†	?	How are	you?
	euch†			your parents?
	Ihnen			
	deinen Eltern			

---

* **Wegen** can precede or follow the noun, i.e. wegen seiner Krankheit *or* seiner Krankheit wegen.

---

† **Dir** and **Euch**, if written in a letter, etc.

13 Ausgehen oder zu Hause hocken?

Wir gehen aus

David ist Thomas Schreiners Austauschpartner. Eines Abends besprechen Thomas Eltern, was die Jungen unternehmen wollen ...

— Was habt ihr für heute abend vor?
— Wir hatten nichts Besonderes geplant, Vati. Ich dachte, wir könnten vielleicht zu Hause bleiben und fernsehen. Was sagst du, Dave?
— Es ist mir wirklich egal, was wir machen.
— Fernsehen! Ihr könnt nicht nur vor dem Fernseher hocken! Das Wetter ist viel zu schön. Du bist unmöglich, Thomas. Du hast mit dem David nichts Interessantes unternommen.
— Doch, Mutti. Das ist unfair von dir. Wir sind schon zweimal ins Freibad gegangen ... wir sind ins Kino gegangen ... wir waren im Jugendklub und auch auf einer Party.
— Du hast recht, Thomas. Das war nicht ganz richtig von mir, aber ihr solltet nicht bei solchem Wetter zu Hause hocken.
— Hättest du Lust, eine Burg zu besuchen, David?
— Ja, gerne! Das wäre sehr schön.
— Ich nicht, Vater. Ich habe gar keine Lust, eine Burg zu besichtigen. Ich würde lieber zu Hause bleiben. Um achtzehn Uhr läuft ein phantastischer Film im Fernsehen und ich will ihn nicht verpassen. Und Burgen finde ich sowieso langweilig. Ich war schon zwanzigmal auf jeder Burg in der Umgebung. Dort gibt es nichts zu tun.
— Dort gibt es viel Interessantes zu sehen und zu tun. Komm mal mit und sei nicht so egoistisch!

a Answer the following questions:

1 What had Thomas planned for the evening?
2 What did David feel about this?
3 What was Thomas' mother's reaction to his plans?
4 Why did Thomas think his mother was being unfair?
5 What did Thomas' father suggest as an alternative?
6 What did David think of this idea?
7 What did Thomas think of it?
8 What did his mother think of his attitude?

b Jetzt beantworten Sie diese Fragen auf deutsch!

1 Hat Thomas etwas Interessantes für diesen Abend geplant?
2 Warum will Frau Schreiner nicht, daß die Jungen an diesem Abend zu Hause hocken?
3 Was wird Thomas verpassen, wenn er mit den anderen ausgeht?
4 Was hält Thomas von Burgen?
5 Wen hält Frau Schreiner für egoistisch?

c Find the German for:

nothing special	to visit
I thought we could, might . . .	a castle
	yes, I'd like that!
what do you think, reckon?	to miss (*film, bus, etc.*)
I don't mind	on the television
much too . . .	in the area
nothing interesting	nothing to do
in this sort of weather	a lot of interesting things
to stay at home, hang around the house	come with me, us
do you fancy . . . ?	don't be so . . .
	selfish

Sag mir mal . . . !

Here are some useful ways of asking people whether they would like to do certain things. (Of course, the **ihr** and **Sie** forms of the verb should be used where appropriate.)

Möchtest du ...... + *infinitive*?
Oder möchtest du lieber ...... + *infinitive*?
Hast | du Lust, ... zu + *infinitive*?
Hättest |
Wenn du willst, | können wir ...... + *infinitive*.
| könnten

Here are some ways of reacting to such suggestions:

Ja, gerne!
Ja, das wäre schön/nett!
Ja, das ist eine gute Idee!
Ich habe nichts dagegen!
Das ist mir gleich/egal.
Nein, danke.
Nein, ich habe keine Lust dazu.
Nein, das | interessiert mich nicht.
| würde mich nicht interessieren.

Using the activities listed below, and the phrases above, make up a series of 'mini-dialogues' between a German boy/girl and his/her correspondent in which they try to decide what to do.

ins Kino gehen	ins Sportzentrum gehen
in eine Disco gehen	irgendwohin spazierengehen
auf eine Party gehen	ins Dorf gehen
ins Schwimmbad gehen	in die Stadt fahren
ein Fußballspiel anschauen	etwas mit der Clique unternehmen
einkaufen gehen	zu Hause bleiben
ins Lokal gehen	fernsehen

⊗ Wir gehen ins Kino

David hat ein deutsches Mädchen, Karen, kennengelernt. Er hat sie ins Kino eingeladen. Sie wollen den Gruselfilm „Die Nacht des Schicksals" sehen...

HEUTE ABEND: 18·30·21·00
DIE NACHT DES SCHICKSALS

— Zweimal Parkett, bitte.
— Der Film ist erst ab sechzehn frei.
— Das weiß ich... das bin ich schon!
— Darf ich Ihren Ausweis sehen?
— Meinen Paß habe ich... Ich bin Engländer. Hast du deinen Personalausweis, Karen?
— David... es geht nicht... Ich bin erst fünfzehn. Ich wußte nicht, was für ein Film das ist.
— Tut mir leid, also... Das Mädchen darf nicht mit hinein. Sie könnten aber in den anderen Saal.
— Was läuft dort?
— Eine englische Filmkomödie, „Brians Leben".
— Mit Untertiteln?
— Nein... synchronisiert.
— Was meinst du? Ich glaube, der würde dir gefallen. Einer meiner Freunde in England hat ihn unlängst gesehen und hat ihn sehr komisch gefunden.
— Schon gut!
— Eintrittskarten für Kino II bekommen Sie an der anderen Kasse.

a Answer the following questions:

1 Who was Karen?
2 What sort of film did she and David intend to see originally?
3 Where were they intending to sit?
4 What problem was there about getting tickets?
5 What did the lady at the box office suggest?
6 What did David tell Karen to persuade her to agree?

b Jetzt beantworten Sie diese Fragen auf deutsch!

1 Waren Karen und David beide Deutsche?
2 Was für ein Film war „Die Nacht des Schicksals"?
3 Warum hatte David keinen Personalausweis?
4 Wieso durfte David den Film sehen und Karen nicht?
5 Was bedeutet „mit Untertiteln"?
6 Wer hatte „Brians Leben" schon gesehen?

c Find the German for:

to meet, get to know
to invite
a horror film
the stalls (*theatre, cinema*)
identity card
passport
it's no good!
I'm sorry
I didn't know
what sort, kind of...
what's on? (i.e. what film?)
what do you reckon?
you'd like...
one of my friends
recently
O.K., very well then
(entry) tickets

Wie oft im Jahr ... ?

The following table shows how often the people concerned do the activities indicated. Copy it out and add details for yourself in the appropriate column:

	Karl	Ingrid	Willy	Sigrid	Ich
ins Theater	20	0	0	2	
ins Kino	3	15	2	10	
ins Sportzentrum	0	30	0	0	
in ein Pop-Konzert	0	4	1	0	
in die Oper	12	0	0	0	
ins Schwimmbad	0	20	10	50	

a Discuss the table and compare the people's interests using the following:

X mag gern/lieber (als ...)/am liebsten ......

X geht | oft/öfter (als ...)
| viel/mehr (als ...)/am meisten ......
| häufig/häufiger (als ...)/am häufigsten
| selten/seltener (als ...)/am seltensten
| wenig/weniger (als ...)/am wenigsten

Remember also the adverbs **ziemlich** oft, **sehr** gern, **viel** seltener.

e.g. Karl | mag ins Theater gehen.
| geht gern ins Theater.

Er geht lieber ins Theater als ins Kino.
Er geht seltener, etc. als ich ins Kino.
Sigrid geht besonders häufig ins Schwimmbad.

b 1 Was für ein Mensch ist Karl wohl?

Answer: Er | ist wohl ......
| muß ...... sein.

Ich glaube, er ist ......
Er scheint ...... zu sein.

2 Und Ingrid?
3 Und Willy?
4 Und Sigrid?
5 Und was für ein Mensch sind Sie?

Fernsehen und Kino

The following types of TV programmes and films are worth learning and will be useful for the exercises which follow:

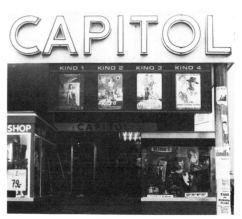

die Nachrichten, die Tagesschau/die Rundschau, die Sportschau, die Musik-/Popmusiksendung (-en), die Quizsendung, der Fernsehfilm (-e), der Spielfilm, das Stück (-e), die Lehrsendung/Schulsendung, die Fernsehserie (-n)/die Krimiserie/die Wildwestserie, der Trickfilm (-e), die politische Talkshow (-s), die Dokumentarsendung, die Variétésendung, die Diskussion (-en), die Debatte (-n), die Sendung über Sport, Religion, Politik, die Natur, andere Länder, etc.

der Hauptfilm, der Beifilm, die Komödie (-n), der Krimi (-s)/der Kriminalfilm, der Spionagefilm, der Liebesfilm,/ die 'Schnulze' (-n), der Kriegsfilm, der Science-Fiction-Film, das Musical (-s), der Grusel-/Horrorfilm, der Wildwestfilm, der Lustspielfilm

Film-guide

Look at the following 'film-guide':

ARENA KINO James Arness ,,Die Rache des Marshal Dillon'' **KINO ZENTRUM** **KINO I:** O'Neal – McGraw ,,LOVE STORY'' orig. Engl. mit Untertiteln **KINO II:** O'Tool – Courteney ,,Die Nacht der Generäle'' **KINO III:** Christopher Lee ,,ZOMBIE'' (ab 18 Jahre)	**GLORIA PALAST** Redford & Newman ,,Der Clou'' **NEUES REX** **KINO I:** Alan Parker ,,FAME'' **KINO II:** Woody Allen ,,Annie Hall'' **KINO III:** ,,Krieg der Sterne''

Use this to complete a series of dialogues on this pattern:

— Möchtest du ins Kino gehen?
— Das kommt darauf an, was es gibt.
— Im ...... (*name of cinema*) gibt es ...... (*title of film*).
— Was für ein Film ist das?
— Das ist ein(e) ...... (*type of film*)
— Jawohl,　　 | ...... (*give your reason*).
　Nein, danke. |

What's on this evening?

Here is a selection of German television programmes.
Look at the evening's viewing and answer the questions
which follow:

Mittwoch, 14. Juli

1. Programm

ARD/ZDF-VORMITTAGSPROGRAMM: 8.57–ca. 14.57 Warum
protestiert die Jugend? Direktübertragung einer Anhörung des
Deutschen Bundestages.

15.55 Tiere vor der Kamera
Schneeaffen in Japan

16.40 Deutsche Puppenbühnen (Kinderprogramm)

17.10 Zwei alte Hasen entdecken Neues (5)

17.30 ARD-Sport extra: Tour de France
11. Etappe: Einzel-Zeitfahren in Valence d'Agen

17.50 Tagesschau

Regionalprogramme
BR: 18.20 Edward VII. **HR:** 18.15 Sonnenpferde. **NDR:**
18.00 Die wunderbare Reise des kleinen Nils Holgersson
mit den Wildgänsen. **RB:** 18.10 Eine amerikanische Familie. **SFB:** 18.05 Bunte Tierwelt. **SR:** 18.25 Die Sonnenpferde. **SDR/SWF:** 18.45 Die Sonnenpferde. **WDR:** 18.10
Hollywood – Geschichten aus der Stummfilmzeit.

20.00 Tagesschau

20.15 Blut und Ehre. Jugend unter Hitler
1. Unsre Fahne flattert uns voran
In dieser vierteiligen Fernsehfilm-Serie wird die
Geschichte des Hitlerjungen Hartmut Keller, dessen Freund Hans Mönkmann, deren Familien,
Freunden, Klassenkameraden und Nachbarn erzählt.

21.15 Kontraste

21.45 Dallas. Explosion
In der heutigen Folge sorgt ein Erpresser für große
Aufregung, als er telefonisch droht, die Bohrlöcher
auf dem Ölfeld „Ewing 23" in die Luft zu sprengen,
wenn man ihm nicht fünf Millionen Dollar zahlt

22.30 Tagesthemen

23.00 ◧ Das makellose Schwert
Japanischer Spielfilm von 1945
Regie: Kenji Mizoguchi

2. Programm

15.03 ZDF-Ferienprogramm für Kinder

16.30 Einführung in das Erbrecht (12)

17.08 Tele-Jllustrierte

18.05 Raumschiff Enterprise

19.00 Heute

19.30 Dalli - Dalli. Spiel und Spaß

Präsentiert das heitere Fragespiel: Hans Rosenthal

21.00 Heute-Journal

21.20 Mittwochslotto – 7 aus 38

21.25 Die Straßen von San Francisco
Tödliche Aussicht (Wh.)

Ab heute wiederholt das ZDF jeweils mittwochs 22
Folgen der beliebten amerikanischen Krimiserie
mit Karl Malden als Lieutenant Mike Stone und
Michael Douglas als sein Assistent Steve Heller in
den Hauptrollen.

22.15 Saudi-Arabiens Reichtum und Probleme

23.00 Moslems und Christen in Deutschland

3. Programm

NDR/RB/SFB mit WDR und HESSEN: 19.00 Bunte Welt der
Alpentiere. 19.45 Praktische Tips: Steuern zahlen ja – zuviel zahlen
nein! 20.15 Mittwochs in . . . Informationen und Unterhaltung.
21.45 Auslandsreporter. Manfred Bainczyk aus Belgien: Die Zwei-
fel sitzen tief. 22.15 Dinner um acht. Amerik. Spielfilm von 1933
Mit Maria Dressler, John Barrymore, Wallace Beery, Jean Harlow
u. a. Originalfassung mit deutschen Untertiteln. Regie: George
Cukor.
BAYERN: 19.00 Meine Mutter kriegt mit 41 noch ein Kind. 19.50
Lord Peter Wimsey. Mord braucht Reklame (3). Kriminalspiel in
vier Teilen. 20.45 Rundschau. 21.00 Zeitspiegel. Politik am
Mittwoch. 21.50 Teleclub. French Can Can. Franz.-italien. Spiel-
film von 1955 mit Jean Gabin, Maria Felix u. a. Regie: Jean Renoir.
23.25 Rundschau.
SÜDWEST: Der Ferienfilm: Unsere Geister sollen leben. Tsche-
choslowakischer Spielfilm von 1976. Regie: Oldrich Lipsky. 19.00
Rockpalast. Heute mit: David Lindley. 19.50 Der Agentenschreck.
Amerikanischer Spielfilm von 1955 mit Jerry Lewis, Dean Martin
und Shirley MacLaine. Regie: Frank Tashlin. 21.35 Literatur in
Spanien. 2. Der Krieg ist aus. Eine Generation unter Franco. Ein
Film von Hans Emmerling.

Assuming that you are in Bavaria (Bayern), recommend programmes that you think might interest the people described below. Say when they are on, and on which channel. Base your answers on the following:

Im | ersten | Programm um ...... Uhr ...... gibt's ......
   | zweiten |
   | Dritten |

Ich | glaube, | das würde ...... | interessieren.
    | denke, | | gefallen.
    | | ...... würde das gerne sehen.

Das möchte ich (selbst) gerne sehen.

1 Karl ist sieben Jahre alt und muß ziemlich früh ins Bett.
2 Willi interessiert sich sehr für Filme, besonders ausländische Filme.
3 Tante Eva mag gern Shows und Quizsendungen.
4 Onkel Herbert mag aktuelle Berichte und will informiert sein über das, was in der Welt passiert.
5 Margit interessiert sich für europäische Geschichte und mag sehr gern historische Darstellungen.
6 Herr Schwarz mag sehr gern Sport anschauen.
7 Opa mag Krimis.
8 Oma interessiert sich sehr für Tiere.
9 Und Sie? Was möchten Sie selbst gerne sehen?

TV Times

Take an evening's viewing from the *TV* or *Radio Times*.
Imagine that you are discussing it with a German guest.
Use it to complete the following:

— Möchtest du heute abend fernsehen?
— Das hängt davon ab, was es gibt.
— Um (*time*) gibt es (*name of programme*).
— Was für ein Programm/eine Sendung ist das?
— Das ist (*type of programme*).
— Ja, das möchte ich gerne sehen. | Das klingt (+ *adjective*)*
  Nein, das will ich nicht sehen. |

Warum denn nicht?

Turn down each of the following offers and find as many excuses as you can for each:

e.g. — Willst du fernsehen?
     — Nein, danke.
     — Warum denn nicht?
     — Ich bin zu müde/Es gibt nichts Interessantes/Ich muß lernen/Ich möchte lieber ausgehen, usw.

1 Willst du ins Kino gehen?
2 Kommst du mit in den Jugendklub?
3 Möchtest du schwimmen gehen?
4 Wollen wir ein paar Platten anhören?
5 Kommst du mit auf eine Party?
6 Wir gehen in die Oper. Kommst du mit?
7 Hättest du Lust, zum Popkonzert zu gehen?
8 Ich gehe Tennis spielen. Willst du mitspielen?

---

* z.B. interessant, langweilig, albern, prima.

What are they saying?

Supply the words you think these characters might be saying:

How much can you remember?

1 Say you'd like to stay home this evening and watch television.
2 Say you don't mind (one way or the other).
3 Tell your friend he's/she's right.
4 Say there's a good film on this week in a certain cinema.
5 Say there's a quiz programme on the television this evening at 8 o'clock.
6 Say you find the television boring.
7 Say you don't fancy going to the cinema.
8 Say you don't know what kind of film it is.
9 Say you found the film funny.
10 Say there are lots of interesting things to see in town.
11 Say one of your friends is coming too.
12 Say that it depends.
13 Say it sounds interesting.
14 Ask your friend what he/she has planned for the evening.
15 Ask whether he/she fancies going to the swimming pool.
16 Ask whether he/she wants to go for a walk.
17 Ask whether he/she thinks it's a good idea.
18 Ask whether he/she has the tickets.
19 Ask whether he/she thought the film was good.
20 Ask whether he/she likes cartoon films.
21 Ask him/her why not (i.e. when he/she has turned down an offer).
22 Ask him/her whether he's/she's coming with you.

Background reading

Das Fernsehen in der BRD

Es gibt kein privates bezw. kommerzielles Fernsehen in der BRD, sondern das Fernsehen ist eine staatliche Anstalt. So darf es kaum Werbung senden – nie zwischen den Programmen und nie am späten Abend. Man kann zwischen drei verschiedenen Kanälen wählen: dem ersten Programm (ARD), dem zweiten Programm (ZDF), und dem Dritten Programm, das regionale Sendungen hat.

Das erste und zweite Programm sind nicht sehr unterschiedlich. Vormittags gibt es gewöhnlich Nachrichten und einige Sendungen von Vortag für Schichtarbeiter. Nachmittags stehen wenige Kinder- und Informationssendungen auf dem Programm, nur am Wochenende ist die Auswahl für das Nachmittagsprogramm größer. Das ZDF beginnt das Abendprogramm täglich mit Nachrichten um 19 Uhr, während die ARD die Tagesschau erst um 20 Uhr sendet. Dann folgt gewöhnlich eine Mischung von politischen und anderen Informationssendungen, Shows und Unterhaltungsprogrammen, Krimis und Spielfilmen.

Das Dritte Programm ist häufig etwas anspruchsvoller. Es gibt weniger Unterhaltungssendungen, aber dafür mehr gute Filme. Normalerweise sind die vielen ausländischen Filme, die das deutsche Fernsehen zeigt, synchronisiert, aber das dritte Programm zeigt manchmal Filme in der Originalsprache mit Untertiteln, so daß die Zuschauer ihre Fremdsprachenkenntnisse verbessern können.

Das deutsche Fernsehen scheint aber Filmemacher nicht genügend zu unterstützen, denn diese drehen häufig ihre Filme für das Kino. So muß der interessierte Zuschauer oft ins Kino gehen, um einen guten modernen Film sehen zu können.

Ein Fernseh- und Radiomagazin.

„Nesthäkchen", ein Fernsehfilm für Kinder.

Waldemar Haufmann liest die Nachrichten.

1 What do we learn about commercial television and advertising on television in Germany?
2 What are ARD, ZDF and the 'Drittes Programm'?
3 What is mentioned about morning programmes?
4 What details are given about afternoon programmes?
5 What further details are given about Channels One and Two programmes?
6 In what respects is Channel Three said to be different from the others?
7 What is said about films on German television?
8 What final remark is made about television and the film-makers?

Konversationsübung

Im Kino

das Plakat (-e)

Ein hochexplosiver dramatischer Film
(Le salaire de la pour)

die Verkäuferin

der Saal

die Kasse

Eis(krem)

die Eintrittskarte (-n)

Bonbons/Süßigkeiten
Pralinen
Schokolade

die Platzanweiserin (-nen)

die Schlange (-n)

Schlange stehen

sich anstellen

1 Wie oft gehen Sie ins Kino?
2 Was kostet heutzutage eine Kinokarte?
3 Was für Filme sehen Sie am liebsten?
4 Wer ist Ihr(e) Lieblingsschauspieler(in)?
5 Wann waren Sie zum letztenmal im Kino?
6 Was für einen Film haben Sie gesehen?
7 Können Sie den Titel ins Deutsche übersetzen?
8 Mit wem sind Sie dorthin gegangen?
9 Wer hat die Eintrittskarten bezahlt?
10 Wie kann man herausfinden, was in den lokalen Kinos läuft?
11 Was war der spannendste Film, den Sie je gesehen haben?

12 Darf man in britischen Kinos rauchen? Und in deutschen Kinos?
13 Was für Filme können Sie gar nicht leiden?
14 Was bedeutet im Kino in England „PG", „15", und „18"?
15 Wie oft gehen Sie zum Jugendklub?
16 Was für Fernsehsendungen mögen Sie am liebsten?
17 Oft muß man vor dem Kino Schlange stehen. Wo muß man sich sonst anstellen?
18 An welchen Abenden gehen Sie aus?
19 An welchen Abenden bleiben Sie also zu Hause?
20 Was lesen Sie zu Hause?

Grammar survey

1 Etwas/nichts/wenig/viel + adjective

Etwas and **nichts** are invariable, i.e. they always remain the same. So, too, are **wenig** and **viel** in the singular (see p. 153). However, when they are followed by an adjective (*something cheap, nothing interesting*, etc.), the adjective must have a strong neuter ending. In most cases the adjective is written with a capital letter. Although separate genitive and dative forms exist, they are not likely to be needed:

e.g. Es gibt **etwas Interessantes** im Fernsehen.
Er hat **nichts Wichtiges** gesagt.
Es gab **viel/wenig Preiswertes** auf dem Markt.

Ander is a common exception to the capital letter rule:
Ich will etwas **anderes**.
Haben Sie nichts **anderes**?

Comparative adjectives can be used in the same way:
e.g. Haben Sie nichts **Billigeres/Besseres**?

2 Imperative form of 'sein'

The formation of the imperative (i.e. giving orders) is explained on p. 50. An exception to this, which is quite often needed, is the imperative of **sein**. It is very different from the present tense and must be learnt:
du bist → **sei!**
ihr seid → **seid!**
Sie sind→ **seien Sie!**

e.g. Sei nicht so egoistisch!
Seid ruhig!

Structures

| Hast | du Lust, zu + *infinitive*? | Do | you fancy ＿＿＿ing? |
| Hättest | | Would | |

| Ich habe | Lust, | zu + *infinitive*. | I | fancy | ＿＿＿ing. |
| | (gar) keine Lust, | | | don't fancy | |

Ich würde lieber + *infinitive*. I'd rather ......
Was hältst du von + *dative*? What do you think of ...... ?

| Ich | finde | ihn/sie/es + *adjective* | . | I | find | him/her/it + *adjective*. |
| | habe | | gefunden. | | found | |

Ich dachte, wir könnten + *infinitive*. I thought we could/might ......

14 Mahlzeit!

⊙ Im Restaurant

— Guten Tag, wir haben einen Tisch für vier Personen
bestellt.

— Auf welchen Namen, bitte?

— Schmidt. Ich habe vor zwei Stunden angerufen.

— Oh ja, natürlich. Ich erinnere mich. Wenn Sie mir bitte
folgen wollen. Ich habe eine ruhige Ecke für Sie
ausgesucht. Nehmen Sie doch bitte Platz. Ich bringe
Ihnen gleich die Speisekarte.

— Vielen Dank.

— Bitte ... Wählen Sie in Ruhe aus. Ganz besonders
möchte ich Ihnen das Tagesmenü empfehlen ... Es ist
ausgezeichnet. Sie finden es auf dem Extrablatt ...
Möchten Sie vielleicht schon die Getränke bestellen?

— Ja, ich denke, wir nehmen eine Flasche Weißwein ...
Ihre Hausmarke, bitte.

....

— So, hier ist der Wein. Haben Sie sich schon entschieden?

— Ja, die beiden Damen möchten Steak mit Salat. Ich
dagegen habe mich für das Tagesmenü entschieden. Das
ist also Pilzsuppe als Vorspeise, Rouladen mit Rotkohl
und Kartoffelklößen und als Nachspeise ein gemischtes
Eis. Jürgen, was möchtest du denn?

— Ich hätte gerne Gulasch. Gibt es einen Salat dazu?

— Ja, es gibt gemischten Salat.

— Das klingt gut. Und als Nachspeise bitte Obstsalat mit
Sahne.

— Und als Nachspeise für die Damen?

— Nein, danke. Keine Nachspeise für uns ... Die schlanke
Linie, wissen Sie!

— Wenn Sie uns dann bitte nach dem Essen einen Kaffee
bringen würden.

— Viermal Kaffee? Aber gerne.

....

— Herr Ober, wir möchten zahlen, bitte.

— Zahlen Sie getrennt oder ...?

— Nein, das geht alles zusammen.

— Das macht dann zusammen DM92,50.

— Hier, bitte ... stimmt so.

— Vielen Dank. Ich lasse Ihre Mäntel holen.

a Answer the following questions:

1 When, how and for how many people had Herr Schmidt booked a table?
2 What sort of table had been reserved for his party?
3 What do they order to drink?
4 What food do they order?
5 Why don't the ladies have dessert?
6 How do they pay?

b Jetzt beantworten Sie diese Fragen auf deutsch!

1 Wo im Restaurant haben Herr Schmidt und die drei anderen gesessen?
2 Was steht auf dem Extrablatt?
3 Wer von den vier nimmt eine Nachspeise?
4 Was gibt es zum Gulasch?
5 Warum sagt Herr Schmidt „stimmt so" zum Kellner?
6 Holt der Kellner die Mäntel der vier Leute selbst?

c FInden Sie die richtige Definition!

1 „Die schlanke Linie!" bedeutet:
    a „Ich darf alles essen."
    b „Ich mache eine Schlankheitskur."
    c „Es ist mir egal, was ich esse."

2 „Ich lasse Ihre Mäntel holen" bedeutet:
    a „Ich lasse Ihre Mäntel in der Garderobe."
    b „Ich hole Ihre Mäntel selbst."
    c „Ich bitte jemanden, Ihre Mäntel zu holen."

3 „Getrennt zahlen" bedeutet:
    a „jeder zahlt für sich selbst".
    b „niemand zahlt".
    c „einer zahlt für alle".

4 „Es stimmt so" bedeutet:
    a „Ich möchte das Wechselgeld."
    b „Sie können das Wechselgeld als Trinkgeld behalten."
    c „Sie haben sich beim Wechselgeld verrechnet."

5 Einen Tisch bestellen bedeutet:
    a „einen Tisch kaufen".
    b „einen Tisch reservieren lassen".
    c „einen Tisch mieten".

d Find the German for . . .

to book (table, etc.)
in what name?
two hours ago
I remember
to choose, select
a quiet corner
I'll bring . . . at once
menu
to recommend
excellent
you'll find it . . .
we'll have, take . . .
to make up one's mind, decide (on)
on the other hand
today's menu
hors d'œuvre, 'starter'
dessert, 'sweet'
that sounds good
(I've got to watch) my figure!
four coffees
to pay
individually, separately
(I'll pay it) all together
keep the change

179

Herr Ober!

The following expressions will be useful for getting people to bring you things and for ordering in restaurants, etc.

Ich möchte/nehme (bitte) ......
Wir möchten/nehmen (bitte) ......
Mein Freund/Meine Freundin möchte/nimmt ......
Bitte bringen Sie mir/uns ......
Wenn Sie mir/uns bitte ...... bringen würden.
Für mich (selbst) ...... für meinen Freund ...... für meine Freundin ......
Einmal/Zweimal/Dreimal (etc.) ...... bitte.

Noch | einen/eine/ein ......
      | (etwas) + *noun*
      | (zwei/drei) + *plural noun*
      | eine Flasche/eine Portion/ein Stück + *noun*
      | zwei Flaschen/zwei Portionen/zwei Stück + *noun*

Als | Vorspeise ......
    | Hauptgericht ......
    | Nachspeise ......

Und dazu ......

Using some of the above expressions and the vocabulary in the box below, ask for the following items:

die Flasche (-n)	das Eis	das Brot/das Brötchen (-)
die Tasse (-n)	die Coca Cola	der Kuchen (-)
die Kartoffel (-n)	der Wein	die Torte (-n)
die Pommes frites (*pl.*)	der Reis	der Käse

Guten Appetit!

Here is the menu from a German restaurant:

RESTAURANT ZUR WEIßEN TAUBE

Vorspeisen
Aufschnitt (verschiedene Wurstsorten)	DM5,50
Rollmops	DM3,50
Russische Eier	DM3,50
Italienischer Salat	DM3,50

Suppen
Hühnerbrühe	DM3,00
Ochsenschwanzsuppe	DM2,50
Tomatensuppe	DM2,00

Hauptgerichte
Wiener Schnitzel mit Bratkartoffeln	DM11,50
Beefsteak mit grünen Bohnen	DM9,50
Hähnchen mit Pommes frites	DM10,00
Gulasch mit Reis	DM10,00
Bockwurst mit Kartoffelsalat	DM6,00

Beilagen
Pommes frites	DM1,50
Salzkartoffeln	DM2,00
Gemischter Salat	DM2,50

Nachspeisen
Obst	DM4,50
Kompott	DM3,00
Torten und Kuchen	DM1,80–DM3,50
Eis	DM3,00
Kaffee	DM3,60

Bedienung nicht eingeschlossen

Using some of the expressions given above, order a meal for yourself and a friend. Choose what you like for yourself, but bear the following things in mind about your friend:

— He/she doesn't like eggs or fish.
— He/she doesn't like onion or tomato.
— He/she doesn't like rice or chips.
— He/she isn't keen on chicken.
— He/she doesn't like sweet desserts and wonders whether he/she can have cheese instead.
— He/she would like an extra vegetable with the main course.
— He/she isn't keen on coffee and wonders whether he/she can have tea.

Herr Ober . . . da stimmt was nicht!

The following expressions are useful for explaining that
there is a mistake, particularly in a bill:

Das stimmt nicht/Die Rechnung stimmt nicht.
Sie habe sich verrechnet.
Hier steht . . . . . .

Wir haben | (nur) . . . . . . | gehabt.
           | kein(e)(n) . . . . . . |

The following illustrations show what was actually
consumed and the bill received. How would you explain
this to the waiter?

⊕ Heimkehr

Sigrid war drei Wochen in England. Ihre Mutter fragt sie, was sie dort zu essen und zu trinken bekommen hat...

— Wie war das Essen? Hat's dir geschmeckt?
— Meistens, ja.
— War das Essen ganz anders als bei uns?
— Ziemlich. Zum Frühstück hat man weder Wurst noch Käse auf den Tisch gestellt. Man hat immer Cornflakes oder andere Getreideflocken, so wie Sugar Puffs, Weetabix und ähnliches serviert. Hinterher aß man Toast mit Orangenmarmelade.
— Und zum Trinken?
— Tee oder Kaffee. Der Tee hat mir prima geschmeckt. Der Kaffee war aber Pulverkaffee... den mochte ich nicht.
— Und zum Mittagessen?
— Zu Mittag habe ich meistens in der Schulkantine gegessen. Das war scheußlich! ... Selbstbedienung ... Schlangestehen ... Bohnen in Tomatensoße, Pommesfrites, Fischstäbchen ... einfach scheußlich!
— Wann habt ihr abends gegessen?
— Wenn wir von der Schule heimkamen, gab es „tea" – das heißt, Butterbrote, Kekse, Kuchen und eine Tasse Tee dazu.
— Hast du denn abends nichts Warmes zu essen bekommen?
— Doch! Susans Vater kam gegen sieben Uhr nach Hause. Frau Williams hat dann ein warmes Essen serviert.
— Haben dir ihre Mahlzeiten geschmeckt?
— Ja, ausgezeichnet... Besonders ihre Pasteten! Ich glaube, ich habe sehr zugenommen!

a Answer the following questions:

1 What was Sigrid's general impression of English food?
2 What did Sigrid say about the English breakfasts she'd had?
3 What did she think about English school meals?
4 What were the evening eating arrangements in the Williams' household?
5 What did Sigrid have to say about Mrs Williams' cooking?

b Jetzt beantworten Sie diese Fragen auf deutsch!

1 Mit wem bespricht Ingrid, was sie in England gegessen und getrunken hat?

2 Wie hat ihr der englische Kaffee geschmeckt?
3 Was gefiel Sigrid an der Schulkantine nicht?
4 Woraus bestand der „tea" bei den Williams?

c Find the German for:

did you like it? (i.e. the food)	for lunch
different	school canteen
over here (i.e. in this country)	simply revolting
	in the evening
for breakfast	i.e., that's to say
and similar (things)	nothing cooked, hot
to drink, as a drink	to serve (meal)
...tasted great	dish, meal
	to put on weight

183

Hat's geschmeckt?

The following expressions are useful for saying what you think/thought of a meal:

Das	schmeckt	(mir)	prima/phantastisch	
	hat		(sehr) gut/ausgezeichnet	geschmeckt.
			(gar) nicht	
			scheußlich/schrecklich	

Das	ist	sehr lecker.
	war	

Das	ist	(mir)	ein bißchen	zu	süß, stark, fett,
	war		viel		bitter, salzig,
					gewürzt, etc.

a Using some of the above expressions, answer the

following questions according to the symbols and

Say what the questions and your answers mean:

1 Wie schmeckt dir der Kuchen?

2 Wie war's im chinesischen Restaurant?

3 Wie war der Curry?

4 Wie schmeckt das Fleisch?

5 Wie ist das Essen in der Schulkantine?

6 Wie schmeckt der Kaffee?

b Talk about food and your likes and dislikes by completing the following sentences:

1 Zum Frühstück esse ich normalerweise ......
2 In der Schulkantine bekommt man zu viel(e) ......
3 Wenn ich von der Schule nach Hause komme, esse ich ...... Ich trinke dazu ......
4 Zum Abendessen essen wir gewöhnlich ......
5 ...... mag ich sehr gern essen.
6 Ich trinke sehr selten ...... Am liebsten trinke ich ......
7 ...... schmeckt/schmecken mir besonders gut.
8 ...... finde ich phantastisch.
9 ...... kann ich nicht vertragen.
10 ...... habe ich nie probiert.
11 Als ich in Deutschland war, habe ich viel(e) ...... gegessen und viel ...... getrunken.
12 Ich esse sehr wenig ......

Where shall we eat?

Imagine that you and your family are in Germany and you wish to eat out at a restaurant. You have found the one marked above in the Yellow Pages. Work out the details of a phone call to reserve a table for the correct number of people for a certain time on a particular evening.

Pluperfect

Put the following sentences one step further back into the past by putting the first clause into the imperfect/perfect and the second clause into the pluperfect (see p. 190 for details of the pluperfect tense). Then say what the sentences mean:

e.g. Susi **hat** Hunger denn sie **hat** ihre Butterbrote zu Hause **liegen lassen**.
Susi **hatte** Hunger denn sie **hatte** ihre Butterbrote zu Hause **liegen lassen**.

1 Herr Spree kann die Rechnung nicht bezahlen; er hat sein Geld verloren.
2 Gerhardt geht nicht mit ins Restaurant; er hat sich erkältet.
3 Frau Küfner ist wütend; sie hat vergessen, Butter zu kaufen!
4 Herr Winkler hat eine schöne Überraschung für seine Frau; er hat einen Tisch für zwei im Restaurant bestellt.
5 Johannes will keinen Kaffee denn er hat gerade zwei Tassen Kaffee bei seiner Freundin getrunken.
6 Frau Tischbein gibt dem Kellner ein großes Trinkgeld; das Essen hat geschmeckt und die Bedienung war gut.
7 Herr Müller holt ein paar Flaschen aus dem Keller; seine Gäste sind gerade angekommen.
8 Die Brauns sind nicht zu Hause; sie sind gerade in die Stadt gefahren.

Get it done!

Using the structure **etwas machen lassen** = *to get, have something done* (see p. 190 for details of use), complete what you think the following people are saying. Pick the verbs from the list below:

das Haus	renovieren	lassen
ein Zimmer	tapezieren	
	streichen	

sich die Haare schneiden lassen
etwas reinigen lassen

etwas reparieren lassen
sich etwas untersuchen lassen
sich einen Zahn plombieren lassen
etwas prüfen lassen

In the future...

Rephrase each of the following sentences, replacing the present tense by the true future tense (see p. 190 for details). Then say what they mean:

e.g. Ich **gehe** heute abend **aus**.
      Ich **werde** heute abend **ausgehen**.

1 Wir essen erst später.
2 Ich rufe meine Eltern gleich an.
3 Wir warten noch ein paar Minuten.
4 Onkel Karl fährt auch mit.
5 Ich lade Peter und Helga zur Party ein.
6 Vater hilft uns bestimmt.
7 Mutter fährt morgen dorthin.
8 Kann sie uns vielleicht mitnehmen?

What are they saying?

Suggest the words you think these characters might be saying:

How much can you remember?

1 Say you have booked a table for two.
2 Say you phoned yesterday evening.
3 Say you'd like to order something to drink.
4 Say that you and your friends haven't decided yet.
5 Say your friend doesn't want a starter.
6 Say you aren't having a dessert.
7 Say some food you have been given is excellent.
8 Say you'd like to pay now, and you'd like to pay separately.
9 Tell the waiter there is a mistake in the bill.
10 Tell the waiter to keep the change.
11 Say you enjoyed the meal very much.
12 Say you have already eaten but haven't had anything cooked.
13 Say you think you're putting on weight.
14 Ask for a table for three.
15 Ask for the menu.
16 Ask your friend whether he/she has decided yet.
17 Ask what the menu of the day is.
18 Ask for a bottle of red wine and two cokes.
19 Ask whether there is a salad with a certain dish.
20 Ask for two coffees.
21 Ask for another two coffees.
22 Ask your friend whether he/she wants tea or would prefer coffee.

Background reading

„Guten Appetit!"

Die Entscheidung, wohin man essen geht, hängt natürlich davon ab, wieviel Geld man ausgeben kann oder will.

Die billigste Möglichkeit, eine warme Mahlzeit auswärts zu essen, ist sicherlich der Schnellimbiß. In manchen Imbißstuben muß man stehen, und die Auswahl ist nicht sehr groß. Ein traditionelles Essen dort ist zum Beispiel Bratwurst mit Kartoffelsalat oder Pommes frites (mit Ketschup), und sehr beliebt auch sind Frikadellen. Aber auch Hamburger haben längst den Weg in die BRD gefunden. Die besseren Imbißstuben haben auch Tische. Dort kann der Kunde eine richtige Mahlzeit wie Fleisch mit Gemüse und Kartoffeln bestellen.

Oft kann man billig und gut in sogenannten „Studentenkneipen" essen. Diese servieren häufig eine kleine Auswahl an Salaten, Snacks und richtigen Mahlzeiten, die oft eine sehr gute Qualität haben und nicht allzu teuer sind.

Die Qualität und Preise in Restaurants sind natürlich sehr unterschiedlich. Neben Restaurants mit traditionellen deutschen Gerichten gibt es inzwischen außerdem viele ausländische Restaurants. So kann man gute, aber einfache, aber auch teurere spanische, französische, italienische, griechische, portugiesische, türkische, indische und chinesische Restaurants in etwas größeren Städten finden. Anders als in England schenken fast alle Restaurants Alkohol aus. Aber überall sind die Preise unterschiedlich, so daß man sich am besten zunächst die Preise auf der Speisekarte ansieht. Vor dem Eingang fast aller Restaurants hängt in einem Glaskasten eine Speisekarte.

Nach dem Essen bezahlt man bei dem Kellner, der einen bedient hat. Die Mehrwertsteuer ist schon im Preis inbegriffen, das Trinkgeld aber noch nicht. So ist es Sitte, dem Kellner im Restaurant (nicht aber im Schnellimbiß und sehr selten in Kneipen) ein Trinkgeld – ungefähr zehn Prozent der Rechnung – zu geben, wenn man mit dem Essen und der Bedienung zufrieden war.

Im Schnellimbiß kann man billig essen.

Es gibt viele ausländische Restaurants.

Die Karte eines deutschen Restaurants.

1 On what does where one goes to eat depend?
2 What is the cheapest place to go, and what details are given about it?
3 What are 'Studentenkneipen', and what are we told about them?
4 What is said about restaurant prices?
5 What remarks are made about foreign restaurants?
6 In what connection is alcohol mentioned?
7 What is one recommended to do before eating in a restaurant?
8 What are we told about paying, V.A.T., service charges and tipping?

Konversationsübung

Der Tisch

das Geschirr

das Besteck

der Kellner (-)

die Tasse (-n)

die Untertasse (-n)

abtrocknen

abwaschen
spülen

die Serviette (-n)

der Löffel (-)

die Schüssel (-n)

das Glas (¨er)

die Gabel (-n)

das Messer (-)

das Tischtuch (¨er)

der Teller (-)

1 Wie oft essen Sie pro Tag?
2 Um wieviel Uhr?
3 Wie heißen die verschiedenen Mahlzeiten auf deutsch?
4 Welche typisch deutschen Gerichte kennen Sie?
5 Welches deutsche Essen haben Sie schon probiert?
6 Was für Gemüse essen Sie gern?
7 Welche Gemüsesorten mögen Sie gar nicht?
8 Welches Obst schmeckt Ihnen?
9 Welches Obst essen Sie nicht gern?
10 Was für Fleisch essen Sie am liebsten?
11 Beschreiben Sie eine typisch englische „tea-time" Mahlzeit!

12 Welche deutschen Wurstsorten können Sie nennen?
13 Und deutsche Käsesorten?
14 Was für Weinsorten gibt es?
15 Mit wem sind Sie zum letztenmal ins Restaurant gegangen?
16 Was haben Sie dort gegessen?
17 Wie kann man abnehmen, wenn man zu dick geworden ist?
18 Was sagen Deutsche zueinander, bevor sie essen?
19 Und bevor sie trinken?
20 Was ist Ihr Lieblingsgericht?

Grammar survey

1 The pluperfect tense

The *pluperfect* tense expresses the English *had done*. It is formed and follows the same rules as the perfect tense (see p. 105), except that instead of the auxiliary verbs being in the *present* tense, they are in the *imperfect*:

e.g. ich **hatte** gesucht
ich **war** gefahren
ich **hatte** machen müssen

2 Lassen + infinitive

Lassen, when used with an infinitive, has the meaning *to get something done*. In the present and imperfect tense **lassen** is regular:

e.g. Ich lasse mein Auto reparieren.
Ich ließ meinen Ledermantel reinigen.

In the perfect tense, instead of the normal past participle **gelassen**, **lassen** is used. This is similar to the perfect tense of modal verbs (see p. 106):

e.g. Ich **habe** mir die Haare schneiden **lassen**.

Lassen can also, of course be in the infinitive:

e.g. Ich war krank und **mußte** die Zeitung holen **lassen**.

3 The future tense

The present tense, combined with a suitable adverb, can be used to talk about the future (like the English 'He is going there tomorrow'):

e.g. Ich mache es morgen.
Er kommt später.

The true future tense (*I shall, you will*, etc.) is formed by using the present tense of **werden** + infinitive. The infinitive stands at the end of the clause:

e.g. Ich **werde** es morgen **machen**.
Wird der Karl auf der Party **sein**?

Structures

Bitte bringen Sie mir ...... !   Please bring me ......

...... schmeckt/schmecken mir (nicht).   I (don't) like ...... (*a certain food or drink*).

...... hat/haben mir (nicht) geschmeckt.   I liked/didn't like ...... (*a certain food or drink*).

Möchtest du | ...... (haben)?   Would you like (to have) ...... ?
Möchten Sie |

Möchtest du | lieber ...... (haben)?   Would you prefer (to have) ...... ?
Möchten Sie |

Ich möchte lieber ...... (haben).   I'd prefer (to have) ......

15 Ferienzeit

🎧 Im Verkehrsamt

— Guten Tag, kann ich Ihnen helfen?
— Ja, ich bin gerade erst in Lübeck angekommen. Zuerst brauche ich einmal ein Hotel.
— An welche Preisklasse denken Sie denn?
— Mehr als DM30 pro Nacht mit Frühstück wollte ich eigentlich nicht bezahlen. Ein eigenes WC und eine eigene Dusche sind nicht nötig, ich bleibe ohnehin nur für drei Tage.
— Soll es ein Einzelzimmer sein?
— Ja, bitte.
— Das Hotel Adler ist empfehlenswert ... das liegt aber im Stadtzentrum. Ich muß nur anrufen, ob noch ein Einzelzimmer frei ist ...
  ... Ja, dort ist noch etwas frei; Übernachtung mit Frühstück kostet DM28. Dusche und WC sind auf dem Flur, aber Sie haben fließend warmes Wasser auf Ihrem Zimmer.

— Danke, das reicht völlig. Können Sie mir sagen, wie ich dort hinkomme?
— Ja, gerne. Sie können von uns kostenlos einen kleinen Stadtplan bekommen. Darauf kann ich Ihnen zeigen, wo das Hotel ist. So hier ... hier ist es. Es sind nur ungefähr fünf Minuten zu Fuß.
— Phantastisch! Könnten Sie mir auch einige Sehenswürdigkeiten empfehlen?
— Diese kleine Broschüre mit einer Beschreibung der Sehenswürdigkeiten und den Adressen von einigen Restaurants kann ich Ihnen umsonst geben. Als besondere Empfehlung kann ich Ihnen sagen: Das Holstentor ist ganz bestimmt einen Besuch wert, und es lohnt sich sehr, das Thomas-Mann-Haus zu besuchen. Weiteres über die Stadt finden Sie in diesem Heftchen. Es kostet DM5.
— Ich nehme gerne den Stadtplan und die Broschüre; das Heftchen brauche ich nicht. Danke für Ihre Mühe.
— Oh, bitte, gern geschehen! Auf Wiedersehen!
— Auf Wiedersehen!

a Answer the following questions:

1 How long has the lady been in Lübeck?
2 Give three details of the type of hotel and room the lady is looking for.
3 Why does the receptionist ring the Hotel Adler?

4 Give three details about the accommodation available in the Hotel Adler.
5 How far away from the tourist information office is it?
6 What three items does the receptionist offer the lady and how much do they cost?

b Jetzt beantworten Sie diese Fragen auf deutsch!

1 Was für ein Zimmer sucht die Dame?
2 Was kann man im Hotel Adler für DM28 bekommen?
3 Welche Sehenswürdigkeiten empfiehlt der Herr im Verkehrsamt?
4 Warum sagt er „gern geschehen" zu der Dame?

c Finden Sie die richtige Definition:

1 „Ich empfehle es dir" bedeutet
   a „ich denke, es wird dir gefallen".
   b „ich denke, es ist nichts wert".
   c „ich denke, es lohnt sich nicht".

2 „Eine Sehenswürdigkeit" ist
   a „etwas, was nicht besonders interessant ist".
   b „etwas, dessen Besuch langweilig ist".
   c „etwas, was einen Besuch wert ist".

3 „Ein eigenes Badezimmer ist nicht nötig" bedeutet
   a „Ich brauche unbedingt ein eigenes Badezimmer."
   b „Es ist mir gleich, ob es ein eigenes Badezimmer gibt."
   c „Ich will kein Zimmer ohne eigenes Badezimmer."

d Find the German for:

tourist information office
I have just arrived
more than . . .
a shower
necessary
I'm staying for (a certain length of time)
a single room
to be recommended
town centre
bed and breakfast
on the landing, in the corridor
that's quite adequate
how do I get there?
free, for nothing (*two words*)
map of the town
five minutes on foot
great!
could you recommend . . . ?
sights, places of interest
worth a visit
further information about . . .
I don't need . . .
thanks for your trouble
don't mention it!

Entschuldigen Sie, bitte . . .

Instead of asking a direct question („Wo ist das Verkehrsamt?"), you can ask questions indirectly, using expressions such as:

„Können Sie mir sagen, | wo das Verkehrsamt ist?"
„Wissen Sie (vielleicht), |

Rephrase the following questions, using the expressions give above. Note the word order carefully. Then say what your sentences mean:

1 Wo ist Zimmer 110?
2 Um wieviel Uhr frühstückt man hier im Hotel?
3 Wann kommt die Post?
4 Was kostet diese Broschüre?
5 Was ist abends in dieser Stadt los?

6 Wo bekommt/kriegt man so eine Broschüre?
7 Was ist in der Umgebung einen Besuch wert?
8 Wer könnte mir helfen?

Ob

When there is no question word (e.g. Ist Post für mich da?) the word **ob** is used:

Wissen Sie, Können Sie mir sagen,	ob Post für mich da ist?

Rephrase the following questions using **ob**. Then say what your sentences mean:

1 „Kann ich hier einen Stadtplan bekommen?"
2 „Ist das Frühstück im Preis eingeschlossen?"
3 „Ist das ein teueres Hotel?"
4 „Hat das Zimmer ein eigenes WC und eine eigene Dusche?"
5 „Liegt das Hotel im Stadtzentrum?"

Gerade/(so)eben

The perfect tense plus **gerade** or **(so)eben** expresses the idea that someone has just done something:

Er/sie hat/ist Sie haben/sind	gerade (so)eben	+ *past participle*.

e.g. Er hat gerade/(so)eben das Hotel verlassen.
   Sie sind gerade/(so)eben abgefahren.

Using the verbs given, say what the people in the pictures have just done:

1 ankommen
die Campingausrüstung
auspacken

2 das Zelt aufschlagen

3 Lebensmittel kaufen

4 baden
schwimmen gehen

5 Federball spielen

6 duschen
sich waschen

7 fernsehen

8 sich auf den Weg
nach Hause machen

⊘ Sommerferien

Mitten in den Sommerferien begegnet Harald einer Schulkameradin...

— Wo warst du in den letzten paar Wochen?

— Ich war mit meiner Familie in Italien. Dieses Jahr hat mein Vater drei Wochen Urlaub gehabt. Die erste Woche sind wir daheim geblieben. Die restliche Zeit haben wir in der Nähe von Rimini verbracht.

— Wo ist Rimini? Ich kenne Italien nicht sehr gut.

— Es liegt an der Ostküste Italiens.

— Wart ihr in einer Pension? Oder habt ihr eine Villa gemietet?

— Keins von beiden... Wir haben gezeltet.

— Wie war's?

— Wir waren ziemlich enttäuscht.

— Wieso? War das Wetter denn nicht gut?

— Das Wetter war herrlich... Und der Zeltplatz lag nah am Meer. Aber der Strand war sehr dreckig und es gab dort kaum einen Quadratmeter freien Platz! Unsere Nachbarn auf dem Campingplatz waren sehr laut und die Waschgelegenheiten waren ein bißchen primitiv.

— Warum habt ihr denn den Campingplatz nicht gewechselt?

— Sie waren alle bis auf den letzten Platz voll. Wir hatten Glück, überhaupt einen Platz zu finden! Und ihr... Wann verreist ihr dieses Jahr?

— Wir verreisen diesen Sommer nicht. Vater hat zwar zwei Wochen Ferien aber Oma ist krank und er will nicht zu weit weg von ihr sein. Wir werden wohl ein paar Tagesausflüge machen, mehr können wir nicht unternehmen.

— Ach... wie schade!

a Answer the following questions:

1 When does this meeting take place?
2 Give four details about Harald's friend's holiday this year.
3 Why were she and her family disappointed?
4 Why were they unable to do anything about it?
5 What will Harald and his family be doing this year and why?

b Jetzt beantworten Sie diese Fragen auf deutsch!

1 Wie lange hatte sich Haralds Freundin in Rimini aufgehalten?
2 Wie oft war Harald schon in Rimini?
3 Wie war die Villa, die Haralds Freundin gemietet hatte?
4 Was waren die Vorteile und Nachteile des Campingplatzes, von dem das Mädchen spricht?

c Find the German for:

summer holidays
three weeks' holiday
to stay at home
near, not far from
I don't know ...... very well
a boarding house
to hire, rent
neither (thing)
to camp
rather disappointed
filthy
washing facilities
full up, chock-a-block
we were lucky (to . . .)
to go away, go on a journey
it's true
I suppose, probably
a day trip
what a pity!

When and where

Wann?
The following expressions tell you when a
holiday took or will take place:

voriges/letztes/nächstes Jahr
vorigen/letzten/nächsten Sommer
vorigen/letzten/nächsten Juni
Anfang Juli
Mitte August
(gegen) Ende September
vorletztes Jahr
übernächstes Jahr
dieses Jahr
diesen Sommer
vor drei Jahren
1984 (neunzehnhundertvierundachtzig)

Mit wem?
The following expressions explain who you
went or will go with:

mit meiner Familie
mit meinen Eltern/Großeltern
mit ein paar Freunden/Freundinnen
mit meinem Vater/Bruder/Schulkameraden
mit meiner Schwester/Mutter/
　　Schulkameradin

Wo? Wohin?
The following expressions will explain
where you went or will be going:

in München, etc.	sein
in Deutschland, etc.	
in der Schweiz	
in den USA	
auf Malta, Kreta, etc.	
auf den Kanalinseln, etc.	
auf der Insel Wight, etc.	
bei Verwandten	
bei meinen Großeltern	
auf dem Lande	
in den Bergen	
an der Nordseeküste	
an der See/am Meer	

nach München, etc.	fahren
nach Deutschland, etc.	
in die Schweiz, etc.	
in die USA, etc.	
nach Malta, Kreta, etc.	
auf die Kanalinseln, etc.	
auf die Insel Wight, etc.	
zu Verwandten	
zu meinen Großeltern	
aufs Land	
in die Berge	
an die Nordseeküste	
an die See, ans Meer	

Wie lange?

The following expressions explain how long you spent/will be spending in a place:

Ich habe eine Woche in Devon, *etc.* verbracht.

Ich war | vierzehn Tage | in Devon, *etc.*
     | einen Monat |

Ich fahre für | eine Woche | nach Devon, *etc.*
     | vierzehn Tage |
     | einen Monat |

Ferienpläne

The following expressions are useful for talking about holidays past and future:

Wir hoffen, zu + *infinitive*.
Wir werden (wohl/vielleicht/hoffentlich) + *infinitive*.
Wir möchten (gern) + *infinitive*.
Wir fahren/fliegen ......
Wir sind ...... gefahren/geflogen.

Talk about holidays past, present, and future (real or imaginary) by completing the following sentences. The expressions given in the section above will help you. Give several versions of each:

1 Ich ......
2 Meine Familie und ich ......
3 Dieses Jahr ......
4 Nächsten Sommer ......
5 Voriges Jahr ......
6 Vielleicht ......
7 Wir hoffen ......
8 In den letzten Sommerferien ......
9 In den kommenden Sommerferien ......
10 Zu Weihnachten letzten Jahres ......
11 Zu Ostern dieses Jahres ......
12 Zu Pfingsten ......
13 Anfang Juli ......
14 Ende August ......

Schloß Neuschwanstein in Bayern.

Salzburg in Österreich.

Find the correct preposition

Find the correct prepositions to go with the verbs in the following sentences and then say what they mean:

1 Das Kind hat Heimweh; es denkt die ganze Zeit ...... seine Eltern.
2 Darf ich Sie ...... Feuer bitten?
3 Ich habe furchtbar Angst ...... Spinnen.
4 Du sollst eine Karte ...... deine Großeltern schreiben.
5 Was hältst du ...... England?
6 Du bist egoistisch und denkst immer ...... dich selbst.
7 Ich erinnere mich gut ...... meinen Aufenthalt bei euch.
8 Freust du dich ...... die Ferien?
9 Meine Freunde fragen oft ...... dir.
10 Ich warte ...... meinen Vater; er soll mich abholen.

St. Moritz in der Schweiz.

✆ Auf Wiedersehen!

*Sean hat gerade drei Wochen bei einer deutschen
Familie, den Müllers, verbracht. Heute ist leider der
letzte Tag seines Aufenthalts; er muß sich bald von den
Müllers verabschieden. Er hat viel Spaß bei ihnen gehabt
und das ist für ihn ein trauriger Abschied . . .*

— Es wird Zeit. Ich glaube, wir sollten uns gleich auf den
  Weg machen, sonst verpaßt du deinen Zug, Sean. Ich
  gehe gerade das Auto holen.
— Bist du zur Abfahrt fertig, Sean? Hast du
  alles? . . . deinen Fahrschein? . . . deinen Paß? . . .
— Ja, Frau Müller, ich habe das alles nachgesehen.
— Deinen Koffer? . . . deine Tasche? . . .
— Sie stehen im Flur bereit.
— Gut . . . Hier sind Butterbrote, Kekse und Kuchen für die
  Reise . . . und eine Thermosflasche Kaffee dazu.
— Vater hupt schon . . . Mach schnell, Sean!
— Fahren Sie auch mit, Frau Müller?
— Nein . . . ich nicht. Also, auf Wiedersehen, Sean. Ich
  hoffe, wir sehen uns nächstes Jahr wieder.
— Ich hoffe es auch, Frau Müller.
— Ich hoffe auch, dir hat dein Aufenthalt bei uns gefallen.
— Das waren die schönsten Tage, die ich je verbracht habe.
  Vielen Dank für alles.
— Bitte, Sean . . . Nichts zu danken . . . Bis nächstes Jahr
  also.
— Bis nächstes Jahr . . . Und nochmals recht vielen Dank!

a Answer the following questions:

1 How long has Sean been staying at the
  Müllers?
2 How will he be travelling home?
3 What things does Frau Müller ask whether
  Sean has ready for the journey?
4 What does she give Sean for the journey?
5 How does Herr Müller let them know he is
  ready to leave?
6 When will Sean probably be coming back
  to the Müller's?

b Find the German for:

he has spent (a length of time)
in, with a German family
the last day
a stay
to take one's leave, say goodbye
to have fun, have a good time
to get moving, hit the road

otherwise, or else
to miss (train, etc.)
ready (*two words*)
to check
for the journey
to hoot, sound one's horn
hurry up! get a move on!
I hope (that) . . .
to see one another again
I enjoyed . . .
thanks for everything
well, see you next year!
thanks again!

c Jetzt beantworten Sie diese Fragen auf deutsch!

1 Wann fährt Sean nach Hause?
2 Wann findet diese Szene statt?
3 Wo wird Sean wohl die Butterbrote usw. essen und den Kaffee trinken?
4 Was hat Sean vergessen?
5 Was hofft Sean nächstes Jahr zu tun?

d Versuchen Sie die folgenden Sätze anders auszudrücken:

1 „Er muß sich von den Müllers verabschieden" bedeutet . . .
2 „Wir müssen uns auf den Weg machen" bedeutet . . .
3 „Mir hat mein Aufenthalt gefallen" bedeutet . . .

Wie war's?

Here are some ways of showing how much (or how little) you enjoyed something:

| Es
Der Film
Die Party
Das Museum
Die Ferien | war

waren | toll/Klasse/phantastisch.
wunderbar/herrlich/sagenhaft.
(sehr/höchst) interessant.
nicht schlecht.
(ein bißchen) langweilig.
blöd.
furchtbar/scheußlich. | | |
| Es
Der Abend
Mein Urlaub, etc. | hat mir | sehr
nicht besonders
gar nicht | gefallen. |

| Es
Das | war | ein (*adjective*)-er Abend.
eine (*adjective*)-e Party.
ein (*adjective*)-es Hotel.
waren (*adjective*)-e Ferien. |

Das war katastrophal/eine Katastrophe!
Ich habe mich (fast zu Tode) gelangweilt.
Ich habe die Party sehr langweilig gefunden.

Imagine that someone asks you how much you enjoyed the following things. React with a positive or a negative answer according to the symbols

1 Wie war's auf der Party?

2 Wie waren die Ferien?

3 Wie war der Ausflug?

4 Wie war das Wochenende bei den Großeltern?

5 Wie war die Reise?

6 Wie war der Campingplatz?

7 Wie war die Pension?

8 Wie war das Wetter?

9 Wie war der Film?

10 Wie war das Konzert?

Holiday in Waischenfeld

The following excerpts are taken from a brochure about
a small town called Waischenfeld in a region in
Franconia (Franken) called die Fränkische Schweiz.
Read the following general notes and answer the
questions below:

Allgemeine Angaben

Unterkunft und Preise

Als Unterkünfte stehen moderne Hotels, Gasthöfe, Pensionen sowie freundliche Privatquartiere zur Verfügung. Die Eintragung im
Unterkunftsverzeichnis betreff der Reihenfolge und der Hausnum-
mern stellt kein Werturteil dar. Die unterschiedlichen Preise, die
die gesetzlichen Steuern und den Bedienungszuschlag enthalten,
ergeben sich aus der Lage des Hauses sowie der Ausstattung
der Zimmer.

Zimmervermittlung

Um Quartiersuchenden das Anschreiben mehrerer Häuser zu ersparen, führt das Verkehrsamt Zimmerreservierungen durch. Dies
setzt jedoch eine verbindliche schriftliche Bestellung mit genauer
Aufenthaltsdauer, sowie die Angabe des gewünschten Hauses oder
eines Ersatzquartiers voraus. Reservierungen in den Gasthöfen ist
in der Hauptsaison nur mit Vollpension möglich!

1 What different kinds of accommodation are mentioned?
2 What two reasons are given for the difference in prices?
3 Who arranges room reservations and why?
4 What do these people insist on receiving from those
  who are seeking accommodation?
5 What limitations are mentioned with regard to
  reservations in hotels (**Gasthöfe**)?

The following 'Informationen' list the facilities which
Waischenfeld has to offer:

Informationen   Telefon-Vorwahl 09202

Arzt: Dr. Friedrich Kellerer, Waischenfeld, Vorstadt 43, Tel. 273.

Zahnärzte: Dr. Christine Hermann, Waischenfeld, Fischergasse 4,
Tel.
Max Liebe, Waischenfeld, Zeubach, Tel. 399.

Apotheke: Stadtapotheke Waischenfeld, Hauptstr. 102, Tel. 235.

Tierarzt: Dr. Josef Hofmann, Waischenfeld, Siedlg. 19, Tel. 215.

Krankentransport: Malteserhilfsdienstwerk Waischenfeld.
Tel. 229/210.

Sparkassen: Raiffeisenkasse Waischenfeld, Vorstadt 32,
Tel. 325 – Kreissparkasse Bayreuth-Pegnitz,
Waischenfeld, Hauptstraße 101, Tel. 320.

Haus des Gastes (Schlüsselburg) mit Kegelbahn, Schießanlagen,
Freilichtbühne, Heimatmuseum, Aufenthaltsräume mit Fernseh
und Bücherei.

Gottesdienste: Kath. Gottesdienste und evang. Gottesdienste.

Beheiztes Freibad. 23 Grad.

Campingplatz Waischenfeld, Inh. Peter Smul, Tel. 359.

Sportzentrum: Tennisplatz, Hartplatz usw.
Angelsport, Boots- u. Fahrradverleih,
Fliegenfischer-Schule

Unterhaltungstanz wöchentlich – Unterhaltungsabende –
Lichtbildervorträge – Busrundfahrten – geführte Wanderungen.

Kfz-Reparaturen: Hans Seger, Waischenfeld 62, Tel. 229

Tankstellen: Dietmar Schwarzäugl (Shell), Waischenfeld, Tel. 216
BayWa-Tankstelle, Tel. 327.

Omnibus-Ausflugsfahrten: Hans Gick, Waischenfeld, Tel. 222.

Omnibus-Ausflugsfahrten: Paul Lindner, Waischenfeld-
Eichenbirkig, Tel. 292.

Taxi-Omnibusrundfahrten: Hans Eckert, Waischenfeld,
Vorstadt 41, Tel. 246.

Auskunft: Städt. Verkehrsamt Waischenfeld, Tel. (09202) 210.

1 List the various facilities in English.
2 What do you understand by the word '**Telefon-
  Vorwahl**'?
3 Make up an imaginary enquiry to each of the following
  people, or their secretaries:
  — Herr Seger
  — Herr Gick
  — Dr Hermann

Here is some accommodation available in Waischenfeld:

Name des Hauses	Telefon (Vorw. 0 92 02)	Einzelzimmer	Zweibettzimmer	Mehrbettzimmer	Übernachtung und Frühst. von bis	Pension von bis	Einzelzimmer-Zuschlag	Appartement	Zimmer m. Bad u. WC	Zimmer m. Dusche u. WC	Zimmer m. Bad - Du.sche	fl. Wasser kalt / warm	Zentralheizung	Ofenheizung	Bad oder Dusche	Aufenthaltsraum	Fernsehraum	Etagen-WC	kinderfreundlich	Kochgelegenheit	Weitere Besonderheiten
Gasthaus „Steinerne Beutel" Luise Tiedtke Waischenfeld 93	307	2	3	1	12,– 18,–	–	2,–	⌐	–	X	–	X	X	–	X	X	X	X	X	–	a, b, d, g, h, o, p
Gasthaus Gruber Emil Gruber Waischenfeld Vorstadt 27	270	1	3	–	12,– 14,–	–	2	–	–	–	–	X	X	–	X	X	–	X	X	–	b, c, d, h, o, p
Gasthaus Krug Marianne Krug Waischenfeld / Breitenlesau	835	–	5	–	12,– 14,–	–	–	–	–	–	–	X	X	–	X	X	X	X	X	–	a, b, c, h, o, p
Gasthof „Thiem" Reinhard Thiem Waischenfeld / Langenloh 14	357	–	6	5	17,– 21,–	Vollp. 29,– 33,– Halbp. 22,50 28,50	5,–	–	–	X und Fernseh	–	X	X	–	X	X	–	X	X	–	a, b, c, d, f, h, o, p, r
Gasthaus Steger Georg Steger Waischenfeld / Eichenbirkig	278	2	6	–	13,50 14,50	–	2,–	–	–	–	X	X	X	–	X	X	X	X	X	–	a, b, c, d, g, h, o, p
Gasthaus Düngfelder Georg Düngfelder Waischenfeld Siegritzberg 17	283	1	1	1	12,– 14,–	–	2,–	–	–	–	–	X	–	–	X	X	X	X	X	–	a, b, c, d, g, h, o, p

Preise einschl. MWSt.

Besonderheiten:

a = ruhige Lage
b = Balkon oder Terrasse
c = Liegewiese oder Garten
d = schöne Aussicht
e = Diät
f = Kindermenü
g = Hunde gestattet
h = Garage oder Parkplatz

i = eigene Forellenfischerei
j = Sauna
k = eigenes Freibad
l = medizinische Bäder
m = Bibliothek
n = Liegehalle
o = durchgehend offen
p = Waldnähe
r = Zimmertelefon

---

a Using the chart and the table of 'extras' (**Besonderheiten**) work out what each of these **Gasthäuser** has to offer.
— Where wouldn't you go if you wanted peace and quiet?
— Where would a family go if they wanted a separate menu for the children?
— Where wouldn't you go if you wanted a room with an attractive view?
— Where could people go if they had a dog?

b Given the number in your own family, is there a Gasthaus here which would accommodate you all satisfactorily?

c Write a letter to the Städt. Verkehrsamt Waischenfeld, making a reservation for your family for certain dates during the next summer holidays.

200

Day dreams!

Complete the following by adding a suitable infinitive phrase:

1 Wenn ich genug Zeit hätte, würde ich ......
2 Wenn ich es nur dürfte, würde ich ......
3 Wenn ich Millionär(in) wäre, würde ich ......
4 Wenn meine Familie sehr reich wäre, würden wir ......
5 Wenn ich genug Geld hätte, würde ich ......
6 Wenn es möglich wäre, würde ich ......

What are they saying?

Supply the words you think these characters might be saying:

How much can you remember?

1 Say you have just arrived.
2 Say you are staying for a week.
3 Say you want a single room.
4 Say you don't want to pay more than DM35 a night.
5 Tell someone that the museum is worth a visit.
6 Say you'd like to take the brochure.
7 Say you don't need the other booklet.
8 Thank someone for his/her trouble.
9 Say you have just spent a fortnight in Cornwall.
10 Say you camped.
11 Say the campsite was great but the weather wasn't particularly good.
12 Say the beach was a bit dirty and very crowded.
13 Tell your correspondent to get a move on.
14 Say you enjoyed the evening very much.
15 Say you hope you'll see someone again soon.
16 Ask whether someone can recommend a good, cheap hotel.
17 Ask how to get there.
18 Ask whether you can help someone (i.e. customer, etc.)
19 Ask how much bed and breakfast costs.
20 Ask whether there is a shower in the room.
21 Ask what places of interest someone recommends.
22 Ask whether someone has a brochure about the town and a town plan.
23 Ask for the addresses of a few restaurants.
24 Ask whether the town plan is free.
25 Ask your correspondent whether he/she has got everything.
26 Ask your correspondent whether he/she is coming with you.

Background reading

Länder, in denen Deutsch gesprochen wird

Es gibt drei Staaten, in denen ausschließlich Deutsch gesprochen wird. Das sind die BRD, die DDR und Österreich. In der Schweiz spricht ein großer Teil der Bevölkerung Deutsch als Muttersprache, aber es gibt auch einen Teil, wo französisch gesprochen wird und einen, wo man italienisch spricht.

In einigen anderen Staaten gibt es auf Grund der historischen Entwicklung noch kleine Gruppen, die Deutsch sprechen können, aber die Staatssprache ist dort eine andere und wird auch fast immer, jedenfalls außerhalb der Familie, benutzt. Ein Beispiel hierfür sind Menschen in Polen, der UdSSR, der Tschechoslowakei und Dänemark. Diese Menschen sind aber Ausnahmen in ihren Ländern.

In der Bundesrepublik.

Wenn auch das Schriftdeutsch überall gleich ist, so gibt es viele verschiedene Dialekte in der deutschen Sprache. Plattdeutsch, auch Niederdeutsch genannt, ist eine fast eigenständige Sprache, die traditionell in vielen Teilen Norddeutschlands gesprochen wird. Es gibt aber auch noch viele andere regionale Dialekte, die manchmal sehr verschieden klingen. So findet es zum Beispiel jemand aus Hamburg sehr schwer, den bayerischen Dialekt zu verstehen.

In Ostberlin.

Der Unterschied zwischen dem sogenannten Hochdeutsch und einem regionalen Dialekt ist oft so groß, daß Kinder Schwierigkeiten in der Schule haben, wenn sie Hochdeutsch sprechen und schreiben sollen, denn viele Familien sprechen zu Hause nur Dialekt. Vor einiger Zeit haben viele Leute versucht, nur noch Hochdeutsch zu sprechen, aber heute ändert sich das wieder etwas; so gibt es manchmal Radiosendungen, in denen Dialekt gesprochen wird.

In der Schweiz.

In Österreich.

1 What do BRD and DDR stand for and why are these two countries mentioned together with Austria?
2 What is said about Switzerland?
3 Why are Poland, the USSR, Czechoslovakia, and Denmark mentioned?
4 How are written and spoken German different according to the text?
5 What is said about dialects?
6 What is 'Hochdeutsch'?
7 What problems do some children have in school and why?
8 What change in attitude to regional dialects is mentioned?

Konversationsübung

Am Strand

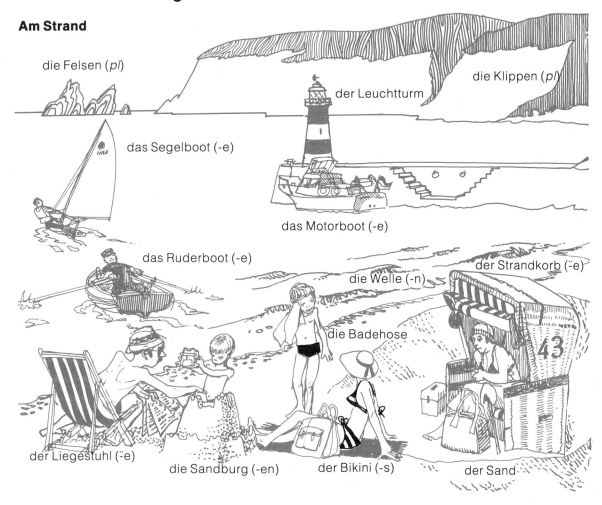

die Felsen (*pl*)

der Leuchtturm

die Klippen (*pl*)

das Segelboot (-e)

das Motorboot (-e)

das Ruderboot (-e)

die Welle (-n)

der Strandkorb (ˍe)

die Badehose

der Liegestuhl (ˍe)

die Sandburg (-en)

der Bikini (-s)

der Sand

1 Wie oft im Jahr fahren Sie und Ihre Familie auf Urlaub?
2 Zu welchen Jahreszeiten?
3 Wieviele Wochen Sommerferien bekommt man in Großbritannien?
4 Wie lange dauern die Weihnachtsferien?
5 Und die Oster- und Pfingstferien?
6 Wissen Sie, wie lange diese Ferien in Deutschland dauern?
7 Wo waren Sie vorigen Sommer auf Urlaub?
8 Wie lange hat der Aufenthalt gedauert?
9 Wie sind Sie dorthin gekommen?
10 Was haben Sie für die nächsten Sommerferien vor?
11 Wann haben Sie zum letztenmal gezeltet?
12 Wo?
13 Was für Campingausrüstung muß man unbedingt mitnehmen, wenn man auf eine Campingfahrt geht?
14 Was für einen Wohnwagen besitzt Ihre Familie?
15 Wo verbringen Sie normalerweise das Weihnachtsfest?
16 Was findet man normalerweise auf Campingplätzen?
17 Was nimmt man gewöhnlich mit, wenn man zum Strand geht?
18 Was kann man am Strand mieten?
19 Was kann man am Strand tun?
20 Was für Sehenswürdigkeiten gibt es in der Nähe Ihres Wohnortes?
21 Welchen Ferienort in Großbritannien würden Sie einem Deutschen empfehlen und warum?

Grammar survey

1 The conditional tense and the subjunctive

The conditional tense (*I should/would, you would*, etc.) is formed by using the imperfect subjunctive of **werden** with an infinitive. The infinitive stands at the end of the clause.

i.e. ich würde + *infinitive*
du würdest
er würde
wir würden
ihr würdet
Sie würden
sie würden

The imperfect subjunctive of other verbs has the same meaning as the conditional, and is frequently found in expressions such as:
Ich möchte . . .
Könntest du . . . ?
Wir sollten . . .
Würden Sie bitte . . . ?

Rules for the formation of the subjunctive are not important at this level; the subjunctives of a few important verbs should be learnt. The endings are **-e, -est, -e, -en, -et, -en, -en**.

Apart from the verbs mentioned above, the following are important:
ich würde sein → ich **wäre**
ich würde haben→ ich **hätte**

The pattern of conditional sentences is as follows:
Ich würde es kaufen, wenn ich genug Geld hätte.
Wenn ich reich genug wäre, würde ich in Griechenland wohnen.

2 Prepositional objects

Some verbs are associated with certain prepositions; they are said to have prepositional objects. Unfortunately the prepositions are often quite different from their English equivalents and need to be learnt carefully along with the cases they require. The following are very common:

denken an + accusative
to think of (i.e. have in mind)
halten von + dative
to think of (i.e. to rate)
warten auf + accusative
to wait for
bitten um + accusative
to ask for (i.e. request)

fragen nach + dative
to ask about (i.e. to make enquiries about)
ankommen in + dative
to arrive in, at
vorbeigehen an
vorbeifahren an } + dative
to go past
Angst haben vor + dative
to be afraid of
sich freuen auf + accusative
to look forward to
sich freuen über + accusative
to be happy about
sich erinnern an + accusative
to remember
schreiben an + accusative
to write to

e.g. Du solltest an deine Eltern denken.
Was hältst du von meiner Jacke?
Darf ich um Feuer bitten? etc.

Notice how, when things rather than people are referred to, a special interrogative (question word) is used, formed from **wo-** or **wor-** + a preposition, instead of a preposition **wen?** or **wem?**:

e.g. **Auf wen** wartest du? (i.e. *who(m)?*)
Worauf wartest du? (i.e. *what?*)
An wen denkst du? (i.e. *who(m)?*)
Woran denkst du? (i.e. *what?*)

A similar difference is found when these verbs are used with a pronoun; when referring to things, pronouns are formed from **da-** or **dar-** + a preposition;

e.g. Ich warte jetzt **auf ihn**. (i.e. *person*)
Ich warte jetzt **darauf**. (i.e. *thing*)
Ich denke oft **an sie**. (i.e. *person*)
Ich denke oft **daran**. (i.e. *thing*)

3 Subordinate clauses after question words

In subordinate clauses introduced by an interrogative (i.e. question word) after phrases such as 'I don't know . . .' and 'Could you tell me . . . ?' the finite verb stands at the end of the clause. The interrogatives (question words) with which they start are the same as the normal interrogatives:

e.g. **Wo** sind deine Eltern?
Ich weiß nicht, **wo** sie **sind**.
Wann machen die Banken auf?
Können Sie mir sagen, **wann** die Banken **aufmachen**?

When there is no question word in the original question (i.e. 'Have you . . . ?' 'Can I . . . ?'), **ob** (= if, whether) is used to introduce the clause:

e.g. Kommt der Karl auch mit?
    Ich weiß nicht, **ob** er **mitkommt**.

4 **Wann, wenn, als**

Wann, **wenn** and **als** all mean *when* and can all introduce subordinate clauses. They are used in different situations, however:

If *when* can be replaced by *at what time* then **wann** should be used:

e.g. Ich weiß nicht, **wann** der Film beginnt (i.e. *at what time* it begins).

If *when* can be replaced by *whenever* then **wenn** should be used:

e.g. Ich sehe fern, **wenn** ich nichts Besseres zu tun habe (i.e. *whenever* I haven't anything better to do).

Note that **wenn** can also mean *if*.

When *one occasion in the past* is being referred to, **als** should be used:

e.g. **Als** er aus dem Kino kam, ging er ins Restaurant (i.e. he *came* out of the cinema *on one occasion*).

Structures

Ich | habe | gerade | ...... + *past participle*. I have just ......
    | bin | (so)eben |
    | habe mich |

Können Sie | mir bitte ...... empfehlen? Could | you recommend me ......?
Würden Sie | Would |

Ich hoffe, ... zu + *infinitive*. I hope/am hoping to ......

Ich werde (hoffentlich/vielleicht) ...... + *infinitive*. I shall (hopefully/perhaps) ......

Irregular verbs

The following list includes all the irregular verbs which occur in the book. Meanings and other relevant details are given in the end vocabulary and an asterisk refers the student to this list. Where not specifically given, compound verbs should be deduced from the simple form, e.g. **besitzen** from **sitzen**; **versprechen** from **sprechen**; **verstehen** from **stehen**, etc.
* The past participle of modal verbs (**dürfen**, **mögen**, **müssen**, **wollen**, **können**) is replaced by its infinitive when immediately preceded by its dependent infinitive. This is also true of **lassen**.

    e.g. Er hat es gedurft.
          Er hat nicht **mitgehen dürfen**.

Infinitive	Irreg. present	Imperfect	Perfect
abbiegen		bog ... ab	ist abgebogen
bieten		bot	hat geboten
binden		band	hat gebunden
bitten		bat	hat gebeten
brechen	bricht	brach	hat gebrochen
brennen		brannte	hat gebrannt
bringen		brachte	hat gebracht
dürfen	darf / darfst / darf	durfte	hat gedurft* / dürfen*
empfehlen	empfiehlt	empfahl	hat empfohlen
essen	ißt	aß	hat gegessen
fahren	fährt	fuhr	ist gefahren
fangen	fängt	fing	hat gefangen
fliegen		flog	ist geflogen
frieren		fror	hat gefroren
geben	gibt	gab	hat gegeben
gehen		ging	ist gegangen
gelingen		gelang	ist gelungen
gelten	gilt	galt	hat gegolten
genießen		genoß	hat genossen
geraten	gerät	geriet	ist geraten
geschehen	geschieht	geschah	ist geschehen
gewinnen		gewann	hat gewonnen
graben	gräbt	grub	hat gegraben
greifen		griff	hat gegriffen
haben	habe / hast / hat	hatte	habe gehabt
halten	hält	hielt	hat gehalten
hängen	hängt	hing	hat gehangen
heben		hob	hat gehoben
heißen		hieß	hat geheißen
helfen	hilft	half	hat geholfen
kennen		kannte	hat gekannt
klingen		klang	hat geklungen
kommen		kam	ist gekommen
können	kann / kannst / kann	konnte	hat gekonnt* / können*

Infinitive	Irreg. present	Imperfect	Perfect
laden	lädt	lud	hat geladen
lassen	läßt	ließ	hat gelassen* / lassen*
laufen	läuft	lief	ist gelaufen
leiden		litt	hat gelitten
leihen		lieh	hat geliehen
lesen	liest	las	hat gelesen
liegen		lag	hat gelegen
mögen	mag / magst / mag	mochte	hat gemocht* / mögen*
müssen	muß / mußt / muß	mußte	hat gemußt* / müssen*
nehmen	nimmt	nahm	hat genommen
nennen		nannte	hat genannt
raten	rät	riet	hat geraten
reiten		ritt	ist geritten
rennen		rannte	ist gerannt
riechen		roch	hat gerochen
rufen		rief	hat gerufen
scheiden		schied	hat geschieden
scheinen		schien	hat geschienen
schließen		schloß	hat geschlossen
schlagen	schlägt	schlug	hat geschlagen
schneiden		schnitt	hat geschnitten
schreiben		schrieb	hat geschrieben
sehen	sieht	sah	hat gesehen
sein	bin / bist / ist	war	ist gewesen
sitzen		saß	hat gesessen
sollen	soll / sollst / soll	sollte	hat gesollt* / sollen*
sprechen	spricht	sprach	hat gesprochen
springen		sprang	ist gesprungen
stehen		stand	hat gestanden

Infinitive	Irreg. present	Imperfect	Perfect
steigen		stieg	ist gestiegen
stoßen	stößt	stieß	hat gestossen
streichen		strich	hat gestrichen
tragen	trägt	trug	hat getragen
treffen	trifft	traf	hat getroffen
treiben		trieb	hat getrieben
treten	tritt	trat	ist getreten
trinken		trank	hat getrunken
tun	tut	tat	hat getan
vergessen	vergißt	vergaß	hat vergessen
verlieren		verlor	hat verloren
verschwinden		verschwand	ist verschwunden

Infinitive	Irreg. present	Imperfect	Perfect
verzeihen		verzieh	hat verziehen
wachsen	wächst	wuchs	ist gewachsen
waschen	wäscht	wusch	hat gewaschen
weisen		wies	hat gewiesen
werden	wird	wurde	ist geworden
werfen	wirft	warf	hat geworfen
wissen	weiß weißt weiß	wußte	hat gewußt
wollen	will willst will	wollte	hat gewollt* wollen*
ziehen		zog	hat gezogen

Noun declensions and adjectival endings

Typical noun declensions

Masculine (strong)

N	der Mann	die Männer
A	den Mann	die Männer
G	des Mannes	der Männer
D	dem Mann	den Männern

Masculine (weak)

	der Junge	die Jungen
	den Jungen	die Jungen
	des Jungen	der Jungen
	dem Jungen	den Jungen

Feminine

N	die Frau	die Frauen	die Stadt	die Städte
A	die Frau	die Frauen	die Stadt	die Städte
G	der Frau	der Frauen	der Stadt	der Städte
D	der Frau	den Frauen	der Stadt	den Städten

Neuter

N	das Haus	die Häuser
A	das Haus	die Häuser
G	des Hauses	der Häuser
D	dem Haus	den Häusern

Adjectives used as nouns

N	der Deutsche	ein Deutscher
A	den Deutschen	einen Deutschen
G	des Deutschen	eines Deutschen
D	dem Deutschen	einem Deutschen

N	die Deutsche	eine Deutsche
A	die Deutsche	eine Deutsche
G	der Deutschen	einer Deutschen
D	der Deutschen	einer Deutschen

N	die Deutschen	Deutsche
A	die Deutschen	Deutsche
G	der Deutschen	Deutscher
D	den Deutschen	Deutschen

Adjectives after der, die, das; dieser, diese, dieses, etc.

N	der junge Mann	die schöne Frau	das kleine Haus
A	den jungen Mann	die schöne Frau	das kleine Haus
G	des jungen Mannes	der schönen Frau	des kleinen Hauses
D	dem jungen Mann	der schönen Frau	dem kleinen Haus

N	die jungen Leute
A	die jungen Leute
G	der jungen Leute
D	den jungen Leuten

Adjectives after ein, eine, ein; kein, keine, kein, etc.

N	ein junger Mann	eine schöne Frau	ein kleines Haus
A	einen jungen Mann	eine schöne Frau	ein kleines Haus
G	eines jungen Mannes	einer schönen Frau	eines kleinen Hauses
D	einem jungen Mann	einer schönen Frau	einem kleinen Haus

Adjectives standing on their own in front of a noun

N	deutscher Wein	deutsche Butter	deutsches Bier
A	deutschen Wein	deutsche Butter	deutsches Bier
G	deutschen Weines	deutscher Butter	deutschen Bieres
D	deutschem Wein	deutscher Butter	deutschem Bier

N	deutsche Würste
A	deutsche Würste
G	deutscher Würste
D	deutschen Würsten

Reference lists

Die Tage – The days of the week

(der) Montag
Dienstag
Mittwoch
Donnerstag
Freitag
| Samstag
| Sonnabend
Sonntag

am Montag, etc.

Die Jahreszeiten – The seasons

(der) Frühling
Sommer
Herbst
Winter

im Frühling, etc.

Die Monate – The months of the year

(der) Januar
Februar
März
April
Mai
Juni
Juli
August
September
Oktober
November
Dezember

im Januar, etc.

Grundzahlen – Cardinal numbers

eins	dreißig
zwei	einunddreißig, etc.
drei	vierzig
vier	fünfzig
fünf	sechzig
sechs	siebzig
sieben	achtzig
acht	neunzig
neun	hundert
zehn	hundert(und)ein(s)
elf	zweihundert
zwölf	zweihundert(und) zwei, etc.
dreizehn	tausend
vierzehn	tausend(und)ein(s)
fünfzehn	tausendeinhundert
sechzehn	eine Million
siebzehn	
achtzehn	
neunzehn	
zwanzig	
einundzwanzig	
zweiundzwanzig, etc.	

Ordnungszahlen – Ordinal numbers

der	erste
die	zweite
das	dritte
	vierte
	fünfte
	sechste
	sieb(en)te, etc.
	neunzehnte
	zwanzigste
	einundzwanzigste, etc.
	hundertste
	tausendste

Das Datum – The date

der erst**e** Mai
den erst**en** Mai
am erst**en** Mai, etc.

Die Uhrzeit – Clock time

Wie spät ist es?
Wieviel Uhr ist es?

Es ist	ein Uhr.
	fünf (Minuten) nach eins.
	zehn (Minuten) nach eins.
	Viertel nach eins.
	zwanzig (Minuten) nach eins*.
	fünfundzwanzig (Minuten) nach eins*.
	halb **zwei**.
	fünfundzwanzig (Minuten) vor zwei*.
	zwanzig (Minuten) vor zwei*.
	Viertel vor zwei.
	zehn (Minuten) vor zwei.
	fünf (Minuten) vor zwei.
	zwei Uhr, etc.

Er kommt **um** zwei (Uhr), etc.

Der Zug fährt um	ein Uhr zwanzig.
	dreizehn Uhr dreißig.
	zwanzig Uhr fünfundfünfzig.
	vierundzwanzig Uhr fünfzehn, et

---

* These times are expressed colloquially as:

Es ist	zehn vor halb zwei.
	fünf vor halb zwei.
	fünf nach halb zwei.
	zehn nach halb zwei.

German–English vocabulary

This vocabulary contains all but the most common words which appear in the book. Where a word has several meanings, only those meanings which appear in the book are given.

Verbs marked ★ are irregular and can be found in the verb lists on pp. 207–8. Verbs marked † are conjugated with **sein** in the perfect tense. F. indicates a familiar or slang word or expression. Plurals are only given where they might conceivably be useful. Nouns marked ▲ are weak masculine nouns; those marked ° are adjectives used as nouns. Their full declensions are given on pp. 208–9.

If you cannot find a compound noun under its initial letter, try looking up the last part(s) of the word, e.g. **Reparaturwerkstatt → Werkstatt**. If you cannot find a word beginning with or containing **ge-**, it is probably a past participle and must be looked up under its infinitive, e.g. **geschmeckt → schmecken; eingeworfen → einwerfen**.

ab und zu, now and again
abbiegen★†, to turn off
das **Abendessen**, dinner, evening meal
abfahren★†, to set off, leave
abgeben★, to hand in
abgebildet, shown, represented
abgemacht, agreed
abgerechnet, apart from
abhängen★ (von), to depend (on)
abheben★, to withdraw (money)
abholen, to fetch, pick up, meet
abkommen: von der Straße abkommen★†, to go off the road
ablegen, to take off (coat, etc.)
ablehnen, to decline, refuse
absagen, to cancel
der **Abschied**, departure, parting
abschlagen★, to decline, refuse
der **Abschleppdienst**, recovery service
abschleppen, to tow away
der **Abschnitt** (-e), counterfoil
die **Abteilung** (-en), department
abtrocknen, to dry up
abwechslungsreich, varied, interesting
der **ADAC (Allgemeiner Deutscher Automobil-Club)**, motoring organization like the AA, RAC
ähnlich, similar, alike
die **Ahnung**, idea, clue, notion

albern, silly, foolish
alle, F. gone, used up, at an end
allgemein: im allgemeinen, in general
alltäglich, daily, everyday, routine
Alltags-, everyday, routine
als, when; than; as
also, thus; therefore; then
das **Altersheim**, old people's home
die **Ampel**, traffic light
anbieten★, to offer
das **Andenken** (-), souvenir
ander, other
sich **ändern**, to change
anders, otherwise, differently; else
anfallen★†, to be incurred (costs)
der **Anfang**, beginning
anfangen★, to start, begin
die **Angabe** (-n), description, details
angebrochen, partially used (coins in phone box)
der **Angestellte°**, employee
die **Angst**, fear; **Angst haben**, to be afraid
der **Anhänger**, trailer
ankommen★†, to arrive
die **Anlage**, equipment, installation
annehmen★, to accept
anprobieren, to try on
die **Anrede**, (mode of) address
anreden, to address, speak to
anrufen★, to phone, call up
anschauen, to look at
anschließend, subsequently, after that

die **Anschrift** (-en), address
ansehen★, to look at
die **Ansichtskarte** (-en), picture postcard
Anspruch: in Anspruch nehmen★, to demand, make demands upon
anspruchsvoll, demanding
die **Anstalt**, establishment, institution
sich **anstellen**, to queue up
anzeigen, to announce, advertise
sich **anziehen★**, to get dressed
der **Anzug** (¨e), suit
anzünden, to light
die **Apotheke**, chemist's shop
der **Apotheker**, chemist
der **Arbeitgeber** (-), employer
der **Arbeitnehmer** (-), employee
arbeitslos, out of work, unemployed
arbeitswillig, willing (worker)
ärgerlich, annoying
die **Art** (-en), kind, sort, type
der **Arzt** (¨e), doctor
atmen, to breathe
aufbewahren, to keep, store
der **Aufenthalt**, stay
der **Aufenthaltsraum**, recreation room
auffallen★†, to strike (one), be noticed
die **Aufführung**, performance
aufgeben★, to give up; to hand in; to post (parcel)
aufmachen, to open
aufpassen, to be careful; **aufpassen auf**, to look after

aufräumen, to clear up
aufschlagen★, to pitch (tent)
Aufschnitt: kalter Aufschnitt, (slices of) cold meat
aufschreiben★, to write down, jot down
auftauchen†, to turn up, appear
der **Auftrag**, job, task
auftreten★†, to appear
aufwachen†, to wake up
das **Auge** (-n), eye
der **Augenblick** (-e), moment
die **Aula**, hall
der **Ausdruck** (¨e), expression
ausdrücken, to express
die **Ausfahrt**, (motorway) exit
ausfallen★†, to be cancelled, omitted
der **Ausflug** (¨e), excursion
ausfüllen, to fill in (form)
ausgeben★, to spend (money)
ausgebucht, sold out
ausgeschlossen, impossible
ausgesprochen, decidedly
ausgestorben, died out
ausgezeichnet, excellent
Aushalten: nicht zum Aushalten, unbearable
sich **auskennen★**, to know one's way about, to know what's what
die **Auskunft**, information
das **Ausland**, abroad, foreign parts
ausländisch, foreign
auslassen★, to drop, leave out
ausmisten, to muck out
die **Ausnahme**, exception
ausnahmsweise, exceptionally, for once
ausprobieren, to try out
ausrechnen, to work out, calculate
ausrichten, to pass on (message)
sich **ausruhen**, to rest
die **Ausrüstung**, equipment
ausrutschen†, to slip
ausschließlich, exclusively
aussehen★, to look, appear
außerdem, besides
äußerst, extremely
die **Aussicht**, view
die **Ausstattung**, equipment, fittings

aussteigen★†, to get out (of vehicle)
aussuchen, to choose, select, pick out
der **Austausch**, exchange
austragen★, to deliver
die **Auswahl**, selection
auswärts, out of doors, away from home
auswechseln, to change (tyre, etc.)
der **Ausweis**, identity card
sich **ausziehen★**, to get undressed
der **Automat** (-en)▲, vending machine

das **Badezimmer**, bathroom
der **Bahnhof** (¨e), station
der **Bahnsteig** (-e), platform
der **Bahnübergang**, level crossing
die **Bank** (-en), bank; (¨e), bench
das **Bargeld**, cash
der **Barscheck** (-s), uncrossed cheque
basteln, to build, make models
Bau: auf dem Bau, in the building trade
bauen, to build
der **Bauer** (-n)▲, farmer
der **Bauernhof** (¨e), farm
der **Baum** (¨e), tree
die **Baumwolle**, cotton
beachten, to take notice of
beantworten, to answer
sich **bedanken**, to thank
bedeuten, to mean
(sich) **bedienen**, to serve (oneself)
die **Bedienung**, service
begabt, clever, gifted
begegnen†, to meet, bump into
begleiten, to accompany
behaglich, comfortable, cosy
behalten★, to keep
behandeln, to treat
beheizt, heated
bei, near; at the ____'s shop; at ____'s house; on (one's person)
beid-, both
der **Beifilm**, supporting film
die **Beilage**, vegetables (on menu)
das **Bein** (-e), leg; **auf den Beinen sein**, to be up and about

beinahe, nearly, almost
der **Beinbruch**, fracture of the leg
das **Beispiel** (-e), example; **zum Beispiel (z.B.)**, for example
der **Beitrag**, subscription
der **Bekannte°**, acquaintance
sich **beklagen**, to complain
bekommen★, to get, receive
belegt: belegtes Brot, sandwich
beliebig, any (you like), whatever (you choose)
beliebt, popular
bemerken, to notice
sich **benehmen★**, to behave
benutzen, benützen, to use
das **Benzin**, petrol
bequem, comfortable, -bly; easy, -ily
bereden, to talk over, discuss
der **Bereich**, area, region; scope, field
bereit, ready
die **Bergung**, recovery (of vehicle)
der **Beruf**, job, profession, trade
die **Beschäftigung** (-en), activity
beschildert, signposted, indicated
beschreiben★, to describe
die **Beschreibung**, description
besetzt, occupied
besichtigen, to visit, view
besitzen★, to own
besorgen, to get
besprechen★, to discuss
bestehen★(aus), to consist (of)
bestellen, to order (food, drink)
bestimmen, to determine, decide
bestimmt, certainly, surely
besuchen, to visit; to attend (school, etc.)
das **Beton**, concrete
betreten★, to walk on, set foot on
der **Betrieb**, activity; business, firm; factory, workshop
die **Bevölkerung**, population
der **Beweis**, proof
der **Bewohner** (-), inhabitant; citizen; resident
bezahlen, to pay (for)
die **Bibliothek**, library
bieten★, to offer

das **Bild** (-er), picture
billig, cheap
der **Bindfaden**, string, twine
bis, until, by; **bis zu, bis an**, up to, over to, down to
ein **bißchen**, a bit, a little
bitte, please; **bitte schön**, don't mention it; please, go on
bitten★um, to ask for
blaß, pale
das **Blatt** (¨er), leaf; sheet (of paper)
blöd, F. stupid, silly
der **blödsinn**, F. nonsense, rubbish, tripe
der **Boden**, floor, ground
die **Bohne** (-en), bean
das **Bonbon** (-s), sweet
borgen, borrow; lend
die **Bratkartoffeln** (pl), roast potatoes
brauchen, to need
brechen★, to break
die **BRD (Bundesrepublik Deutschland)**, Federal German Republic, West Germany
der **Brieffreund** (-e), pen-friend
der **Briefkasten**, letter box
die **Briefmarke** (-n), (postage) stamp
der **Briefträger**, postman
die **Brille**, (pair of) glasses
bringen★, to bring
das **Brötchen** (-), bread roll
die **Brücke**, bridge
der **Buchstabe** (-n)▲, letter
das **Büfett**, sideboard; buffet
die **Bühne**, stage
Bundes-, Federal
die **Burg** (-en), castle
das **Butterbrot** (-e), (slice of) bread and butter

die **Clique**, F. gang, group (of friends)

da, there; as, since
dabei: dabei sein, to be there (too); **gerade dabei sein zu . . .**, to be just ____ing
das **Dach** (¨er), roof
dagegen, against it; on the other hand
daheim, at home; in one's own country
damit, with it; in order, so that . . .
danach, after that, later on
darf (see **dürfen**)

die **Darstellung**, presentation; description; performance
daß, that; **(so) daß**, with the result that
die **Dauer**, duration
dazu, for it, for that purpose; as well
die **DDR (Deutsche Demokratische Republik)**, German Democratic Republic, East Germany
das **Denkmal** (¨er), monument
dennoch, yet, still, however
deshalb, therefore
dessen, of which, whose
deutlich, clear, -ly
das **Dia** (-s), slide
dicht bei, close to
dick, fat
diesmal, this time
der **Dom**, cathedral
doof, F. daft
doppelt so . . ., twice as . . .
das **Dorf** (¨er), village
drängeln, F. to jostle, push, shove
dreckig, filthy
drehen: einen Film drehen, to make a film
dringend, urgent
die **Drogerie**, chemist's shop
drohen, to threaten
drüben: da drüben, dort drüben, over there
der **Druck**, pressure
drücken, to press
die **Dummheit** (-en), stupidity
dunkel, dark
durchfahren: der Zug fährt durch, it's a through train
der **Durchfall**, diarrhoea
durchführen, to complete, accomplish
durchgehend, continuous, -ly
das **Durchrufen**, messages over the loudspeaker
im **Durchschnitt**, on average
dürfen★, to be allowed to
Durst haben, to be thirsty
duschen, to have a shower
(sich) **duzen**, to address (one another) with 'du'

eben, just
ebenfalls, likewise, too, also
die **Ecke**, corner
egal: das ist mir egal, F. I don't mind (either way)
egoistisch, selfish, self-centred

Ehe-, married
ehrlich, honest
das **Ei** (-er), egg
eigen-, own
eigenständig, independent
eigentlich, really, as a matter of fact
eilen†, to hurry
der **Eimer**, bucket
einfach, simple, -ly
eingeschlossen, included
einhängen, to hang up (phone)
die **Einheit** (-en), unit
einholen, to catch up (with)
einig-, some, a few
Einkäufe machen, to go shopping
einkaufen, to do some shopping
das **Einkommen**, income
einladen★, to invite
die **Einladung**, invitation
einlösen, to cash (cheque)
einmal, once, one day
einpacken, to wrap (up)
einrichten, to decorate, furnish; install
einsam, lonely
der **Einschreibebrief**, registered letter
einsteigen★†, to get into (vehicle)
der **Eintrag** (¨e), entry (in appointments book, etc.)
eintragen★, to enter (in appointments book, etc.)
eintreten★†, to come in, go in
der **Eintritt**, entry
die **Eintrittskarte** (-en), (entry) tickets
einverstanden, agreed
einwerfen★, to insert (money); to post (letter)
der **Einwurf**, slot (for money); insertion (of coin)
die **Einzelheit** (-en), detail
einzeln, single, individual
einzig, only; single, sole
das **Einzelzimmer** (-), single room
die **Eisenbahn**, railway
ekelhaft, F. horrible, revolting
die **Eltern** (pl), parents
empfangen★, to receive
empfehlen★, to recommend; **empfieht sich**, is recommended

empfehlenswert, (re)commendable, to be recommended

eng, narrow, tight, cramped

entdecken, to discover

entfernt, far (away); away

enthalten*, to contain

entscheiden*, to decide; **sich entscheiden,** to make up one's mind

enttäuscht, disappointed

entweder ... oder ..., either ... or ...

entwerten, to cancel (ticket)

die **Entwicklung,** development

das **Erdgeschoß,** ground floor

die **Erdkunde,** geography

erfahren*, to learn, find out; experience

die **Erfrischung (-en),** refreshment

sich **ergeben*,** arise, emerge, ensue

erhalten*, to receive

erhältlich, available, obtainable

sich **erinnern,** to remember

sich **erkälten,** to catch a cold

die **Erkältung,** cold

erkennen*, to recognize

erklären, to explain

die **Erlaubnis,** permission

ernst, serious; **ernst nehmen,** to take seriously

der **Erpresser,** blackmailer

erreichen, to reach

der **Ersatzteil (-e),** spare part, replacement part

erscheinen*†, to appear

erschöpft, exhausted

ersparen, to save, spare

erst, first; only, not until

der **Erwachsene°,** grown-up

erzählen, to tell

essen*, to eat

der **Eßsaal,** dining hall

das **Eßzimmer,** dining room

die **Etage (-n),** floor, storey

etwa, roughly, approximately; at all

etwas, something; somewhat, a bit

fabelhaft, fabulous

die **Fabrik,** factory

das **Fach (¨er),** subject; pigeon hole

der **Facharzt,** specialist (doctor)

die **Fachoberschule,** technical college

der **Fahrausweis (-e),** ticket

fahrbar, passable (road, etc.)

die **Fähre,** ferry

fahren*†, to drive, go (by means of transport)

der **Fahrgast (¨e),** passenger

die **Fahrkarte (-n),** ticket

der **Fahrplan,** timetable

der **Fahrpreis,** fare

der **Fahrschein (-e),** ticket

fallen*†, to fall

falls, if, in case

falsch, false, wrong

die **Farbe (-n),** colour

fast, almost

faul, lazy

faulenzen, to take it easy, laze about

der **Federball,** badminton

fehlen, to be missing

der **Fehler (-),** mistake; fault, flaw

der **Feierabend,** spare time, after-work hours

das **Fensterbrett,** window sill

die **Ferien (pl),** holidays

fernsehen*, to watch television

der **Fernseher,** television set

Fernsprech-, telephone

der **Fernverkehr,** long distance transport

fest, regular (job)

feststellen, to establish, ascertain

fett, fat, greasy, oily, rich (food)

das **Feuer,** fire; light (for cigarette)

das **Feuerzeug,** lighter

das **Fischstäbchen (-),** fish finger

fleißig, hard-working

die **Fliege (-n),** fly

fliegen*†, to fly

fließend, fluent, -ly

der **Flughafen (¨),** der **Flugplatz (¨e),** airport

das **Flugzeug (-e),** aeroplane

der **Flur,** hall(way), landing

die **Forelle (-n),** trout

die **Fortsetzung,** continuation

die **Frage (-n),** question

fragen, to ask

Französisch, French

frech, cheeky

frei, free, unoccupied; **im Freien,** in the open air, outside

das **Freibad,** (open air) swimming pool

die **Freilichtbühne,** open air stage

die **Freizeitsbeschäftigung (-en),** pastime

fremd, foreign; **ich bin fremd hier,** I'm a stranger here

freudig, glad, joyful

sich **freuen,** to be glad; **sich freuen auf,** to look forward to

frieren*, to freeze

die **Frikadelle (-n),** rissole, meatball

die **Frisöse,** hairdresser

froh, happy

früh, early

der **Frühling,** Spring

(sich) **fühlen,** to feel

führen, to lead

der **Führerschein,** driving licence

das **Fundbüro,** lost property office

der **Fünftkläßler (-),** first-former

für, for; **was für ... ?** what sort of ... ?

der **Fuß (Füße),** foot

der **Fußgänger (-),** pedestrian

füttern, to feed

der **Gang,** passage, corridor

gar, at all

die **Garderobe,** cloakroom

der **Gast (¨e),** guest; **zu Gast sein,** to be visiting; **zu Gast kommen,** to come to visit

der **Gastgeber (-),** host

die **Gaststätte (-n),** restaurant

das **Gebäude (-),** building

geben*, to give

das **Gebiet,** area, district, region; field

das **Gebiß,** (set of) false teeth

geboren, born

der **Gebrauch,** use

Gebraucht-, used, second-hand

die **Geburt,** birth

der **Geburtstag,** birthday

gefallen*, to please; **es gefällt mir,** I like it

gegen, against; at about (clock times); for (medicines)

der **Gegenstand (¨e),** object

das **Gegenteil,** opposite

gegenüber, opposite

das **Gehalt,** salary, pay

gehen*†, to go, walk; **wie geht es dir?** how are you?

das geht nicht, that won't do

gehören, to belong

die **Geige**, violin

der **Geldbeutel**, purse

geizig, mean, tight-fisted

die **Gelegenheit** (-en), opportunity; facilities

gelingen⋆†, to succeed

gelt? isn't that so? eh?

gelten⋆ (für), to be valid (for)

gemeinsam, together

das **Gemüse**, vegetables

der **Gemüsehändler**, greengrocer

der **Gemüsestand**, greengrocer's stall

genau, exact, -ly; precise, -ly

genauso . . . (wie), just as . . . (as)

Genick: sich das Genick brechen, to break one's neck

genießen⋆, to enjoy

genug, enough

das **Gepäck**, luggage

gerade, straight; just; **gerade dabei sein zu**, to be just ____ing

geradeaus, straight ahead

geraten⋆†, to get (into); **ins Schleudern geraten**, to get into a skid, start skidding

das **Gericht** (-e), dish, meal

gern: ich ____e gern, I like ____ing

das **Geschäft** (-e), business; shop

die **Gesamtschule** (-n), comprehensive school

geschehen⋆†, to happen; **gern geschehen!** you're welcome! don't mention it!

das **Geschenk** (-e), present

die **Geschichte** (-n), story; history

das **Geschirr**, crockery, dishes

die **Geschwister** (pl), brother(s) and sister(s)

die **Gesellschaft**, company

gesetzlich, legal, -ly

das **Gesicht**, face

gesperrt, closed (road)

das **Gespräch**, conversation

gestattet, permitted

gesund, healthy

das **Gesundheitswesen**, public health

der **Getränkeautomat▲**, drinks dispenser

die **Getreideflocken** (pl), cornflakes

getrennt, separated, divorced

gewinnen⋆, to win

gewiß, certain, -ly

gewittern: es gewittert, there is a thunderstorm

gewöhnlich, usual, -ly

gewöhnt, accustomed

gewürzt, spicy, seasoned, 'hot'

gibt: es gibt, there is/are

das **Girokonto**, cheque account, current account

der **Glaskasten**, glass case

die **Glatze**, bald head

glauben, to believe

gleich, same, equal; just (a moment ago), in a moment; **es ist mir gleich**, I don't mind (either way)

gleichaltrig, (of) the same age

das **Gleis** (-e), (railway) track, line

Glück haben, to be lucky

glücklicherweise, fortunately

der **Gottesdienst**, divine service

grauenhaft, horrible, ghastly

das **Griechenland**, Greece

die **Grippe**, influenza, 'flu

der **Groschen** (-), 10 Pfennig coin

die **Größe**, size

großzügig, generous

der **Grund** (⁼e) reason, grounds

Grüne: ins Grüne, into the country(side)

der **Gruselfilm** (-e), horror film

der **Gruß** (⁼e), greeting

gucken (nach), F. to look for

gültig, valid

Gummi-, rubber

günstig, favourable, convenient

die **Güte: meine Güte!** my goodness!

das **Gymnasium** (Gymnasien), grammar school

haben⋆, to have

das **Hackfleisch**, mincemeat

der **Hafen** (⁼), harbour, port

das **Hähnchen**, cockerel

die **Hälfte**, half

das **Hallenbad**, (indoor) swimming pool

die **Halsschmerzen** (pl), sore throat

halten⋆, to hold; to stop; **was hältst du von . . . ?** what do you think of . . . ? **sich rechts/links halten**, to keep to the right/left

die **Haltestelle** (-n), (bus, tram) stop

der **Handschuh** (-e), glove

das **Handwerk**, craft, handicraft, trade

häßlich, ugly; nasty, horrid

häufig, often

Haupt-, main, capital

hauptsächlich, chiefly, mainly

das **Haustier** (-e), pet

die **Hauswirtschaft**, home economics

das **Heft** (-e), exercise book

das **Heftchen** (-), brochure, booklet

das **Heimweh**, homesickness

heiraten, to marry

heißen⋆, to be called; **das heißt**, i.e., that is to say

helfen⋆, to help

herabgesetzt, reduced (in price)

heraus, out

herausgeben⋆, hand over, give in change

der **Herbst**, Autumn

herkommen⋆†, to come from

herrlich, glorious, lovely

herstellen, to manufacture; to make (phone call)

herumalbern, F. to fool about

herumirren†, to wander around lost

herumliegen⋆, to be lying around

heutzutage, nowadays

hierher, here, to this place

hilfreich, helpful

hin, there, to that place; **hin und zurück**, there and back; return (ticket)

hinauslehnen†, to lean out

hineingehen⋆†, to go in

sich **hinlegen**, to lie down

hinrennen⋆†, F. to rush off

sich **hinsetzen**, to sit down

hinten, behind; at, in the back

hinter, behind

das **Hinweisschild** (-er), sign(post)

die **Hitze**, heat

hitzefrei, school closed (because of excessively hot weather)

hoch, high

das **Hochdeutsch**, standard German

höchst, highest

die **Hochzeit**, wedding

hocken†, F. to sit about, hang around (at home)

der **Hof** (¨e), (court)yard, quad; farm

hoffen, to hope

hoffentlich, it is to be hoped

höflich, polite, courteous

die **Höflichkeit**, politeness

höher, higher

holen, to fetch

das **Holz**, wood

das **Huhn** (¨er), chicken, fowl

das **Hühnchen** (-), chicken

hupen, to blow one's horn (in car)

immer, always; **immer noch**, still

inbegriffen, included

der **Inhalt**, contents

die **Inlandsverbindungen** (pl), inland (telephone) calls

der **Innenarchitekt**, interior decorator

die **Insel** (-n) island

das **Inserat** (-e), (newspaper) advertisement, small ad

insgesamt, all together

irgend, some . . . , any . . . , . . . or other

die **Jacke** (-n), jacket, coat

die **Jahreszeit** (-en), season

jäten, to weed

je nach, according to

jed-, each, every

jedesmal, each, every time

jedoch, however

jemand, someone (or other)

jen-, that

jetzt, now

der **Jugendliche°**, youngster, teenager

der **Junge** (-n)▲, boy, lad

der **Kanal** (¨e), channel (TV); the (English) Channel

das **Kaninchen** (-), rabbit

kaputt, F. broken, smashed, ruined

die **Kartoffel** (-n), potato

der **Karton**, card(board)

der **Käse**, cheese

die **Kasse**, cash desk, check-out

der **Kassierer**, die **Kassiererin**, cashier, check-out person

der **Katzensprung**, F. a short distance, a 'stone's throw'

das **Kaufhaus** (¨er), department store

die **Kegelbahn**, bowling alley

kein-, no, not a, not any

der **Keks** (-e), biscuit

der **Keller**, cellar

der **Kellner**, waiter

die **Kellnerin**, waitress

kennen★, to know, be acquainted with

kennenlernen, to meet, get to know

die **Kentnisse** (pl), knowledge

die **Kette** (-n), chain; necklace

das **Kfz (Kraftfahrzeug)**, motor vehicle

der **Kinderspielplatz**, children's playground

kindisch, childish

die **Kirche** (-n), church

die **Klamotten** (pl), F. clothes

Klasse! F. great! fantastic!

klauen, F. to pinch, steal

das **Klavier**, piano

das **Klebeband**, sticky tape

die **Kleidung**, clothes

das **Kleidungsstück** (-e), article of clothing

kleiner: haben Sie es kleiner? haven't you anything smaller? (i.e. than a large note)

das **Kleingeld**, (small) change

die **Kleinigkeit** (-en), trifle, worthless thing

klingen★, to sound

das **Klo**, F. toilet, lavatory

klopfen, to knock

der **Kloß** (¨e), dumpling

die **Kneipe** (-n), F. pub

knipsen, F. to snap, take a picture of

der **Kollege** (-n)▲, colleague, workmate

die **Kollegstufe**, Sixth Form

kompliziert, complicated

der **Komponist** (-en)▲, composer

das **Kompott**, stewed fruit

das **Komma**, (decimal) point

die **Konditorei**, cake shop

der **König** (-e), king

können★, to be able, can

der **Kontoauszug** (¨e), withdrawal (from bank account)

der **Kontrolleur**, ticket inspector

die **Kopfschmerzen**(pl), headache

der **Körper**, body

der **Krach**, F. trouble, quarrel

das **Krankenhaus** (¨er), hospital

die **Krankenkasse** (-n), health insurance

der **Krankenschein**, medical certificate

der **Krankheitsfall** (¨e), case of illness

kraus, curly

die **Kreuzung** (-en), crossing, cross-roads

der **Krieg** (-e), war

kriegen, F. to get

der **Krimi** (-s), F. detective film, novel

die **Krisenzeiten** (pl), times of crisis

die **Küche**, kitchen

der **Kuchen** (-), cake

der **Kunde** (-n)▲, die **Kundin** (-nen), customer, client

die **Kunst**, art

die **Kupplung**, clutch (on car, etc.)

der **Kurs**, course; rate of exchange

kurz, short, -ly

die **Küste**, coast

das **Labor** (-e), laboratory

lachen, to laugh

lächerlich, ridiculous

der **Ladentisch**, counter (in shop)

die **Lage**, position, situation

das **Land** (¨er), country; country(side); **aufs Land**, into the country(side); **auf dem Lande**, in the country(side)

die **Landeskennzahl**, national identification plate (on vehicles)

die **Landschaft**, landscape, countryside

die **Landwirtschaft**, farming, agriculture

lange; for a long time

längst, long ago

sich **langweilen**, to be bored

langweilig, boring

lassen★, to leave, let; **etwas machen lassen**, to get, have something done

laufen*†, to run; to go on foot; to be on, showing (film)

lauter, nothing but, mere

leben, to live

die **Lebensform**, way of life

die **Lebensgefahr**, mortal danger

die **Lebensmittel** (*pl*), food, groceries

lecker, F. tasty, nice (food)

das **Leder**, leather

leer, empty

legen, to lay; **ich lege Geld darauf**, I'd put money on it

der **Lehnstuhl** (⸚e), arm-chair

lehren, to teach

die **Lehrkraft** (⸚e), teacher, member of (teaching) staff

der **Lehrling** (-e), apprentice

die **Lehrsendung** (-en), educational programme

leicht, light; easy, -ily

leid: es tut mir leid, I'm sorry; **er tut mir leid**, I feel sorry for him

leiden*, to suffer; to bear

leider, unfortunately

leihen*, to lend; to borrow

die **Leine**, line; lead, leash (dog)

leisten: es sich leisten können, to be able to afford it

die **Leistungen** (*pl*), services

lesen*, to read

die **Leute** (*pl*), people, folk

das **Lichtbild** (-er), slide

die **Liebe**, love

lieber, rather, preferably; **ich _____e lieber**, I('d) prefer to . . .

Lieblings-, favourite

liefern, to deliver

liegen*, to live

der **Liegeplatz** (⸚e), couchette, bunk

der **Liegestuhl** (⸚e), deck chair

die **Linie**, (bus, tram) number, route; **schlanke Linie!** I've got to watch my figure!

link, left

links, on the left, to the left

die **Litfaßsäule** (-n), advertising pillar

der **Lkw (Lastkraftwagen)**, lorry, truck

locken, to entice

der **Lohn**, wages, salary, pay

sich **lohnen**, to pay, be worthwhile

das **Lokal** (-e), pub

los: was ist los mit dir? what's the matter with you? **nicht viel los**, F. not a lot going on

die **Lust: ich habe (keine) Lust zu . . .** , I (don't) fancy _____ing

der **Lustspielfilm** (-e), comedy film

machen, to make

das **Mädchen** (-), girl

die **Magenbeschwerden** (*pl*), stomach trouble

mähen, to mow

die **Mahlzeit** (-en), meal

malen, to paint

manch-, many

manchmal, sometimes

der **Mangel (an)**, lack (of)

der **Mantel** (⸚), coat

der **Maurer** (-), bricklayer, mason

das **Meer**, sea

die **Mehrwertsteuer**, VAT

meinen, to think, reckon

die **Meinung**, opinion; **meiner Meinung nach**, in my opinion

meist-, most

meistens, mostly

die **Meisterschaft**, championship

das **Meisterwerk** (-e), masterpiece

sich **melden**, to check in (hotel); to report; to give one's name (phone)

die **Menge** (-n), crowd

der **Mensch** (-en)▲, person, bloke; **Mensch!** F. crikey! blimey!

das **Merkblatt** (⸚er), leaflet, pamphlet

das **Messer** (-), knife

der **Metzger** (-), butcher

mieten, to hire; to rent

die **Milchstraße**, Milky Way

mindestens, at least

mitbringen*, to bring with one

miteinander, with one another

das **Mitglied** (-er), member

die **Mitte**, middle

mitteilen, to inform, tell

das **Mittel** (-), means, way

mittelgroß, medium-sized

mittelmäßig, average, moderate

das **Möbel** (-), piece of furniture

mögen*, to like; may

möglich, possible; **möglichst _____** , as _____ as possible

die **Möglichkeit** (-en), possibility

die **Moral**, morality

der **Monat** (-e), month

monatlich, monthly

morgen, tomorrow

müde, tired

die **Mühe**, trouble, bother; **nicht der Mühe wert**, not worth the trouble

mündig: mündig sein, to be of age

die **Münze** (-n), coin

der **Münzfernsprecher**, pay-phone

müssen*, to have to, must

nach, after; according to

der **Nachbar** (-n)▲, neighbour

nachdem, after

der **Nachname**, surname

die **Nachrichten** (*pl*), news

nachsehen*, to look after; to inspect, check

nächst-, next; nearest

der **Nachteil** (-e), disadvantage

nachzahlen, to put in more money

nachzählen, to check (change, etc)

der **Nagel** (⸚), nail

Nähe: in der Nähe, nearby

die **Nahrung**, food

die **Naht** (⸚e), seam

der **Nahverkehr**, (local) public transport

nämlich, namely, that is (to say)

naß, wet

nebelig, neblig, foggy

neben, near, next to, by the side of

nebenberuflich, spare-time, side-line

das **Nebengebäude** (-), outbuilding, annex(e)

der **Neffe** (-n)▲, nephew

nehmen*, to take

nennen*, to name, call

nett, nice

das **Netz**, net

neulich, recently

die **Nichte** (-n) niece

nie, never

das **Niederdeutsch**, Low German

niemals (see **nie**)

noch, still; **noch nicht**, not yet

nochmals, (once) again

Nord-, North, Northern

normalerweise, normally, usually

der **Notfall**, emergency, serious case

nötig, necessary

die **Notiz** (-en), note

nutzen, nützen, to be of use; to use

nützlos, useless

ob, whether

obgleich, obwohl, although

das **Obst**, fruit

der **Ochsenschwanz**, ox-tail

oder, or

oben, up; upstairs

offen, open

öffentlich, public

öffnen, to open

die **Öffnung**, gap, opening

ohne, without

ohnehin, anyhow, anyway, besides

die **Oma** (-s), F. grandma

der **Onkel** (-), uncle

der **Opa** (-s), F. grandad

die **Ordnung**, order; **etwas ist nicht in Ordnung**, something is wrong

der **Ort** (-e), place, spot

das **Ortsnetz**, local (telephone) exchange network

Ostern, Oster-, Easter

(das) **Österreich**, Austria

ein **paar**, a few

das **Paar** (-e), pair

das **Päckchen** (-), packet, small parcel

die **Panne**, breakdown

die **Pannenbehebung**, roadside repairs

der **Papagei**, parrot

das **Parkett**, stalls (cinema)

das **Parkverbot**, no parking (area)

passen, to fit; to match

die **Pastete** (-n), pastie, pie

die **Pause** (-n), break, playtime

der **Pendler** (-), commuter

die **Pension** (-en), guest-house

das **Personal**, personnel, workforce

der **Pfarrer**, priest

die **Pfeife**, pipe

das **Pferd** (-e), horse

Pfingsten, Pfingst-, Whit(sun)

die **Pflege**, care

pflegen, to tend, care for, look after

die **Pflicht**, duty

der **Pilz** (-e), mushroom

der **P.k.w. (Personenkraftwagen)**, (motor)car

das **Plattdeutsch**, Low German

die **Platte** (-n), record

der **Platz** (¨e), square, ground; seat, place; **Platz nehmen**, to sit down

die **Plombe** (-n), filling (in tooth)

plombieren, to fill (tooth)

der **Pokal**, cup, trophy

das **Polizeiamt**, police station

die **Pommes frites** (pl), chips

das **Portemonnaie**, purse, wallet

das **Porto**, postage, carriage

portofrei, post-free; prepaid

das **Postamt** (¨er), post office

postwendend, by return (of post)

praktisch, handy, convenient; **praktischer Arzt**, general practitioner

die **Pralinen** (pl), chocolates

prallen† (gegen), to crash (into)

preiswert, good value

prima! F. great! terrific!

pro, per

die **Probe**, rehearsal

probieren, to try

prüfen, to test, examine, check

die **Prüfung** (-en), examination, test

das **Pulver**, powder

pünktlich, punctual, -ly

die **Puppe** (-n), doll, puppet

putzen, to clean, scrub

der **Quadratmeter** (-), square metre

der **Quatsch**, F. rubbish, tripe

quer, crosswise, diagonally

quetschen, to squash, crush

die **Quittung**, receipt

das **Rad** (¨er), wheel; bicycle

radeln†, to cycle

radfahren★†, to cycle

die **Raffinesse**, cleverness, style

der **Rahmen**, frame; setting

der **Rasen**, lawn

das **Rathaus**, town hall

rauchen, to smoke

der **Raum** (¨e), room, area; space

raus, F. (see **heraus**)

die **Realschule** (-n), (non-classical) secondary school

die **Rechnung**, bill

recht, right

rechts, on the right, to the right

die **Rede: von ... ist keine Rede!** there is no question of ... !

reden, to speak, talk

das **Regal** (-e), shelf

die **Regel**, rule; **in der Regel**, as a rule

regelmäßig, regular, -ly

der **Regenschirm** (-e), umbrella

regnen, to rain

regnerisch, rainy, wet

reichen, to hand; to be enough

reif, ripe; mature

der **Reifen** (-), tyre

die **Reihenfolge** (-n), order

reinigen, to clean

der **Reisepaß** (-pässe), passport

der **Reisescheck** (-s), traveller's cheque

reiten★†, to ride (horse)

reklamieren, to complain about, get one's money back for

das **Rennauto** (-s), racing car

rennen★†, to run

der **Restbetrag** (¨e), remainder, balance (of sum of money)

das **Rezept** (-e), recipe; prescription

rezeptfrei, not requiring a prescription

rezeptpflichtig, requiring a prescription

richtig, right, correct; proper

die **Richtung** (-en), direction

riechen★, to smell

das **Risiko**, risk

risikolos, free of risk

der **Rollkragen**, polo-neck

der **Rollmops**, (raw) herring

die **Rolltreppe**, (-n), escalator

der **Rotkohl**, red cabbage

die **Roulade** (-n), rolled meat, collared beef

die **Rückfahrkarte** (-n), return ticket

die **Rufnummer**, (telephone) number

die **Ruhe**, peace, quiet

ruhig, quiet, peaceful; **du kannst ruhig...**, it's all right for you to, you are perfectly free to...

die **Runde**, round

die **Rundfahrt** (-en), round trip, tour

die **Rundschau**, news review

der **Saal** (Säle), hall, large room

die **Sache** (-n), matter, business; (*pl*) things, belongings

sagenhaft, fabulous, great

die **Sahne**, cream

salzig, salty

sammeln, to collect

die **Sammlung** (-en), collection

der **Samt**, velvet

satt: es satt mit ... haben, to have had enough of...

der **Satz** (̈e), sentence

sauber, clean

das **Schach**, chess

schade, shame; **wie schade!** what a shame!

der **Schaffner** (-), conductor

die **Schallplatte** (-n), record

der **Schalter**, booking office, counter, desk, till, position

schätzen, to estimate, reckon, guess

der **Schauspieler** (-), actor

der **Schein** (-e), note (money); certificate

scheinen★, to shine; to seem

schenken, to give (as a present)

die **Schere** (-n), (pair of) scissors

scheußlich, dreadful, horrible

die **Schicht** (-en), shift

schick, elegant, smart

schicken, to send

das **Schicksal**, fate

schießen★, to shoot

das **Schild** (-er), sign (board)

die **Schildkröte** (-n), tortoise

der **Schinken**, ham

schlafen★, to sleep

schlagen★, to hit, beat, strike

der **Schlager** (-), F. hit (record)

der **Schläger** (-), bat, racket, stick

die **Schlagsahne**, whipped cream

Schlange: Schlange stehen, to queue

schlank, slim

die **Schlankheitskur**, diet, slimming programme

schlecht, bad; **mir ist schlecht**, I feel ill, sick

schlendern†, to stroll

schleudern†, to skid; **ins Schleudern geraten★†**, to get into a skid

schlimm, bad

das **Schloß** (Schlösser), castle, palace, manor-house

der **Schlüssel** (-), key

der **Schlüsselbund**, bunch of keys

schmecken, to taste; **das schmeckt mir (gut)**, I like it, it tastes good

schmerzhaft, painful

schneiden★, to cut

schneien, to snow

der **Schnellimbiß**, snack (bar)

das **Schnitzel**, cutlet; **Wiener Schnitzel**, breaded veal cutlet

die **Schnulze** (-n), F. sloppy film (etc.), tearjerker

der **Schnurrbart**, moustache

schon, already

schön, pretty, attractive, handsome; nicely; nice and...; **bitte schön**, here you are; don't mention it

der **Schrank** (̈e), cupboard

schrecklich, dreadful, -ly

schriftlich, written, in writing

die **Schublade** (-n), drawer

schubsen, F. to jostle, push, shove

schuld sein an..., to be responsible for, be to blame for...

die **Schulden** (*pl*), debts

der **Schulleiter**, headmaster

die **Schulsachen** (*pl*), school things

schwach, weak

der **Schwager** (̈), brother-in-law

die **Schwägerin** (-nen), sister-in-law

der **Schwamm**, sponge

(die) **Schweiz**, Switzerland

schwer, difficult, hard; heavy, -ily; badly

schwierig, difficult, hard, tough

die **Schwierigkeit** (-en), difficulty

schwind(e)lig: mir ist schwind(e)lig, I feel dizzy

segeln, to sail

sehen★, to see; to look

die **Sehenswürdigkeit** (-en), sight, place of interest

sei! seid! seien Sie! be!

die **Seife**, soap

sein★†, to be

seit, since; **seit langem**, for a long time, for ages (now)

die **Seite** (-n), side; page

selber, selbst, self; in person

selbstständig, independent

selbstverständlich, obvious; of course, naturally

die **Selbstverständlichkeit**, matter of course, foregone conclusion

der **Selbstwahlferndienst**, subscriber trunk dialling (telephone)

selten, seldom

die **Sendung** (-en), (radio, television) programme

sicherlich, surely, no doubt

(sich) **siezen**, to address (one another) with **Sie**

Sitte: es ist Sitte, it is customary

sitzen★, to sit

skifahren★†, skilaufen★†, to ski

so ... wie ..., as ... as ...

sofort, at once

sogar, even

sogenannt, so-called

solch-, such

sollen★, to be to, be supposed to, ought

die **Sommersprossen** (*pl*), freckles

das **Sonderangebot** (-e), special offer

sondern, but (on the contrary)

sonst, otherwise; **sonst noch etwas?** is that all? was there anything else?

sowieso, in any case, anyhow, anyway

sowohl ... als (auch), both ...and ...

spannend, exciting

sparen, to save (money)

die **Sparkasse** (-n), savings bank

der **Spaß**, fun, enjoyment, amusement

spät, late
spazierenführen, to take for a walk
spazierengehen✶†, to go for a walk
die **Speisekarte**, menu
der **Speisewagen**, restaurant car, buffet car (in train)
der **Spiegel**, mirror
das **Spiel** (-e), game; match
spielen, to play
der **Spielfilm** (-e), feature film
die **Spinne** (-n), spider
der **Spion**, spy
das **Spital** (¨er), hospital
die **Spitze**, peak; **Spitze!** F. great! fantastic!
spottbillig, dirt-cheap
die **Sprache** (-n), language
das **Sprachlabor**, language laboratory
sprechen✶, to speak
die **Sprechstunden**, surgery hours
sprengen: in die Luft sprengen, to blow up (i.e. with explosive)
springen✶†, to jump
spülen, to wash (up), rinse
der **Staat** (-en), state, country
die **Stadt** (¨e), town
städtisch, town-, municipal, urban
der **Stand**, level
der **Ständer**, rack
stark, strong, -ly; hard
statt, instead of
stattfinden✶, to take place
stehen✶, to stand; **es steht dir gut**, it suits you (i.e. clothes)
die **Stelle** (-n), position, job
stellen, to put, stand; **eine Frage stellen**, to ask a question
die **Stellenangebote**, situations vacant
die **Stellengesuche,** situations wanted
die **Stellung** (-en), position, job
die **Stenographie**, shorthand
der **Stern** (-e), star
die **Steuern** (*pl*), taxes, rates
der **Stiefel** (-), boot
stimmen, to be right; **stimmt so**, keep the change
stinkfaul, F. bone-idle
der **Stock** (Stockwerke), storey, floor
der **Stoff**, material, cloth

stolpern†, to stumble, trip
stören, to disturb
die **Strafgebühr**, fine
der **Strand**, beach
die **Straßenbahn** (-en), tram
die **Strecke**, distance, way
streichen✶, to cross out, off
das **Streichholz** (¨er), match
streng, strict
stricken, to knit
das **Stück** (-e), piece, bit; play; coin; **DM 3 das Stück**, DM 3 each
stückweise, piece by piece; by the piece
die **Stunde** (-n), hour; lesson
der **Stundenplan**, timetable
Süd-, South, Southern
süß, sweet
die **Süßigkeit** (-en), sweet
sympathisch, nice, likeable
synchronisiert, dubbed (film)

die **Tafel** (-n), board, blackboard
der **Tageskurs**, daily exchange rate
die **Tagesschau**, news review
die **Tankstelle** (-n), petrol station
der **Tankwart** (-e), petrol pump attendant
die **Tante** (-n), aunt
tapezieren, to (wall)paper
das **Taschengeld**, pocket money
das **Taschenmesser**, pen knife
die **Taste** (-n), button, key
tatsächlich, actual, -ly; real, -ly
technisches Werken, craft, woodwork and metalwork, etc.
die **Teestube** (-n), tea-room
teilnehmen✶**an**, to take part in
der **Teilnehmer** (-), (telephone) subscriber
teilweise, partially, in part
die **Teilzeit**, part-time
das **Telefonhäuschen** (-), die **Telefonzelle** (-n), telephone box
der **Teppich** (-e), rug, mat, carpet
der **Termin** (-e), date, appointment
teuer, expensive, dear
das **Tier** (-e), animal
der **Tod**, death; **sich zu Tode langweilen**, to be bored to tears

toll! F. great! fabulous!
der **Ton**, clay
das **Tor** (-e), gate, gateway, door
die **Torte** (-n), tart, cake, flan
Tournee: auf Tournee, on tour, on the road
tragen✶, to carry; to wear
traurig, sad, unhappy
(sich) **treffen**✶, to meet (one another)
der **Treffpunkt**, meeting place
treiben✶, to do, go in for (sport, hobbies, etc.)
die **Treppe** (-n), stair(case), stairs
der **Trickfilm** (-e), cartoon film
trinken✶, to drink
das **Trinkgeld**, tip, gratuity
trocken, dry
trotz, in spite of
trotzdem, nevertheless, all the same; even though, although
tun✶, to do; to put
(das) **Turnen**, gymnastics
die **Tüte** (-n), (paper) bag

die **U-Bahn (Untergrundbahn)**, underground (railway)
übel: mir ist übel, I feel sick
üben, to practise
über, over, above; about, concerning; via
überall, everywhere
die **Überfahrt**, crossing
überhaupt, at all
überholen, to overtake
überlegen, consider, think over
übermorgen, the day after tomorrow
übernachten, to spend the night
Übernachtung und Frühstück, bed and breakfast
überraschen, to surprise
überreichen, to hand over
überreif, overripe
die **Übersicht**, view; survey, outline
überweisen✶, to transfer (money); to refer
überziehen✶, to overdraw (bank account)
die **Übung** (-en), exercise
(die) **UdSSR (Union der Sozialistischen Sowjetrepubliken)**, USSR

die **Uhr** (-en), watch, clock; **1 Uhr**, 1 o'clock
umfassen, to comprise, include
die **Umgebung**, vicinity, neighbourhood
umgraben★, to dig
umliegend, surrounding
umrechnen, to convert
umrempeln, F. to push around
der **Umschlag** (¨e), envelope
umsonst, in vain; free of charge
umsteigen★†, to change (trains, etc.)
umtauschen, umwechseln, to change
sich **umziehen★**, to get changed
unangenehm, unpleasant
unbedingt, without fail
der **Unfall** (¨e), accident
ungefähr, roughly, approximately
unglaublich, unbelievable, -ly
unhöflich, impolite, -ly; rude, -ly
unglücklich, unhappy, unfortunate
unglücklicherweise, unfortunately
unlängst, recently
unmöglich, impossible
unordentlich, untidy, -ily
die **Unordnung**, disorder, mess
Unterhaltungs-, light, entertaining
die **Unterkunft**, lodgings, accommodation
unternehmen, to undertake, do
der **Unterricht**, teaching; lessons, classes
unterrichten, to instruct, teach
untersagt, prohibited
der **Unterschied**, difference
unterschiedlich, different, varied
unterschreiben, to sign
unterstützen, to support
untersuchen, to examine
die **Untertiteln** (*pl*), subtitles
unterwegs, on the way; on the road, on the move
unvorsichtig, careless, -ly
unweit, near, not far
der **Urlaub**, vacation, holiday, leave

sich **verabschieden**, say goodbye, take one's leave
die **Veranstaltung** (-en), event
verbessern, to improve; to correct
verbinden★, to bandage; bind; link, unite
verbindlich, binding, compulsory
verbrennen★, to burn
verbringen★, to spend (time)
verdienen, to earn; to deserve
der **Verdienst**, wages, salary
der **Verein** (-e), club, society
verfehlen, to miss
Verfügung: zur Verfügung, available, at _____'s disposal
vergessen★, to forget
vergüten, to refund; to make good
sich **verirren**, to get lost
verkaufen, to sell
der **Verkehr**, traffic
die **Verkehrsampel** (-n), (set of) traffic lights
das **Verkehrsamt** (¨er), tourist office
das **Verkehrsmittel** (-), means of transport
der **Verlag**, publishing house
verlangen, to demand, ask (for)
verlegen, embarrassed
der **Verleih**, hire (service)
(sich) **verletzen**, to hurt, injure (oneself)
verlieren★, to lose
die **Verlobung**, engagement
die **Vermittlung**, (telephone) exchange
verpassen, to miss
sich **verrechnen**, to make a mistake, miscalculate
verreisen†, to go on a journey
verrückt, mad
verschieden, different, various, varied
verschreiben★, to prescribe
verschwinden★†, to disappear
versichert, insured
die **Versicherung**, insurance
die **Verspätung**, delay, late(ness)
versprechen★, to promise
verstauchen, to sprain

verstehen★, to understand
versuchen, to try
vertragen★, to bear, tolerate
die **Vertretung**, agency; substitution
der **Verwandte°**, relation, relative
das **Verzeichnis**, index, table, list
verzeihen★, to pardon, forgive
der **Vetter** (-n), cousin
viel, viele, much, a lot, many
vielleicht, perhaps
vielseitig, versatile, many-sided
der **Vogel** (¨), bird
die **Volksschule**, primary school
völlig, completely
die **Vollpension**, full board
volltanken, to fill up (with petrol)
vor, in front of; before; ago
voraus: im voraus, in advance
voraussetzen, to suppose, assume
die **Voraussetzung** (-en), requirement, pre-condition
vorbei, past
(sich) **vorbereiten**, to prepare (oneself)
vorbestellen, to book, reserve
vorhaben★ to intend, have in mind
vorher, before, previously, in advance
der **Vorname** (-n)▲, Christian name
vorne, in the front, at the front
der **Vorort** (-e), suburb
der **Vorrat** (¨e), stock, store, supply
die **Vorspeise**, starter, hors d'œuvre
(sich) **vorstellen**, to introduce (oneself)
die **Vorstellung** (-en), performance
der **Vortag**, previous day
der **Vorteil** (-e), advantage
der **Vortrag** (¨e), performance; lecture, talk
die **Vorwählnummer**, STD code

vorzeigen, to show (ticket, etc.)
vorziehen★, to prefer

wählen, to choose; to dial
wahr, true
während, while
wahrscheinlich, probable, -ly
die **Währung**, currency
der **Wald** (¨er), wood, forest
wandern†, to walk, hike
die **Wanderung**, walk, hike
wann? when?
das **Warenhaus** (¨er), department store
warten (auf), to wait (for)
warum? why?
sich **waschen★**, to wash (oneself)
die **Waschgelegenheiten**(*pl*), washing facilities
wechseln, to change
das **Wechselgeld**, change (i.e. money)
weder ... noch ..., neither ...nor ...
wegen, on account of, because of
wegräumen, to clear away, tidy up
weh: das tut (mir) weh, that hurts (me)
Weise: auf diese Weise, in this way
Weihnachten, Weihnachts-, Christmas
weit, far; **und so weiter, usw.**, and so on
weiterfahren★†, to travel on, continue one's journey
weiterfragen, to ask someone else
welch-? what? which?
der **Wellensittich** (-e), budgerigar
die **Welt**, world
wenig-, little, few
wenn, if, whenever; **wenn auch**, even if
wer? who?
die **Werbung**, advertising
werden★†, to get, become
die **Werkstatt** (¨e), workshop, repair shop
das **Werkzeug**, tools, equipment
das **Werturteil**, value judgment
wertvoll, precious, valuable
wesentlich, substantial, -ly

wetten, to bet
wichtig, important
wickeln aus, to unwrap
wie? how?
wieder, again
wiederholen, to repeat
Wien, Vienna
die **Wiese** (-n), meadow
wieso? why? how come? how?
wieviel(e)? how much? how many?
das **Wildleder**, suede
will (see **wollen**)
wirklich, really
wirtschaftlich, economic
(die) **Wirtschafts- und Rechtslehre**, economics and law
wischen, to wipe
wissen★, to know
wo? where? **woher?** where from? **wohin?** where (to)?
woanders, somewhere else
wohl, presumably, I suppose
wohnen, to live, dwell
die **Wohngemeinschaft** (-en), commune
die **Wohnsiedlung**, estate
die **Wohnung** (-en), flat, apartment
der **Wohnwagen**, caravan
wollen, to wish, want to
wozu? why? for what purpose, reason?
wünschen, to wish
die **Wurst** (¨e), sausage
wütend, furious

zahlen, to pay
zählen, to count
die **Zahlung**, payment
der **Zahn** (¨e), tooth
die **Zahnschmerzen** (*pl*), toothache
der **Zeichentrickfilm**, (-e), cartoon
zeichnen, to draw
zeigen, to show
die **Zeit**, time; **zur Zeit**, at the moment
die **Zeichenerklärung**, meaning of symbols
der **Zeltplatz** (¨e), campsite
der **Zettel**, slip (of paper)
das **Zeugnis** (-se), school report
ziehen★(†), to pull; to move
ziemlich, quite, rather
das **Zimmer** (-), room
die **Zinsen** (*pl*), interest
zu, to, at; too; closed

zubereiten, prepare, make (food, drink)
zueinander, to one another
zuerst, at first
der **Zufall**, chance, coincidence
zufrieden, satisfied, happy
zugestiegen: noch jemand zugestiegen? any more fares please?
zugreifen★, F. to dig in, get started
zumachen, to close
zumindest, at least
zunächst, at first
zunehmen★, to put on weight
zurück, back
zusammenstoßen★†, to collide
zusammensuchen, to get together
zusammenziehen★† mit, to move in with
zuschauen, to watch
der **Zuschauer** (-), spectator, viewer
der **Zuschlag**, supplement
der **Zutritt**, entry
zwischen, between

Grammar index